붉은 러시아:

같은 공간, 다른 시선

황성우 지음

dh 다해

붉은 러시아:

같은 공간, 다른 시선

인쇄 : 2025. 06. 25
발행 : 2025. 06. 30

저　자 : 황 성 우
발행처 : 다해
등록번호 : 제 301-2011-069
주　소 : 서울특별시 중구 충무로29 아시아미디어타워 703호
전　화 : (02) 2266-9247

값 17,000원
ISBN 979-11-5556-295-6　93300

붉은 러시아:

같은 공간, 다른 시선

서문

러시아를 이야기할 때 흔히 '붉다'는 색상의 표현을 떠올린다. 그래서인지 '붉은 러시아'는 냉전의 잔영을 머금은 언어이자, 사회주의와 볼셰비키 혁명을 상징하는 시각적 기호로 자리잡았다. 하지만 이 책은 바로 그 익숙한 전제를 의심하는 데서 출발한다. 과연 '붉다'는 말은 오직 이념적 색깔을 뜻하는가? 아니면 그보다 훨씬 오래된, 더 깊은 문화적 기억을 담고 있는가?

러시아 문화 관련 대표적인 작품 중 하나인 『나타샤 댄스』 (Natasha's Dance)에는 다음과 같은 문구가 나온다. 빨간색은 특별한 마법적 힘을 지녔다. 이 색은 허리띠와 수건에만 사용됐으며, 신성한 의식에서 쓰였다. 러시아어 '붉다'(red, красный)라는 말은 '아름답다' (красивый, beautiful)라는 말과 어원이 연결돼 있다. 붉은 색은 다산 (多産)의 색이기도 했는데, 신성한 선물로 여겨졌다. 인생의 각 단계마다 다른 허리띠가 존재했다. 갓난아기들은 흰 천으로 묶였고, 소년들은 붉은 '처녀띠'를 받았다. 신랑 신부는 수 놓인 리넨 수건으로 허리를 둘렀다. 풍습에 따르면, 임산부는 출산 전에 붉은 띠를 밟고 지나가야 했다. 죽은 남자는 반드시 허리띠를 두르고 묻혀야 했으며, 이상적으로 태어날 때 두른 띠여야 했다. 이 모습은 생의 순환이 끝나고 영혼이 영계로 돌아감을 상징한다.[1]

---

1) Orlando Figes, *Natasha's Dance: A Cultural History of Russia* (New

이렇듯 러시아어에서 '붉다'는 단순한 색채의 명칭이 아니다. 그 어원은 '아름답다'와 동일하며, 고대어에서는 '좋다,' '존귀하다'라는 의미로 사용됐다. 따라서 '붉다'는 표현은 러시아 문화에서 '아름다운 것,' '중요한 것,' '가장 핵심적인 것,' '지켜야 할 가치 있는 것'을 지시하는 언어적 표상으로 작용해왔다. 이 책이 추적하고자 하는 것은 바로 그 '붉음'이라는 언어의 문화적 계보이며, 같은 지정학적 공간을 두고 시대와 시선, 주체에 따라 그 용어가 어떻게 다르게 구성됐는지를 탐색하는 일이다.

이 물음과 답변을 잘 보여주는 사례 중 하나가 모스크바 '붉은 광장'(Red Square, Красная площадь)이다. 오늘날 많은 사람들은 붉은 광장의 의미를 단순히 '붉은색을 가진' 광장이 아니라, '아름다운 광장'으로 이해한다. 붉은 광장을 색깔이 아닌 아름다운 광장으로 이해하는 사람들은 그나마 러시아 역사와 문화에 대해 기본적인 지식을 갖춘 사람이라고 생각한다. 역사적으로 이 광장은 러시아 사회의 중심이자 여러 기능이 집중된 결절점이었다. 중세와 근대 러시아에서 붉은 광장은 모스크바 최대 규모의 시장이 위치한 경제적 중심지였고, 총대주교가 민중을 향해 설교하던 종교적 공간이었으며, 범죄자에 대한 처형이 공개적으로 이뤄지던 사법적 무대이기도 했다. 또한 차르와 황제의 칙령이 공포되던 정치적 현장이었다. 이처럼 '붉은 광장'은 단지 '아름답다'는 의미를 넘어, 가장 중요하고 중심적인 장소로서 의미를 품어왔다.

이러한 맥락은 가정 내부의 신성한 공간인 '성소'(聖所, святыня), 즉 '붉은 구석'(Красный угол, red corner)에서도 반복된다. 이

York: Metropolitan Books, 2002), p. 322.

구석은 집안의 사각 모퉁이가 아니라, '방'(комната, room)의 의미를 가진 가족 공동체의 영적 중심이었다. 전통 가옥에서 성소에는 성화(이콘, Icon)가 걸렸고, 그 아래에는 식탁이 놓이며, 그 앞자리는 가장이 앉았다. 붉은 구석은 '가장 중요한 방'이었다. 성소가 걸려 있는 방이기 때문이다. 성소를 통해 러시아 사회에서 '붉음'이 단지 시각적 색상이 아니라 신성함과 질서, 권위를 상징하는 문화적 언어임을 보여준다.[2]

이러한 '붉음'의 상징성은 러시아 제국이 붕괴하고 볼셰비키가 새로운 체제를 수립한 후에도 이어졌다. '붉은 군대'(Красная армия Red Army)는 단순히 공산주의의 상징색인 붉은색을 채택한 명칭이 아니었다. 그것은 새로 탄생한 국가를 수호하고 혁명의 이상을 실현하는 체제의 중심 전력이자 '핵심 군대'로서 상징적 권위의 표현이었다. '붉다'는 표현은 이념의 수사이기도 했지만 동시에 국가의 존립과 정당성을 상징화하는 언어적 장치였다.[3]

이 책은 러시아라는 하나의 공간을, 시대와 시선, 주체에 따라 다르게 바라본 시각의 층위를 추적한다. '붉은 광장'은 황제의 공간이기도 했고, 노동자 계급의 축제 공간이기도 했으며, 오늘날에는 관광객과 군사 행진이 교차하는 복합적 장소가 됐다. '붉은 구석'은 정교회 신자의 성소/지성소이자 소비에트 시대 무신론 체제 하에서 해체된 공간이기도 하다. '붉은 군대'는 아름다운 군대가 아니라, 사회주의 혁명을 지켜내

---

[2] Geoffrey Hosking, *Russia: People and Empire, 1552–1917* (Cambridge, MA: Harvard University Press, 1997), pp. 85-90.

[3] Catherine Merridale, *Red Fortress: History and Illusion in the Kremlin* (New York: Picador, 2014), pp. 40-50.

고 소련을 수호했던 영광의 부대이다. 같은 공간은 동일한 의미를 갖지 않는다. 그 안에는 기억과 권력, 종교와 이념, 민중과 국가가 끊임없이 서로를 재해석하고 충돌하는 '다른 시선'들이 존재해 왔다.

『붉은 러시아』는 그 '다른 시선'의 교차점을 추적하는 작업이다. 우리는 너무 오랫동안 러시아를 단선적이고 고정된 이미지로 소비해왔다. 그러나 '붉음'이 증명하듯, 러시아라는 공간은 늘 복수의 의미, 다층의 시선 속에서 존재해 왔다. 이 책은 그 다성성 속에서 러시아를 다시 읽고, 우리가 익숙하다고 여겨온 언어와 공간을 낯설게 바라보려는 시도이기도 하다.

러시아를 상징하는 가장 대표적인 색, '붉음.' 이 책은 단지 붉은색이 사회주의와 혁명을 상징한다는 익숙한 도식에 머물지 않는다. 『붉은 러시아: 같은 공간, 다른 시선』은 '붉다' 단어가 지닌 러시아 고유의 문화적 의미와 역사적 심층성을 파고드는 인문서이다. 이 책은 붉음이 단순한 색채를 넘어, 아름다움, 중심성, 신성함, 권위를 상징해 온 러시아 문화의 상징적 어휘였음을 보여준다.

이 책의 목적은 하나의 '공간' 혹은 하나의 '언어'를 고정된 의미로 환원하는 방식에서 벗어나, 같은 공간을 시대와 주체, 시선에 따라 어떻게 '다르게' 해석할 수 있는가를 탐색하는 데 있다. 여기에는 역사와 문화, 종교와 이념, 제국과 민중이 교차하는 러시아라는 '다성적 공간'에 대한 섬세한 독해가 자리잡고 있다.

『붉은 러시아』는 러시아를 사회주의 국가나 냉전의 잔영으로만 보는 이분법적 시선에서 벗어나, 그 내부의 언어와 상징, 기억의 구조를 탐색하는 깊이 있는 문화 인문서이다. 러시아의 정신적 지형을 다른 시선으로 바라보려는 독자, 동유럽과 슬라브 문명에 대한 새로운 독해를 찾는 독자들에게 유익한 독서 경험이 될 것이다.

이 책은 필자가 살아온 시간과 러시아를 공부해 온 과정의 작은 결실이다. 책을 출판하기 위해 새로 작업한 내용도 있지만, 강연에서 말한 내용과 지난 시절 이미 작업한 글들의 수정본이기도 한다.

이 책이 세상의 빛을 보기까지 긴 시간 동안 함께 고민하고 기다려주신 도서출판 다해의 임형택 사장님께 깊은 감사를 드린다. 단지 책을 만드시는 분이 아니라, 20년 넘게 인연을 이어오며, 저자가 믿고 의지할 수 있는 동반자이자, 이 원고에 생명과 방향을 불어넣어주신 진정한 편집인이다. '같은 공간을 다른 시선으로 바라보는 일'이 때로는 멈칫거리게 하는 일이었지만, 임 사장님의 따뜻한 격려와 인내, 그리고 '다해'라는 이름에 걸맞은 세심한 편집이 있었기에 『붉은 러시아』는 비로소 온전히 세상과 만날 수 있었다.

마지막으로 언제나 묵묵히 곁을 지켜준 사랑하는 가족에게도 고마움을 전한다. 그리고 오랜 시간 말없이 지켜보시며, 믿고 기다려주시고, 늘 뒤에서 '아낌없이 주는 나무'가 돼주신 부모님께 이 책의 첫 마음을 드린다. 어머니와 아버지가 전해주신 훌륭한 유전자 덕분에, 필자는 지금의 자리에 설 수 있었다. 하나밖에 없는 아들이 기대에 미치지 못해 너무나 죄송하다는 말씀과 함께 두 분의 아들이어서 행복했음에 감사드리며, 진심으로 말씀드린다. "건강하세요. 사랑합니다, 어머니. 사랑합니다, 아버지."

목차

목차

목차

목차

제1부

응축된 시간과 러시아인의 삶
-수난과 단절 속 기억

수난과 단절의 천년 역사

러시아: 수난과 단절의 천년 역사

오늘날 전 세계에서 최대의 국토 면적을 가진 러시아. 지리적으로 보면, 동서로 태평양으로부터 발트해, 남북으로 흑해, 카스피해로부터 북극해에 이르기까지 지구 육지 면적의 1/8을 차지하는 광활한 영토를 가진 러시아. 유럽과 아시아를 아우르는 거대한 유라시아 대륙의 중심부에 위치해 東과 西를 동시에 바라볼 수 있는 쌍두독수리의 나라 러시아. 노동자, 농민, 병사에 의한 소비에트 정권을 탄생시켜 20세기 최대의 사건이라 부를 수 있는 러시아혁명의 중심무대 러시아. 1957년 10월 세계 최초로 인공위성을 발사하고 1961년 4월 인류 최초로 우주인을 배출시킨 소비에트 시기의 화려한 영광을 간직한 러시아. '인간의 얼굴을 한 사회주의'를 통해 인간이 인간을 지배하는 세상을 타파하고 모누가 잘 사는 세상을 만들기 위해 일어났던 1917년 10월 러시아혁명의 이상을 70년이 지나서 다시 실현하고자 했던 러시아.

화려했던 소비에트 영광의 극단적 붕괴와 '한 지붕 15가족'의 돌발

해체라는 영욕의 역사를 동시에 경험한 러시아는 소련 해체 후 10여 년 동안 체제 이행의 혼란을 딛고 에너지 안보를 발판으로 21세기 다시 한 번 세계무대의 주연으로 비상하고자 했다.

그러나 최근 발발한 러시아-우크라이나 전쟁은 다시금 러시아를 국제사회의 '문제아'를 넘어 악마화하려는 변곡점이 되고 있다. 2022년 2월 24일 발발한 러시아-우크라이나 전쟁은 러시아의 공격으로 시작됐지만, 전적으로 러시아에게 전쟁의 책임을 전가할 수 없으며, 직접적인 발생 원인을 속단하기도 이르다.

흔히 타민족을 지배한 강대국으로만 알고 있는 러시아의 역사는 수많은 이민족의 침략을 받아 민족적 수난을 겪고, 급진적이고 혁명적인 내적 전환으로 점철된 지난한 삶의 연속이었다. 1,000년 혹은 1,500년[1]의 역사를 품고 온 러시아는 고대 국가를 형성한 키예프 루시로부터, 몽골-타타르의 지배, 모스크바 공국, 제정러시아, 소비에트 러시아 그리고 현재의 러시아 연방[2]에 이르는 동안 점진적이고 누진적으로 진

---

[1] 러시아의 국가기원에 관해서는 노르만 학설과 슬라브 학설 등 두 가지가 등장한다. 러시아에서 가장 오래된 역사서인 원초연대기(지나간 시절의 이야기)에 따르면, 862년 노르만인 해양세력의 수장인 류리크는 두 형제들과 함께 노브고로드 지역에 정착해서 국가를 세웠다. 이것이 노르만 학설의 근거이며, 이 시점을 기준으로 러시아 역사를 천년의 역사라고 부르고 있다. 반면, 피지배계급을 통치하기 위한 수단으로서 국가의 등장을 바라볼 때, 슬라브 학설은 5~6세기 이미 계급 분화에 따라 지배계급이 세금을 징수한 사실을 토대로 러시아 국가의 기원을 약 1,500년 전으로 보고 있다.

[2] 러시아, 혹은 러시아연방은 국호로서 동일한 의미를 가진다. 러시아(Россия)는 '루시인의 땅'이라는 러시아인이 가진 '역사성'을 포함한 용어이며, 러시아연방(Российская Федерация)은 러시아인을 포함해 다양한 민족이 공존하는 공화국이라는 오늘날 러시아의 '현재성'이 반영된 용어이다. 러시아와 러시아연방이 동일한 의미로 사용된다는 사실은 1992년 4월 6일 제6차 인민대의원대회(우리

화해왔다기보다는 오히려 급작스러운 내부 갈등의 분출, 외부 세력의 침략에 따른 과거와 극단적 단절, 그리고 새로운 외부 문물의 획득이라는 형태를 띠며 성장해왔다. 오늘날의 러시아연방 역시 소비에트 경험의 돌발적인 해체, 새롭고 대담한 정치적 실험, 외국 선진문물의 차용과 독창적이고 승화된 형태를 띤 급속한 토착화라는 지난 역사의 순환고리 속에서 일련의 반복과정을 통해 형성됐다.

이러한 측면에서 근대 이후 러시아와 한국 모두 유사한 역사적 운명에 순응해왔다고 할 수 있다. 그 결과 우리나라와 관련된 러시아의 지정학적, 지경학적, 지문화적 중요성을 고려할 때, 러시아가 한국과 운명을 공유하는 역사적 궤적을 걸어왔다는 전제하에 러시아를 새롭게 조망해야 하는 필요성이 제기된다.

6·25라는 동족상잔의 배후자로서 우리에게 각인된 러시아의 부정적 이미지를 차치하더라도 소련이라는 초강대국의 이미지와 오늘날 새롭게 웅비하는 강대국 러시아의 이미지 때문에, 수 세기 동안 러시아가 다른 민족의 침략을 받고 그들의 지배를 받았다는 사실을 일반인들이 받아들이기는 쉽지 않다. 러시아는 국가 형성 이전부터 9세기 중반 국가 형성 시기, 그리고 현재에 이르기까지 끊임없이 수많은 이민족의 침입을 받아 다른 민족에 비해 훨씬 강도 높은 민족적 수난과 질곡의 역사를 가지고 있다.

러시아 역사 초기에 러시아인을 포함해 농슬라브인의 주요 활동무대였던 '동유럽평원'3)은 슬라브인 개개인에게 의미 있는 특정한 '주관

나라의 국회)에서 채택돼, 1993년 12월 12일에 제정된 러시아 헌법에 반영됐다.(헌법 제1조 제2항)

적 장소'로서 의미가 아니라, 러시아인을 포함해 동슬라브인들이 자신들의 역사와 문화를 공유하는 보편적 의미로서 '객관적 공간'이었다.

유럽과 아시아 대륙에 걸쳐 광활한 영토를 가지고 있음에도 불구하고 초기 러시아인들의 삶의 공간이었던 동유럽평원은 높은 산이나 넓은 강과 같이 외부의 위협으로부터 내부 구성원들을 방어하거나 보호해 줄 수 있는 자연적 경계선이 부재했기 때문에, 1,000회가 넘게 러시아인들은 국가 형성 이전부터 주로 동쪽에서 밀려온 아시아계 유목민들의 침략을 받았다. 즉 몽골 민족에게는 240년(1240~1480)이라는 엄청난 기간에 피지배 민족으로서 억압과 착취를 당했으며, 16세기 말과 17세기 초 이른바 러시아 역사 속의 '혼란의 시기'(Time of Trouble: 1598~1613)에는 폴란드 왕이 러시아의 왕권을 흔들기도 해 러시아인들은 폴란드의 지배를 받을 수밖에 없었다. 17세기 초반 로마노프 왕조가 등장했을 때도 여전히 폴란드와 스웨덴은 러시아의 위협이었다. 19세기 초반 '조국전쟁'(1812~1815)으로 불리는 나폴레옹의 침략과 영국과 프랑스 등 근대화된 서유럽 자본주의 세력에 맞서 싸운 크림전쟁(1853~1856)의 소용돌이 속에서 러시아인들은 조국을 지켜내기 위해 많은 피를 흘려야 했다. 20세기에 들어서도 러일전쟁(1904~1905), 제1차 세계대전(1914~1918), 두 차례의 혁명(1917년 2월 혁명, 10월 혁명), 혁명군(적군)과 反혁명군(백군)의 내전, 러시아인에게 '大조국전

---

3) 이 지역은 동쪽으로 우랄산맥과 서쪽으로 카르파티아 산맥, 남쪽으로 카스피해와 흑해, 북쪽으로 발트해와 북극해에 둘러싸인 약 400만㎢에 해당하는 광활한 지역으로 한반도 면적의 약 20배에 이르고 있다. 지리적으로 아시아와 유럽의 경계선인 우랄산맥은 평균 해발고도가 500m에 지나지 않고 완만한 구릉으로 이뤄져 외부의 침입으로부터 러시아를 보호하는 자연적 방어선 역할을 하지 못했다.

쟁'(1941~1945)으로 불리는 제2차 세계대전 속 '독소전쟁' 시기에도 히틀러의 침략에 맞서 약 2,700만명이 희생당하는 등 우리에게 잘 알려지지 않고 러시아인이 지금까지 겪어왔던 고통과 인내의 역사는 헤아릴 수 없을 만큼 길고 암울했다.

이러한 끊임없는 민족 수난의 역사로 인해 러시아인의 의식구조에는 우리가 아닌 그들, 즉 낯선 사람에 대한 두려움과 더불어 타민족에 대한 '대외혐오증'(Xenophobia)이라는 정서적 거부감이 내재됐다. 더욱이 침략을 받는 수세적 입장에서 공세적 태도로 전환할 때는 '방어적 팽창주의'(Defensive Expansionism)라는 안보 개념도 형성됐다. 그런 까닭에 외부의 이민족으로부터 거대한 영토를 방어하고 자신들을 지켜주고 보호해 줄 수 있는 절대 권력자에 대한 순종과 복종 개념이 러시아인들의 마음에 자연스럽게 형성됐고, 그 결과 러시아에는 전제권력을 가진 절대자, 즉 하느님의 '작은 아버지'(Little Father)로서 '차르'(tsar)의 출현이 가능했던 것이다. 러시아인들은 차르나 황제를 항상 자신들의 아버지라고 불렀으며, 자신들이 처한 현실의 고통에 힘들어할 때도 그 이유가 아버지인 차르나 황제가 무능해서가 아니라, 그의 눈과 귀를 막고 있는 오만한 귀족이나 부패한 관리들 때문이라고 생각했다.

이렇듯 끝없이 펼쳐진 광활한 대지에도 불구하고 외부의 위협으로부터 자신들을 지켜줄 자연적 경계선이 없었기 때문에, 러시아인들은 외부 이민족의 침략으로부터 자신들을 안전하게 보호해 줄 통치자를 원했고, 그 명분을 지키기 위해 러시아의 통치자들은 외부 세력의 침입과 위협을 제거하는 것을 최대의 통치 목표로 삼았다.

그런 까닭에 국가차원의 통치 목표를 달성하기 위해 필요한 선결 조치이자 유일한 방법은 가능한 중심지로부터 멀리 국가의 경계선을 확장함으로써 국가의 안보를 보장하는 것이었다. '방어적 팽창주의' 안보 개념은 수많은 민족적 수난을 체험한 러시아인들이 국경 방어를 위해 수도 혹은 중심지로부터 국경선을 확대해 외부의 침입으로부터 수도와 본토를 방어하고, 넓어진 영토에서 '시간끌기 작전'을 통해 외부 침략을 방어할 시간적, 공간적 준비를 갖추고자 하는, 이른바 포괄적 안보 개념으로 설명된다.

단절의 역사 또한 러시아 역사를 특징지을 수 있는 핵심 키워드다. 988년 로마 가톨릭교가 아닌 콘스탄티노플 관할의 기독교(그리스정교)를 수용한 사실은 러시아인들이 유럽인들과 다른 세계관을 형성하는 단초를 제공했다. 이로 말미암아 18세기 이후 러시아 지도자가 적극적으로 유럽 지향적 정책을 추진했음에도 불구하고 러시아는 유럽과 다르며, 오히려 러시아의 팽창을 두려워하는 반러 정서, '루소포비아'(Russophobia)가 발생했다. 결국 그리스정교의 도입은 러시아가 유럽 문화와 구분되고 단절되는 1차 계기가 됐다.

몽골의 240년간 지배와 74년의 소비에트 경험 역시 러시아가 해당 시대의 유럽문화와 공유하지 못하고 유럽의 문화권과 분리되는 결정적 계기로 작동했다. 구교 가톨릭교에 반대해 신교가 탄생한 서유럽 국가들의 종교개혁과 다르게, 그리스정교의 원칙에 따르고자 했던 17세기 중반 러시아의 니콘 총대주교의 종교개혁은 그때까지 지켜왔던 과거의 전통 의식을 고수하던 구교도를 분리시켜, 러시아는 교회분열이라는 극단적 트라우마를 경험했다.

18세기 초 발전된 서유럽의 선진 세계로 러시아를 편입시켜 세계

무대의 주요 행위자로 부상할 수 있게 만든 표트르 대제(표트르 1세, 1682~1725)의 서유럽화 정책 역시 과거의 러시아는 어둡고 무지몽매한 사회라는 전제하에 러시아의 옛것을 완전히 무시하는 방향으로 진행됐다. 표트르 대제의 후계자를 자처한 예카테리나 대제(예카테리나 2세, 1762~1796)의 유럽 지향적 대내외정책 역시 외관상 화려한 귀족문화의 황금기를 꽃피우는 계기를 만들었지만, 그로 인해 러시아 사회의 다수를 차지하고 있던 농민들의 삶은 더욱 비참하고 초라해졌을 뿐이다.

궁극적으로 표트르 대제와 예카테리나 대제가 남긴 '귀족과 농민의 양극화'라는 부정적 유산의 결과로 발생했다고 볼 수 있는 1917년 2월 혁명과 1917년 10월 사회주의 혁명도 당시의 과거와 단절된 사건이었다. 20세기 최대의 사건으로서 세계사의 대전환점이자, 인류 최초로 노동자, 농민, 병사에 의해 소비에트 사회가 건설됐다는 사실은 인류 역사의 새로운 실험으로 평가받을 수 있다. 비록 그 실험무대와 실천 공간이었던 소련이 해체됨으로써 러시아 혁명이 우리에게 시사했던 함축된 의미와 유토피아를 갈망하는 많은 사람의 이상은 빛을 잃었지만, '인간에 대한 사랑'을 갈망하는 러시아 혁명이 시사하는 정치적, 경제적, 사상적 영향력은 지금까지도 이어지고 있다. 그리고 소련이 해체되면서 자본주의 길로 들어선 러시아는 70여년 소비에트의 경험과 또다시 단절됨으로써, 과거와 완전히 다른 모습으로 우리에게 다가오고 있다.

러시아 고대 문화의 꽃: 키예프 루시

최초의 국가 노보고로드 공국

러시아 역사의 주요 무대가 된 지역은 동유럽 평원이었다. 이곳은 우랄산맥, 흑해와 카스피해, 카르파티아산맥, 발트해와 북극해 등으로 둘러싸인 약 400만 ㎢ 면적의 광활한 공간이고, 한반도 면적의 약 20배에 해당한다. 동유럽평원의 주인공은 러시아인을 포함해 우크라이나인, 벨라루시인 등 東슬라브인이었다. 지금의 폴란드와 벨라루시, 우크라이나 지역으로 흐르는 비스툴라(Vistula) 강 유역에 살고 있던 슬라브인들은 4C 말엽인 375년 아시아 유목민족인 훈족이 침입하면서 대규모 이동을 시작해, 현재의 동슬라브인, 서슬라브인, 남슬라브인으로 분류됐다. 이후 동슬라브인에 속한 러시아인들은 10세기에 이르기까지 지금의 발트해와 흑해 지역에 거주하게 됐다.

이곳에서 러시아인들은 농경과 목축을 중심으로 밀, 호밀, 보리 등을 경작하며 살아갔는데, 러시아인의 삶의 공간이었던 동유럽평원이 상대적으로 높은 위도상에 위치해, 낮은 기온과 적은 강수량, 척박한 토지 등 그곳은 인간이 살아가기에 상대적으로 우호적 환경이 아니었다. 그런 까닭에 러시아인들은 자신들에게 주어진 자연조건을 극복하기 위해서 어쩔 수 없이 공동체를 이루며 살 수밖에 없었다.

그러나 외부의 침입으로부터 자신들을 보호할 자연적 경계선이 없었기 때문에 바이킹, 하자르 국가, 이슬람 세력 등 호전적인 주변 민족의 끊임없는 침략에 시달릴 수밖에 없었으며, 그 결과 독자적인 국가 형성은 자연스럽게 늦어지게 됐다. 또한 개인보다는 공동체 유지가 전체의 통일을 위해 중요했기 때문에, '우리'와 '그들'의 경계가 명확해져 타인에 대한 거부감도 생겨나게 됐다.

외부의 공격에 맞서 마을의 안전을 도모하기 위해 고유한 의사결정기구도 있었다. 노브고로드와 프스코프 등 러시아 북서부 지역에 존재했던 '베체'(Вече)라고 불리는 공동체 모임은 고대 러시아의 의사결정기구인데, 이곳에서는 주로 가장(家長)들이 참여해 격의 없는 토론을 통해 전쟁 수행, 지도자 선출 등 마을의 중대사를 만장일치로 결정하곤 했다.

이와 같은 공동체 생활 덕분에 러시아인들은 그 누구보다 가족을 소중하게 생각했고, 가장의 역할을 중요하게 여겼다. 전체 러시아 역사를 통해 러시아 전통가옥에는 벽난로의 대각선 방향에 위치한 벽에 이콘(성상화)이 걸려있는데, 이곳은 집안에서 가장 중요한 곳, 즉 '성소'(聖所, красный угол)이다. 이콘 아래 식탁이 놓여 있고, 이콘이 걸려 있는 바로 아랫자리에 가장이 앉아 식사를 주도하는 장면에서 러시아인들이 가지고 있는 가장에 대한 존경심과 종교적 신앙생활의 모습을 파악할 수 있다.

고대 러시아인들은 무역을 통해 부를 축적했는데, 주요 무역로는 발트해로부터 흑해, 혹은 '바랴그인(바이킹)으로부터 그리스인까지'에 이르는 교역로와 발트해로부터 볼가강을 거쳐 카스피해로 이어지는 교역로였다. 여러 강과 하천에는 강과 강을 연결하는 '연수육지'(волок, переволок)가 있었는데, 이곳은 '목조요새'를 세워 주변 지역을 관할했던 공간이었다. 연수육지는 전략적으로 매우 중요한 곳이었다. 강과 강 사이에 연수육지 땅을 관할하는 것은 곧 연수육지 주변의 교역로를 확보하는 것이기 때문이었다. 연수육지는 크기에 따라, 점차 마을과 촌락, 도시와 대도시로 확장됐다.

발트해와 일리멘 호수를 거쳐 드네프르 강과 흑해에 이르는 교역로를 따라 노브고로드, 스몰렌스크, 폴로츠크, 체르니고프, 키예프 등과 같은 고대 도시들이 번성했으며, 이 도시들은 비잔틴제국을 비롯해 불가리아, 그리스, 이슬람 세력 등 주변의 여러 국가들과 교역을 통해 세력을 키워나갔다. 상기한 도시들은 모두 목조요새로 시작해 도시로 발전했으며, 서양의 봉건국가와 유사한 도시국가, 혹은 지역국가의 형태를 띠며 성장했다.

하지만 위와 같은 도시국가들이 완전한 국가체제를 갖추고 있지 않았기 때문에, 당시 이 교역로에서 세력을 떨치고 있던 바이킹과 같은 주변의 민족들에 대적하기에는 상대적으로 힘이 부족했고, 그런 까닭에 러시아 최초의 국가는 9세기 중엽에 가서야 비로소 등장하게 됐다.

737년 러시아인들은 동유럽평원에서 헤게모니를 장악하고 있던 하자르 국가와 연합전선을 형성해 남쪽에서 북상하는 이슬람 세력과 맞서 전투를 벌였는데, 이 전투에서 러시아-하자르 연합군이 패하면서, 하자르인 편에 가담해 전투에 참가했던 많은 러시아인들이 포로로 잡혔다. 흔히 7세기와 8세기에 반복적으로 충돌한 '이슬람-하자르 전쟁'(Khazar-Arab Wars)이라 불리는 전쟁에서 하자르 국가에 참여했다가 불안감을 느낀 러시아인들은 자신들의 신변을 보호해 줄 다른 세력을 찾아야 했으며, 당시의 상황을 고려해 볼 때, 다른 세력이란 바이킹, 즉 러시아인 입장에서 바랴그인들을 의미했다. 이점은 앞서 언급한 수로체계의 중요성과 '발트해-흑해' 교역로의 주도권을 바이킹들이 장악하고 있었다는 사실을 상기해보면 명확해진다.

키예프 동굴수도원의 수도승 네스토르가 집대성한 러시아 최초의 역사서 '원초연대기'(Повесть временных лет, 원제는 지나간 시절의 이야기)에 따르면, 러시아인들은 "러시아 땅은 넓고 먹을 것은 풍부한데 질서가 없으니, 와서 자신들을 통치해달라"고 지도자를 초청했다고 한다. 이 초청에 따라 862년 바이킹 세력의 수장이었던 류리크(Рюрик, 862~879)는 동생들인 시네우스(Синеус), 트루보르(Трубор)와 함께 노브고르드 지역에 정착한다. 이것이 세계사에서 인정하는 러시아 최초의 국가 노브고로드 공국이다. 노브고로드는 당시 유럽의 주요 교역로였던 '발트해-흑해' 교역로에 자리 잡은 전략적으로 중요한 상업도시였다. 발트해에서 흑해에 이르는 교역로는 '발트해-볼가강' 교역로와 더불어 고대 유럽에서 가장 중요한 교역로 중 하나였다. 러시아인들은 이 교역로를 통해 키예프를 거쳐 흑해를 지나 당시 유럽 최대의 도시였던 콘스탄티노플에 다다를 수 있었다. 그래서 러시아 초기 역사는 발트해-흑해 교역로와 밀접하게 연관돼 있으며, 교역로의 흥망성쇠와 고대 러시아의 운명은 맥을 같이 하고 있다.

러시아의 두 번째 통치자 올레그(Олег, 879~912) 공후는 882년 키예프에 도착해 이 도시를 '모든 러시아 도시의 어머니'라 칭하고, 그곳에 중심지를 구축했다. 올레그 공후는 주변의 여러 지역을 정복하고, 흑해 건너 비산빈제국까지 원정해 콘스탄티노플의 성문에 자신의 창을 꽂았다고 전해질만큼 왕성한 활동을 한 지도자였다. 비잔틴제국의 황제조차 올레그의 용맹함에 두려움을 느꼈다고 연대기 작가는 전한다. 그 결과 키예프의 위상은 나날이 높아졌다.

올레그 공후의 노력 덕분에 그의 통치 이후로 키예프는 러시아 사회의 중심지로 부상하고, 아울러 실질적인 키예프 루시의 시대가 시작됐다. 키예프 루시는 강력한 중앙집권국가는 아니었다. 앞서 언급했듯이 서양의 봉건국가와 유사하게 도시국가, 지역국가의 형태를 띠고 있었다. 키예프는 여러 도시와 지역들 중에서 가장 우월한 지위를 가지고 있었을 뿐이다. 키예프 공후의 권력이 가장 강했다는 의미이다. 주변 지역의 공후 모두 키예프 공후의 권위를 인정했다. 키예프 공후가 갖는 권위는 보통 11월부터 익년 4월까지 주변 지역을 순회하면서 세금을 걷었던 '폴류지예'(полюдье)와 키예프 공후를 직접 찾아와 세금을 받친 '포보스'(повоз)를 통해 확인된다. 더욱이 키예프는 드네프르 강을 거쳐 빠르게 흑해로 진출할 수 유리한 지역이었고, 흑해를 통해 당시 유럽 최대 국가인 동로마제국, 즉 비잔틴제국과 교역하기도 매우 우호적 조건을 갖고 있었다.

키예프 루시의 흥망성쇠

키예프의 세 번째 통치자 이고리(Игорь, 912~945) 공후는 키예프의 권위를 강화하기 위해 노력했지만, 우유부단하고 탐욕스런 성격 때문에 별다른 흔적을 남기지 못했다. 오히려 그의 아들 스뱌토슬라프(Святослав, 962~972) 공후가 초기 키예프 공후 중 눈에 띠는 인물이었다. 고구려 광개토대왕과 비교되는 인물인 스뱌토슬라프 공후는 962년부터 10년 동안 러시아 영토 확장에 힘을 쏟은 통치자이다. 통치 기간을 '대모험의 시대'(962~972)라 부를 만큼 스뱌토슬라프 공후는 키예프에 머물렀던 시간보다 밖에서 대외 정복활동으로 영토를 확장한 시간이 훨씬 많았다. 동쪽에 자리 잡은 볼가르인과 하자르인을 정복해 볼가강 교역로를 확보했을 뿐만 아니라, 당시 교통의 요충지였던 남서쪽의 발칸반도로 진출해 이 지역을 둘러싸고 비잔틴제국과 경쟁을 하기도 했다.

키예프 루시의 전성기는 블라디미르(Владимир Святославич, 980~1015) 공후와 그의 아들 야로슬라프 공후(Ярослав Мудрый, Yaroslav the Wise, 1019~1054) 치세에 이뤄졌다. 아버지 스뱌토슬라프 공후가 페체네그인들의 기습을 받아 962년 죽임을 당했을 때, 12살에 불과해 삼촌 도브르이냐와 함께 노브고로드에 머물러 있던 블라디미르 공후는 삼 형제 사이에 발생한 '왕자의 난' 이후 권력을 잡고 키예프의 공후가 된다. 키예프에 정치적 기반이 없었던 블라디미르 공후는 본인의 위상과 키예프의 위상을 동시에 높이기 위해 통치 이데올로기로서 기독교를 수용하고, 그의 아들인 야로슬라프 공후는 국가체제를 정비하기 위해 러시아 최초의 법전 '루스카야 프라브다'(Русская правда, Russian Justice)를 편찬했다. 민간신앙, 토속신앙이 아닌 체계를 갖춘 고등종교의 채택과 법전의 편찬은 고대국가의 완성을 확인하는 두 가지 전제조건이다.

뿐만 아니라, 두 공후는 주변민족을 정복하면서 영토를 확장하고, 유럽의 명문 가문과 전략적으로 혼인관계를 맺으면서 키예프 루시의 국력을 한 차원 더 확대했다. 블라디미르 공후는 비잔틴제국의 황녀 안나와 결혼했고, 야로슬라프는 여동생과 딸들을 폴란드, 프랑스, 헝가리, 노르웨이 등 유럽의 군주들과 결혼시켰다.

그러나 1054년 야로슬로프 공후가 사망한 이후 키예프 루시는 형제들의 권력 갈등 속에서 내분에 휩싸여 구심력을 잃고 여러 공국으로 분열됐다. 12세기 초반 60세의 나이에 키예프 공후에 오른 블라디미르 모노마흐(Владимир Мономах, 1112~1125)가 잠시 옛 영광과 권위를 되찾기는 했지만, 그 역시 이미 기울어진 키예프 루시의 운명을 돌려놓지 못했다. 그의 아들 므스티슬라프(Мстислав, 1125~1132) 공후가 사망한 후로 더 이상 키예프 공후는 러시아의 상징적 군주가 되지 못했다.

　　오히려 1169년 수즈달의 공후 안드레이 보골류프스키(Андрей Боголюбский)가 키예프를 점령한 후, 그곳에 머물지 않고 자신의 본거지인 수즈달로 귀환한 사실을 두고 역사가들은 키예프가 더 이상 러시아의 중심지 역할을 하지 못했으며, 이후에는 오히려 수즈달이 러시아의 중심지가 됐다고 평가한다. 즉 1169년을 키예프 루시의 해체 시점이라고 말하기도 한다.

　　더욱이 유럽 역사에 중요한 획을 그었던 십자군 원정은 유럽의 교역로에 커다란 변화를 가져왔다. 지중해 교역과 대서양과 발트해를 잇는 유럽 북서부의 '한자동맹' 교역이 활기를 띠면서 발트해와 흑해를 잇는 교역로를 통해 부를 축적하던 키예프 루시는 경제적으로 쇠퇴하기 시작했다. 결정적으로 1202년 제4차 십자군 원정을 통해 콘스탄티노플에 라틴제국이 건설되자, 발트해-흑해 무역로는 유럽 교역로의 변방으로 밀리게 됐다. '발트해-흑해' 교역로가 쇠퇴함에 따라, 키예프 루시의 내부 분열은 더욱 가속화돼 키예프의 영향력이 미치지 않는 여러 공국으로 분리됐고, 분리된 개별 공국들은 독자적으로 행동하기 시작했다.

　　북서쪽의 노브고로드, 남서쪽의 갈리치아(Галичия), 북동쪽의 블라디미르-수즈달 등 몇몇 지역들이 키예프를 대신해서 지역 중심지로 부상했다. 쇠퇴기에 접어든 키예프는 13세기 초반 몽골의 침략을 받아 국토가 유린당하고, 재차 침입한 몽골 군대에 약 1년 동안 저항하다가 결국 1240년 몽골의 수중에 떨어진다. 그 결과 도시 간, 지역 간 연합 체제로 이뤄진 키예프 루시는 완전히 붕괴된다. 이후 러시아는 몽골에게 240년간 지배를 받았다.

기독교(그리스도교, 그리스정교) 수용

기독교 수용은 러시아의 국가정체성을 규명하는 데 매우 중요한 사건이다. 크게 보아 여기에는 두 가지 인과관계가 있다. 무엇보다 로마 가톨릭교가 아닌, 그리스정교를 국교로 채택함으로써 러시아는 서유럽 문명과 분리되는 역사 과정을 겪게 되고, 그 결과 18세기 표트르 대제 이후 지도자들이 서유럽화 정책을 적극적으로 추진했음에도 불구하고, 러시아는 동시대 유럽의 역사를 공유하지 못했다. 물론 러시아가 서유럽의 역사와 문화를 공유하지 못한 또 다른 이유는 240년간 지속된 몽골의 지배와 1917년 10월 러시아혁명으로 탄생한 74년의 소비에트 경험 때문일 수 있다.

러시아 기독교 수용의 의미는 세 가지 측면에서 설명할 수 있다. 첫째, 기독교 수용은 러시아 역사 속 필연적 과정의 결과물인가? 아니면, 키예프 루시 블라디미르 공후의 의도적 선택인가? 둘째, 러시아의 기독교 수용은 기독교 국가로서 새로운 러시아 역사의 시작일 뿐만 아니라, 키예프를 러시아의 중심지로 구축하려는 공후들의 오랜 노력의 결과물이라는 사실이다. 셋째, 기독교 수용은 단순히 988년, 즉 기독교를 국교로 채택한 사건만이 아니라, 그 이전 발생한 980년 블라디미르 공후의 제1차 종교개혁, 983년의 인간제물의식, 그리고 986년과 987년에 걸쳐 발생한 신앙선택의 과정과 깊이 관련돼 있다는 점이다.

먼저, 러시아의 기독교 수용이 필연적인 과정의 결과물인가, 혹은 키예프 공후 블라디미르의 의도적인 선택인가에 관한 문제이다. 이 문제는 일반 주민들이 기독교를 이미 받아들이고, 사회 전반에 걸쳐 기독교가 우세했기 때문에, 지도자들이 통치를 위해 기독교를 수용할 수밖에 없었다는 논리로 귀결된다. 로마제국의 경우에서 볼 수 있듯이, 313년 밀라노 칙령을 통해 기독교를 인정하고, 그 후 325년 니케아 종교회의를 통해 기독교를 국교로 정한 사실이 바로 필연적 과정의 결과물로서 기독교의 수용을 말한다. 그렇다면 러시아에서도 이러한 과정의 결과물로서 기독교 수용이 이루어졌는지 살펴보자.

일반적으로 역사학계는 9세기 중엽부터 러시아에 기독교가 도입됐다고 한다. 선교사 키릴과 그의 형 메포지가 슬라브인들에게 기독교를 선교하기 위해 문자를 만들었다는 사실은 이미 잘 알려져 있다. 이 시점이 대략 863년이다. 또한 당시 러시아가 비잔틴제국과 체결한 조약들을 통해 동일한 사실을 확인할 수 있다. 즉 조약들에 따르면, 비잔틴제국과 체결한 통상조약에 참여한 러시아인들은 자신들이 믿는 신에게 조약을 준수하겠다고 맹세하는 내용이 나오는데, 그들 중 십자가에 기도했다는 사람들이 있었다. 이 내용은 공식 수용 이전에 러시아에 기독교인들이 실재했다는 사실을 말해주는 것이다. 개인적으로 받은 세례지만, 러시아 최초의 여성 공후였던 올가(Ольга, 945~962) 역시 기독교

수용 이전에 비잔틴제국에서 세례를 받았다고 전해진다.[4]

이렇듯 공식 수용 이전에 러시아에도 기독교의 존재가 알려졌다는 데 반론의 여지가 없지만, 당시 기독교인의 세력은 그리 크지 않았다. 예를 들어 983년 키예프에서 인간제물의식(희생제의)이 거행됐을 때, '제비뽑기'에 의해 제물로 받쳐진 사람은 '요한'이라는 이름의 바이킹 출신 기독교인이었다. 같은 기독교인이었던 그의 아버지가 인간제물의식의 부당함을 경고하고, 이 의식을 제지하려고 했으나, 키예프 주민들은 받아들이지 않는다. 결국 요한과 그의 아버지는 부자가 동시에 죽임을 당한다. 이 사실은 기독교인들의 저항이 상대적으로 미약했음을 보여주는 것이다.

앞서 언급한 올가 공후의 세례 역시 개인적 차원의 세례일 뿐, 그녀의 세례가 러시아 사회에 별다른 영향을 미치지 못했다. 올가 공후의 아들 스뱌토슬라프 공후도 기독교를 받아들일 경우, 측근들이 조롱할 것이라고 걱정하며 세례에 부정적이었다. 그런 까닭에 필연적 과정의 결과로서 러시아에 기독교가 수용됐다는 전제는 설득력이 떨어진다고 하겠다.

둘째, 기독교 수용은 기독교 국가로서 새로운 러시아 역사의 시작일 뿐만 아니라, 키예프를 러시아의 중심지로 구축하려는 키예프 공후들의 오랜 노력의 결과물이라는 명제다. 988년 키예프의 공후 블라디미르는 기독교를 수용하고, 기독교를 국교로 정했다. 분명한 사실은 이때부터

---

4) 올가 공후의 정확한 세례 연도는 항상 논쟁의 대상이었다. 945년, 혹은 957년으로 구분되는 그녀의 세례 연도는 확인할 수 없지만, 달력체계의 모순에서 야기했다고 볼 수 있다. 최근 들어서는 957년이 보다 설득력을 얻고 있다.

러시아는 공식적으로 기독교 국가로서 1,000년 이상의 역사를 가졌다는 점이다. 기독교 수용을 통해 새로운 러시아가 출발했다는 사실은 합리적 판단이다.

또 하나 중요한 문제는 이와 더불어 기독교 수용을 키예프 공후들이 키예프를 러시아 사회의 정치적, 경제적, 종교적 중심지로 구축하려는 시도가 종결됐다는 의미로 바라볼 수 있느냐는 것이다. 블라디미르 공후 이전에 키예프 공후들이 추진한 정책 속에서 질문의 답을 구할 수 있다. 그들의 의도가 명확하게 드러나기 때문이다.

907년, 911년, 944년, 971년에 체결된 비잔틴제국과 키예프 간 통상조약의 내용을 살펴보면, 키예프 공후들은 자신의 권력을 강화하고 키예프를 전체 러시아 사회의 중심지로 구축하고자 자신과 키예프인들이 믿고 있던 '페룬'(Перун, 천둥과 번개의 신)을 최고의 신으로 추대했다. 당시 러시아 사회가 신정정치(神政政治)의 형태를 띠고 있었기 때문에, 이러한 모습은 자연스러운 현상이었다. 상기한 조약에서 키예프 공후들은 키예프 및 러시아 남부 주민들이 믿고 있던 페룬을 통해 키예프의 권위를 앞세웠지만, 노브고로드를 비롯해 북부 지역에서 숭배되던 '벨레스'(Велес 혹은 Велос, 가축의 신)를 앞세운 저항 역시 만만치 않았다. 특히 944년 연대기 항목에도 언급되고 있듯이, 이고리 공후가 세금을 과다하게 징수하려다가 죽임을 당했다고 말하고 있으나, 사실 공후의 죽음은 드네프르강 서쪽 지역에 거주하던 드레블랴닌들이 키예프의 권위에 대항한 사건이라고 볼 수 있기 때문이다. 971년 비잔틴제국과 맺은 통상조약을 보면, 스뱌토슬라프 공후 역시 페룬을 앞세워 키예프의 권위를 강화하고자 했으나, 결국 실패했다. 실패의 가장 큰 이유는 이전 키예프 공후들이 그랬듯이, 스뱌토슬라프 공후 역시 페룬을 최고의 신으로 숭배했기 때문이다.

그렇다면 블라디미르 공후가 추진한 기독교 수용은 페룬이 아닌 다른 신들을 찾는 과정에서 등장한 플랜B인가? 블라디미르 공후 역시 키예프를 중심지로 구축하기 위해서 만인이 숭배할 수 있는 신들을 찾고 있었는가? 이 물음에 답하기 위해 상기한 세 번째 전제를 살펴보자.

셋째, 기독교 수용은 980년 블라디미르의 종교개혁, 983년 인간제물의식, 그리고 986년과 987년 사이에 진행된 블라디미르의 신앙선택과정과 밀접히 연관됐다는 점이다. 아버지 스뱌토슬라프가 아시아계 유목민족인 페체네그인(Печенеги)들의 기습 공격을 받아 사망할 때, 어린 블라디미르는 삼촌 도브르이냐(Добрыня)와 함께 노브고로드를 통치하고 있었다. 스뱌토슬라프가 사망한 이후 삼형제들 간 권력투쟁이 발생해 장남 야로폴크(Ярополк, 972~980)가 차남 올레그를 죽이고, 깜짝 놀라 스칸디나비아 지역으로 쫓겨간 삼남 블라디미르가 키예프로 돌아와 야로폴크를 죽이면서, 블라디미르는 키예프의 공후가 됐다. 이른바 제1차 러시아 '왕자의 난'에서 블라디미르가 최후의 승자가 됐다.

블라디미르 공후는 형이 통치하고 있던 키예프에는 정치적 기반이 거의 없었다. 상대적으로 입지가 약했던 블라디미르 공후는 자신의 권력을 강화하고, 본인이 통치하는 키예프를 러시아 사회의 정치적, 경제적, 종교적 중심지로 구축함으로써 지배세급의 위상을 강화하고자 했다. 더 나가 그는 국가조직을 체계화하기 위해 러시아인을 하나로 묶을 수 있는 통치 이데올로기의 필요성을 인식했다. 이점은 민간신앙이 지배하던 키예프 사회에 고등종교로서 포괄적인 신념체계와 가치관이 필요했다는 말과 동일하다.

이러한 목적으로 블라디미르 공후는 980년 만신전(萬神殿, pantheon)을 설치하는 '종교개혁'을 실시했다. 과거 페룬만 앞세운 키예프 공후들의 종교개혁 정책이 실패했다는 사실을 잘 알고 있던 블라디미르 공후는 좀 더 유연한 정책을 추진한다. 즉 페룬을 최고의 신으로 숭상한 점은 이전 키예프 공후들과 다를 바 없었으나, 오로지 페룬만 강조하지 않았다. 태양의 신 '호르스'(Хорс), 부귀의 신 '다쥐보그'(Дажьбог), 바람의 신 '스트리보그'(Стрибог), 종자의 신 '시마글'(Симагл), 지모신 '모코시'(Мокошь) 등 주변 지역 사람들이 숭배하던 다른 신들과 함께 페룬을 앞세웠다. 모두가 볼 수 있는 키예프 언덕의 중심에 상기한 신들을 설치하고, 여러 신들 가운데 페룬을 모신 것이다.

블라디미르의 만신전은 분명 통치 이데올로기를 강화하고자 추진된 고도의 정치적 행위다. 그는 정복한 민족에게 키예프와 키예프인들이 숭배하는 페룬의 우월성을 강조하고 싶었고, 키예프를 중심으로 하는 러시아의 부족연합이 지속되기를 희망했다. 그러나 그의 유연한 개혁정책도 성공을 거두지 못했다. 실패한 이유는 983년 인간희생제의에서 보듯이, 일부 기독교인들의 반발도 있었지만, 무엇보다도 블라디미르 공후 역시 키예프 주민들이 믿고 있던 페룬의 우월성을 주장했기 때문이다. 그런 까닭에 블라디미르 공후는 페룬을 대체하는 새로운 신의 필요성을 인지하고, 주변의 종교에 대해 알아보기 시작했던 것이다.

여기서 이른바 '신앙선택'의 과정이 실시된다. 블라디미르 공후의 부름을 받은 유대교, 이슬람교, 가톨릭교, 그리스정교의 사절단들이 블라디미르를 방문해 자신들이 믿는 종교의 우수성을 설명했다. 블라디미르 공후는 쉽게 결정하지 못했다. 원초연대기에 따르면, 블라디미르 공후는 국가도 갖지 못한 민족의 종교라는 이유로 유대교를 거부하고, 자신을 방문한 독일 주교가 두서없이 지루하게 설명한다고 가톨릭교에 별다른 관심을 보이지 않았으며, 술과 돼지고기를 먹지 않는다는 이유로 이슬람교를 거부했다고 한다.

그러나 마지막으로 방문한 그리스 출신 현인(賢人)이 세상을 만드신 하나님의 천지창조 이야기부터 시작해 현재에 이르기까지 인류가 걸어온 역사에 대해 설명하자 블라디미르 공후의 마음이 흔들렸다고 한다. 고민하던 블라디미르 공후에게 신하들은 해당 종교를 직접 보고 오자는 의견을 제시했다. 블라디미르 공후의 지령에 따라 공후의 신하들이 비잔틴제국의 수도 콘스탄티노플 소재 성소피아 성당에서 총대주교가 수행하는 예배의식을 보고 그곳이 천상인지, 지상인지 알 수 없을 정도로 아름답다는 말을 전하자, 블라디미르 공후는 그리스정교를 받아들였다고 한다. 지금의 이야기는 러시아 원초연대기에 나온 988년 항목 기독교 수용 내용이다. '지나간 시절의 이야기'로 번역되는 러시아 원초연대기는 키예프 동굴수도원 수도승인 네스토르가 집필했다. 이 책은 12세기 초반에 네스토르가 852년부터 1110년에 이르는 러시아 역사를 기술한 책이다. 책에 대한 사실 여부를 논하는 사람도 있으나, 수도승이 그리스정교를 부정적으로 기술하지는 않았을 것이다. 더욱이 12세기 초반은 1054년 동서 교회가 분리된 이후이다. 로마 가톨릭교에 대해 그리스정교의 우수성을 설교했을 개연성이 높다.

그러나 보다 중요한 문제는 신앙선택의 과정에서 우리가 깊게 고민해야 할 중요한 사건이 발생했다는 점이다. 블라디미르 공후가 신앙선택의 과정을 진행할 당시, 비잔틴제국 내 소아시아 지역에서 황제에 대항하는 반란이 일어났다. 황제를 참칭하는 주동자 바르다 포카(Варда Фока) 때문에, 당시 비잔틴제국의 통치자인 바실리 2세(Василий II, 976~1025)가 위험에 처한 것이다. 바실리 2세는 키예프의 블라디미르 공후에게 도움을 요청했고, 이에 대한 보답으로 동생 안나(Анна)와 블라디미르의 결혼을 제안했다.

제안을 받은 블라디미르 공후는 고민할 수밖에 없었다. 아버지는 스뱌토슬라프 공후였지만, 어머니가 할머니 올가 공후의 몸종이었던 말루샤(Малуша)였기에 '노예의 자식'이라는 꼬리표가 항상 따라다녔던 블라디미르는 당시 유럽 최대의 국가 비잔틴제국 황제의 여동생과 혼인을 맺어 자신의 '신분 콤플렉스'를 떨쳐 버리고자 했다. 그에게는 무척 끌리는 제안이었다. 그런 까닭에 블라디미르 공후는 비잔틴제국 황제의 제안을 수락하고, 약 6,000명의 군사를 파견해 반란군을 진압했다. 키예프 블라디미르 공후 덕분에 아비도스(Абидос)와 흐리스폴리스(Хрисполис) 전투에서 승리한 바실리 2세는 권력을 다시 손에 쥐지만, 바실리 2세는 블라디미르에게 약속한 동생 안나와 결혼을 지키지 않았다.

황제에게 화가 난 블라디미르 공후는 크림반도에 있는 헤르소네스(Херсонес, 러시아 지명 Корсунь: 오늘날 세바스토폴 부근)를 점령하고, 콘스탄티노플까지 공격할 수 있다고 위협하면서 바실리 2세에게 약속 이행을 요구했다. 블라디미르의 행동에 위험을 느낀 바실리 2세는 블라디미르와 키예프 주민의 세례를 전제조건으로 내걸고 동생 안나와 결혼을 약속하는데, 블라디미르는 황제의 제안을 수용해 크림반도 코르순에서 기독교 세례를 받고 안나와 결혼하게 된다. 키예프로 돌아온 블라디미르 공후는 기독교를 국교로 정하고, 키예프 주민들에게 세례를 강요했으며, 과거 키예프인들이 숭배했던 페룬을 파괴했다. 키예프 언덕에 설치된 신들을 파괴한 이유는 다른 신을 인정하지 않고 유일신을 믿고 있는 기독교 교리에 의한 것이다.

위 내용은 원초연대기에 빠졌다. 아마도 숨기고 싶은 수도승의 의도가 반영된 듯하다. 원초연대기의 내용이 사실이라면, 블라디미르 공후는 러시아에 기독교를 수용한 공덕으로 러시아의 첫 번째 성인으로 시성돼야 했다. 그러나 러시아인 중 최초로 성인으로 시성된 사람은 블라디미르 공후가 아닌 그의 두 아들, 즉 보리스와 글렙이다. 블라디미르 공후가 사망하고, 제2차 '왕자의 난'이 발생했을 때, 보리스와 글렙은 죽임을 당할 걸 뻔히 알면서도 형의 부름에 응한다. 두 형제의 행보는 죽음을 알면서도 십자가에 매달린 그리스도의 모습과 유사하다. 그 차원에서 두 형제는 성인으로 시성된다. 블라디미르 공후는 500년이 지난 시점에 시성된다.

정리하면 러시아의 기독교 수용은 첫째, 러시아 역사 속에 필연적으로 일어나는 과정의 결과라기보다는 키예프 블라디미르 공후의 의도적인 정치적 선택에 의해 이뤄졌다. 둘째, 기독교 수용은 키예프를 러시아 사회의 중심지로 구축하기 위해 키예프 공후들이 추진했던 종교개혁 정책의 마지막 종착점이다. 셋째, 988년 채택된 기독교의 수용과 국교 채택은 블라디미르 공후가 진행한 잎신 종교개혁 정책들의 연장선에 있었으며, 980년 1차 종교개혁이 민간신앙을 중심으로 이뤄졌다면, 988년 기독교 수용은 기독교를 중심으로 이뤄진 2차 종교개혁이라는 점이다.

외세 지배 속에 피어난 러시아의 심장: 모스크바

몽골의 지배

키예프 루시가 쇠퇴기에 접어들어 허울뿐인 중심지 역할만 하던 13세기 초반, 아시아 초원지대에서 세력을 확장한 몽골인들은 중국을 정복하고, 중앙아시아, 페르시아를 지나 러시아 땅으로 몰려왔다. 첫 번째 공격은 캅카스 방향에서, 두 번째 공격은 우랄산맥 방향에서 시작됐다. 1223년 5월 아조프해 북동부로 흘러가는 칼카 강에서 발발한 전투에서 러시아인들은 칭기스칸의 몽골 군대에 맞서 사력을 다해 막으려고 했지만, 동쪽에서 몰려온 이름도 모르는 이민족에 대항하기에는 역부족이었다. 포로로 잡힌 러시아 장수들은 넓은 판자 위에서 술판을 벌이는 몽골 장수들 아래서 압사당했다. 몽골-타타르인에 대한 트라우마의 시작이었다.

칭기스칸의 손자인 바투가 재차 침공했을 때도 러시아인들은 키예프를 중심으로 1년 동안 끈질기게 저항했지만, 결국 막지 못했다. 1240년 키예프가 몽골 군대의 수중에 떨어지면서 키예프 루시는 역사의 뒤안길로 완전히 사라졌다.

몽골 군대와 싸울 때, '강력한 무기' 러시아의 동장군(冬將軍)도 오히려 몽골군의 편에서 움직였다. 추운 겨울이라 호수가 얼어 있었기 때문에 몽골의 기병대는 신속하게 움직일 수 있었고, 반대로 그때까지 성을 지키며 방어하는 공성전에 익숙했던 러시아인들은 몽골 기마병의 기습 공격에 속수무책으로 당할 수밖에 없었다. 한 차례 몽골 군대가 쓸고 간 러시아에는 우는 아이들도 무서워할 정도로 몽골에 대한 공포심만 남았다.

바투는 1243년 볼가강 유역에 위치한 '사라이'(Сарай, 지금의 볼고그라드 근처)에 도읍지를 정하고, 킵차크한국(汗國)을 세워 러시아를 지배하기 시작했다. 이후 러시아는 1480년까지 약 240년 동안 킵차크한국의 지배를 받는데, 러시아 역사에서 이 시기를 '타타르의 멍에,'(Татарское иго) 혹은 '골든 호르드'(Golden Horde)라고 부른다.

몽골의 지배로 인해 러시아의 주요 도시들이 철저하게 파괴됐기 때문에, 그 시기 러시아의 고유한 발전을 기대하기 힘들었다. 더욱이 고대 러시아의 중심지였던 키예프와 러시아 남부 지역은 피해 정도가 너무 심해 한동안 사람 살기에 적합한 곳이 아니었다. 그런 까닭에 이 시기에 키예프를 축으로 남서부 갈리치아 지역과 북동부의 블라디미르-수즈달 지역, 북서부의 노브고로드, 프스코프 지역으로 대규모 인구이동이 시작됐고, 인구이동에 따라 러시아의 중심지도 변하게 됐다.

몽골의 지배시기에는 몽골 한(汗)의 환심을 얻어 지역 헤게모니를 장악하기 위한 러시아 공후들의 치열한 세력다툼이 진행됐다. 이 싸움의 최종 승자는 바로 모스크바였다.

240년의 몽골 지배로 인해 러시아는 동시대 서유럽의 역사와 문화를 공유하지 못하고 그들과 단절돼 유럽과 다른 발전경로를 밟을 수밖에 없었다. 러시아가 기독교 세계의 방파제 역할을 했다는 사실도 결코 당시의 러시아에 위안이 될 수는 없었다. 오히려 몽골 한이 가지고 있던 신권적, 군사적 통치구조가 모스크바 공후의 전제적 통치방식에 영향을 미쳤는데, 그 결과 러시아인들에게는 공통의 집단의식이 생겨나 군주의 권력은 절대적이며, 저항할 수 없다는 관념이 그들의 사고체계에 자리잡았다. 몽골 한의 권력 속성을 그대로 답습한 모스크바의 공후들은 몽골의 한으로부터 전수받은 절대불가침의 전제권력을 러시아인들에게 행사하며 국가를 통치할 수 있었다.

몽골의 지배가 러시아에 남긴 영향 중 하나는 이 시기에 러시아 교회의 지위가 상대적으로 상승했다는 점이다. 세금을 정기적으로 납부하는 한 종교 문제에 간섭하지 않은 몽골 한의 정치적 배려도 있었지만, 키예프 루시가 붕괴된 이후 러시아인을 하나로 묶어줄 수 있는 통일된 정치체제가 없었기 때문에, 과거 화려했던 '루시'라는 상상의 공동체를 소환하는 기구나 조직은 교회밖에 없었다. 그래서 자연스럽게 교회가 러시아인의 정신적 구심점 역할을 떠안게 됐는데, 몽골 한의 종교적 관용정책으로 그 역할을 수행하기 용이했다.

또한 러시아인 사이에서는 러시아 수좌대주교 알렉시이가 몽골 한의 부인 '타이둘라'의 눈병을 치료해서 몽골 한이 교회에 더욱 우호적인 정책을 취했다고 전해진다. 이렇듯 몽골 한의 배려 속에 교회와 수도원은 면세와 면역 특권을 부여받아 많은 토지를 소유할 수 있었는데, 16세기 초에는 전 러시아 국토의 1/4이 교회 소유였을 정도로 교회의 재산이 증가했다.

모스크바의 성장

스테판 쿠츠카(Степан Кучка) 공후의 영지라는 뜻을 가진 '쿠츠코보'(Кучково)라는 조그만 마을이었던 모스크바가 러시아의 역사 무대에 등장한 시기는 1147년이다. 연대기에 따르면, 수즈달의 공후였던 유리 돌고루키(Юрий Долгорукий)[5]는 모스크바의 지리적 중요성을 인식하고, "형제들이여, 내게로 오라, 내가 있는 모스크바로 오라"며 모스크바에 대해 처음으로 언급했다. 이때가 1147년이다. 노브고로드나 키예프와 달리, 상대적으로 늦게 역사 무대에 등장한 모스크바가 러시아의 중심지로 빠르게 자리잡을 수 있었던 이유는 크게 네 가지로 구분된다.

첫째, 무엇보다도 지리적 원인을 꼽을 수 있다. 키예프나 노브고로드와 달리 동유럽평원 중앙에 위치한 모스크바는 주변이 울창한 숲으로 둘러싸여 외적의 침입으로부터 방어하기가 쉬웠고, 오카강, 볼가강, 돈강, 드네프르 강 등 주변의 여러 강으로 쉽게 연결될 수 있는 유리한 중간지역에 위치했다. 그런 까닭에 교역로의 중심지로 빠르게 부상할 수 있었다. 즉 볼가강 교역로의 주요 전략적 공간이었던 모스크바는 연수육지를 관할하는 목조요새가 구축돼 수송기지 역할을 수행하는 곳이었고, 여러 강으로 연결되는 수로체계의 중심에 있었기 때문에, 자연스럽게 수로로 접근하기 쉬운 물류교통의 요충지로 자리잡았다. 그 결과 사람들의 왕래가 잦아 인구가 증가할 수 있는 객관적 조건이 충족됐다.

---

[5] '긴팔을 가진 사람'이라는 뜻의 돌고루키 공후는 앞서 언급한 블라디미르 모노마흐 공후의 아들이자, 안드레이 보골류프스키 공후의 아버지이다. '팔이 길다'는 의미는 능력이 뛰어나거나 활동력이 넓은 사람을 지칭하며, 오늘날에는 욕심이 많다는 의미로 사용된다.

두 번째 이유는 지리적 원인과 결부돼 있는데, 교통의 요충지로 자리 잡고 인구가 증가하면서 자연스럽게 물건을 매매하는 시장이 형성돼 모스크바는 경제적 중심지로 부상할 수 있었다. 흔히 '아름다운 광장'으로 알려진 모스크바 '붉은 광장'은 색깔이 주는 이미지처럼 붉은 색으로 장식된 광장이 아니라 '중요하다'는 의미의 광장이었다. 즉 붉은 광장은 중세 러시아에서 가장 큰 시장이 열렸던 곳이었고, 사람들의 왕래가 가장 빈번한 경제의 중심지였다.

세 번째 이유는 정치적 요인이다. 형제 분할상속제로 권력을 배분하던 키예프 루시의 정치문화와 다르게 모스크바 공후들은 초기부터 장자상속제를 확립해 왕권 계승에 따른 권력의 분산을 막을 수 있었다. 그리고 몽골 군주가 가진 군사적, 신권적 통치 권력의 습성을 모스크바 군주가 그대로 계승했다. 또한 모스크바의 공후 이반 1세가 몽골 한으로부터 충성의 대가로 대공(大公)의 칭호를 받았듯이, 몽골 한에 대한 절대적 충성과 그 충성에 대한 대가로 모스크바 공후는 다른 지역의 공후들에 비해 자신들의 세력을 크게 확장할 수 있었다. 즉 몽골 한의 정치적 배려와 몽골 한으로부터 전수받은 통치권력의 속성 덕분에 다른 도시들에 비해 상대적으로 늦게 역사 무대에 등장한 모스크바는 빠르게 세력을 확장할 수 있는 기회를 잡을 수 있었다.

마지막 네 번째 이유로 종교적 요인을 들 수 있다. 러시아 교회조직은 1240년 키예프의 몰락으로 와해됐다가, 1300년에 가서야 블라디미르 지역에서 복구됐다. 1169년 이후로 고대 러시아의 중심지였던 블라디미르-수즈달 지역이 갖고 있는 상징성 때문에 그곳에 교회조직이 복원됐지만, 블라디미르에는 명망 있는 공후가 없었다. 그래서 교회 지도자들은 블라디미르보다는 새롭게 부상하는 모스크바를 선호했다. 모스크바 공후가 자신들을 보호해줄 수 있다고 믿었기 때문이다. 그 이유로 블라디미르에 가지 않고 모스크바에 거주하면서 교회 업무를 보는 경우가 제법 많았다.

러시아 정교회의 최고 성직자 수좌대주교 표트르(Митрополит Пётр)가 1326년 사망하자, 모스크바에 머물고 있던 차기 수좌대주교 페오그노스트(Феогност)는 이반 1세(Иван I, Иван Калита)의 권유에 따라 블라디미르가 아닌 모스크바에서 교회업무를 관장했다. 그로 인해 자연스럽게 모스크바가 러시아 정교회의 중심으로 자리잡게 됐다. 즉 블라디미르에 교회조직이 복구됐을 때에도 수좌대주교와 성직자들은 모스크바를 선호했다. 그 이유는 무엇보다 블라디미르에는 공후가 없었기 때문이다.

교회 성직자들은 몽골의 간섭이나 외부의 침략으로부터 자신들을 보호해 줄 공후가 필요했는데, 블라디미르에는 그러한 안전장치가 없었다. 그런 까닭에 수좌대주교 표트르나 그 후임자 페오그노스트도 블라디미르보다는 모스크바에 머문 시간이 더 많았다. 그 점을 간파한 이반 1세는 페오그노스트를 위해 블라디미르에 있는 우스펜스키 성당을 모스크바에 동일하게 축조하겠다는 약속과 더불어 관저와 사택을 마련함으로써 그의 신임을 얻는 데 성공했던 것이다. 결국 1326년 수좌대주교가 집무하는 교회의 중심지가 되면서 모스크바는 명실공히 러시아의 정치적, 경제적, 종교적 구심점 역할을 하며 이른바 수도로서 역사 무대의 주인공으로 등장했다.

이반 1세 시기에 러시아의 중심지로 발돋움한 모스크바는 1380년 드미트리 돈스코이(Дмитрий Донской) 공후가 돈강 유역에 있는 쿨리

코보(Куликово) 들판에서 몽골의 마마이 군대에 처음으로 승리를 거두면서 몽골의 지배로부터 서서히 벗어나는 계기를 만들었다. 비록 약 1년이 지난 뒤 몽골 군대의 반격으로 다시 모스크바가 함락되기도 했으나, 쿨리코보 전투를 전환점으로 몽골의 지배력은 약화되기 시작했다.

1480년 이반 3세(Иван III, 1462~1505)의 통치시기에 러시아는 240년 동안 계속된 몽골의 지배로부터 벗어났고, 이반 3세는 이후 모스크바를 중심으로 강력한 중앙집권국가를 건설했다. 흔히 '이반 대제'(Иван Великий, Ivan the Great)라고 부르는 이반 3세는 '차르'(царь)라는 용어를 처음으로 사용한 군주였으며, 통치기간 중 고대 중심도시 노브고로드를 정복해 민주적 의사결정기구였던 베체의 종을 파괴했으며, 트베르(Тверь)를 비롯해 모스크바와 경쟁관계에 있었던 주변지역을 병합하는 등 활발한 대외 정복활동을 통해 모스크바의 영토를 확장했다.

게다가 팽창하는 오스만투르크의 세력을 공동으로 방어하고 싶었던 로마 교황의 주선으로 이반 3세는 오스만투르크에게 패한 비잔틴제국의 마지막 황녀 소피아와 1472년에 결혼하고, 비잔틴제국의 상징인 쌍두독수리를 모스크바의 문장으로 채택했다. 이반 3세는 '모스크바-제3로마' 도그마를 활용하는 등 군사적 측면에서 뿐만 아니라, 러시아의 문화적 자긍심과 낙후된 러시아의 국제적 위상을 높이고자 노력했다.

이반 3세 이후 러시아는 그의 아들 바실리 3세를 거치면서 급속하게 영토가 확대돼 거대 왕국의 기틀을 마련했다. 바실리 3세는 아버지의 정책을 계승해 프스코프와 랴잔한국을 정복하고 고대 교역로의 주요 거점이었던 스몰렌스크를 점령하는 등 활발한 정복활동을 벌이며 영토 확장에 힘썼으며, 대외관계도 중시해 교황과 술탄, 그리고 인도제국과 선린관계를 유지했다. 러시아에 독일인 거주지가 등장한 때도 바로 이반 3세와 바실리 3세의 치세기간이었다.

그리고 이반 3세의 손자이자 흔히 '이반 뇌제'(Иван Грозный, Ivan the Terrible, 1533~1584)로 불리는 이반 4세 때에는 모스크바를 중심으로 유럽 러시아의 대부분 지역을 병합한다. 이반 3세와 바실리 3세, 그리고 이반 4세 등 3명의 지도자들을 거치면서 유럽 러시아의 땅이 대부분 모스크바 공국으로 편입되고, 러시아의 중앙집권화 과정이 완성됐다.

이반 4세는 어린 시절부터 귀족과 왕실 사이에서 벌어지는 권력의 암투를 목격하면서 성장했다. 그 이유로 누구보다도 왕권 강화의 필요성을 인식하고 있었다. 3살이 되던 해 아버지 바실리 3세가 사망했기 때문에, 직접 통치가 불가능했던 이반 4세는 차르가 된 이후 귀족의 세력을 누르고 왕권을 강화하기 위해 노력할 수밖에 없었다.

1547년 성년이 된 이반 4세는 17살의 나이에 정식으로 대관식을 치르고, 대공이라는 호칭 대신 '차르'라는 칭호를 교회로부터 공식적으로 부여받았다. 할아버지인 이반 3세가 차르를 칭한 적은 있었지만, 이 칭호를 공식적으로 사용한 것은 이반 4세가 처음이었다. 즉 러시아의 공식적인 첫 차르는 이반 4세다.

이반 4세는 개혁 세력들을 묶어 의회 기능을 갖춘 '선발의회'(Избранная Рада)를 구성했다. 그리고 왕권 강화를 위해 중앙행정기구를 개편하고 포병부대를 창설하며 군사 개혁을 추진하고, 통치 이데올로기로서 기독교를 전국적으로 확대하기 위한 교회개혁을 진행해 강력한 중앙집권국가의 면모를 갖추어 나갔다. 대외적으로 카잔한국(1552)과 아스트라한국(1556)을 정복해 카스피해로 진출할 수 있는 교두보를 마련했다. 비록 실패로 돌아갔지만 발트해로 나가는 출구를 확보하기 위해 독일 기사단과 리보니아 전쟁을 치루는 등 영토확장에 힘을 쏟았다.

러시아인이 시베리아를 본격적으로 정복하기 시작한 시기도 바로 이때부터이다. 러시아인들이 유럽과 아시아의 지리적 경계인 우랄산맥에 정착한 시기는 1517년으로 거슬러 올라간다. 당시 부유한 가문이었던 스트로가노프 집안은 바실리 3세로부터 철광산과 소금광산의 운영 허가를 받고 그 지역에 진출했다. 그 후 1581년 토볼강 유역에 요새를 구축해 지배권을 구축한 스트로가노프 가문은 용병 예르마크(Ермак)를 고용해 시베리아로 진출했다. 이것이 러시아가 우랄산맥을 넘어 시베리아로 영토를 확장한 첫 시도였다.

통치 전반기 중앙집권적 국가체제를 확립하기 위해 강도 높은 개혁정책을 추진하던 이반 4세는 1560년 든든한 정서적 후원자였던 아내 아나스타샤가 죽자, 실의에 빠져 정사를 돌보지 않았다. 흡사 고려 말 '공민왕과 노국공주'의 경우와 마찬가지로, 가장 가까이에서 이반 4세를 지켜주던 아내가 죽자, 이반 4세는 심리적 혼란에 빠져 아내의 죽음이 개혁정책을 함께 추진했던 측근의 독살에 의한 것이라는 소문을 믿어버린다.

이후 그는 '오프리츠니나'(опричнина)로 대변되는 공포정치를 펼치며 러시아 정국을 혼란에 빠뜨렸다. 혼란의 정점은 아들 이반을 살해한 사건이다. 1581년 11월 16일 임신한 왕세자비의 의상을 못마땅하게 여긴 이반 4세가 폭력을 행사해 왕세자비가 유산하자 아들 이반이 아버지에게 반항했고, 이에 격분한 이반 4세는 왕권을 이을 아들을 쇠몽둥이로 때려 죽여버렸다. 왕권 계승자가 죽임을 당함으로써 권력 공백이 발생했고, 사건 발생 후 3년이 지나 이반 4세가 죽은 후 어린 아들 표도르 1세(Фёдор I, 1584~1598)가 왕권을 계승했지만, 러시아는 역사상 가장 어려운 시기를 맞이하게 된다.

혼란의 시대(Смутное Время, Time of Troubles)

러시아 역사에서 가장 참혹했던 시대를 의미하는 '혼란의 시기'는 학자들에 따라 세 시기로 구분된다. 첫째, 1584년 이반 4세가 사망한 시점으로부터 1613년 미하일 로마노프가 차르로 등극한 시점까지 29년을 지칭한다. 둘째, 1598년 이반 4세의 병약했던 아들 표도르 1세가 사망한 시점부터 1613년 미하일 로마노프가 로마노프 왕조의 첫 번째 통치자로 등극할 때까지 15년을 지칭한다. 셋째, 1605년 보리스 고두노프가 사망한 이후부터 1613년까지 8년을 지칭한다. 시기적으로 모호한 구분이 발생하는 이유는 그만큼 이반 4세의 죽음이 초래한 권력 계승의 문제와 흉작에 따른 기근과 경제적 혼란, 그리고 사회적 무질서라는 키워드가 이 시대를 특징지웠기 때문이다.

앞서 언급했듯이, 1581년 11월 16일 밤 이반 4세가 후계자였던 아들 이반을 쇠몽둥이로 살해했다. 병약했던 표도르 1세가 왕권을 계승했으나 실권은 그의 처남인 보리스 고두노프에게 있었다. 표도르 1세의 이복동생이자 왕권 계승 후보인 9살 난 드미트리가 1591년 우글리치에서 살해되고, 배후자로 보리스 고두노프가 의심받는 상황에서 1598년 표도르 1세마저 후계자 없이 사망하자 862년부터 지속된 러시아의 류릭 왕조는 단절된다. 그 후 많은 귀족들의 반대에도 불구하고 실권자인 보리스 고두노프는 자신을 지지하는 귀족들과 총대주교, 러시아 국민들의 추대를 받아 신분제 의회라고 할 수 있는 '젬스키 사보르'(земский собор)에서 차르로 등극한다. 많은 학자들은 류릭왕조가 단절되고, 계승권이 없던 보리스 고두노프가 차르에 오른 1598년 시점을 실질적인 혼란의 시기가 시작했던 때라고 주장한다.

보리스 고두노프의 통치 초반인 1601년부터 2년에 걸쳐 전국에 흉작이 발생했다. 국민들의 불만이 계속해서 쌓여가는 와중에, 1591년 우글리치에서 죽은 이반 4세의 아들, '드미트리'라고 주장한 사람이 등장했다. 흔히 러시아 역사에서 '가짜 드미트리 1세'로 불리는 '참칭자'(самозванец)는 가톨릭교로 개종을 약속하면서 폴란드의 지지를 얻고, 고두노프에 반대하는 귀족들의 지지를 받으면서 모스크바로 진군했다. 보리스 고두노프가 참칭자를 물리치리라 생각했지만, 1605년 1월 갑작스럽게 보리스 고두노프는 죽고 만다. 왕권은 보리스 고두노프의 아들 표도르 2세에게 넘어가지만, 가짜 드미트리 1세는 모스크바로 입성해 고두노프의 아들인 표도르 2세를 살해하고 그의 뒤를 이어 왕좌에 오른다.

왕조가 무너지고 권력 질서가 붕괴된 상황에서 왕권을 둘러싼 내부의 갈등을 포함해 귀족들의 알력, 주변 강대국이었던 폴란드와 스웨덴의 침략과 간섭, 정치적, 경제적, 사회적 혼란에 대한 국민들의 불만이 뒤엉켜 러시아는 걷잡을 수 없는 파국으로 치달을 수밖에 없었다. 러시아를 무시하고 폴란드 입장에 따라 정국을 운영하던 가짜 드미트리 1세는 러시아 귀족 바실리 슈이스키(바실리 4세라고도 함)에 의해 폐위되고, 슈이스키는 본인이 직접 1606년 차르로 등극했다. 슈이스키는 자신의 왕좌를 지키고자 스웨덴과 동맹을 맺는다. 그때 '투시노의 악인'(Тушинский лагерь)으로 불리는 '가짜 드미트리 2세'가 등장한다. 그는 폴란드의 지지를 받아 반란을 일으켜 모스크바 근교 투시노에 진영을 갖추고 모스크바 슈이스키를 압박했다. 폴란드의 위협에 두려움을 느낀 러시아 귀족들은 슈이스키를 폐위시켜 수도승으로 내쫓고 폴란드 왕 지그스문트 3세의 압력에 굴복한다.

폴란드에 의해 국정이 좌지우지되던 극심한 혼란기에 러시아를 구하기 위해 앞장선 이들은 교회 지도자들이었다. 외부의 침략에 맞서 조국을 구하고자 봉기한 교회 지도자들의 호소에 힘입어 노브고로드의 상인 쿠즈마 미닌과 드미트리 포자르스키 장군이 국민군을 결성해 폴란드군을 모스크바에서 몰아내는 데, 이때가 1612년 11월 4일이다.[6] 이후 젬스키 소보르에서 필라레트 수좌대주교의 아들인 미하일 로마노프를 새로운 차르로 추대하고, 1613년 그가 차르로 등극하면서 혼란의 시기가 종식되고 로마노프 왕조의 새로운 러시아가 출발했다.

혼란의 시기에 수많은 참칭자가 등장할 수 있었던 이유는 왕권계승의 문제를 야기한 권력층 내부의 분열이 1차 요인이겠지만, 권력투쟁에

---

6) 2005년 러시아 정부는 11월 7일 혁명기념일의 의미를 축소하고 새로운 국가정체성을 확보하고자 과거 폴란드로부터 해방된 이날을 기념해 '민족화합의 날'(День народного единства)로 정하고 국경일로 지정했다. 러시아 영화 <1612년>은 이날을 홍보하기 위해 정부가 지원해 제작한 영상물이다. 구력 율리우스력으로 10월 22일이다.

눈이 멀어 국민들의 안위를 돌보지 않은 권력층에 대한 국민들의 불만이 표출됐기 때문이다. 비참한 삶 속에서 자신들을 구해줄 메시아를 원했던 일반 국민들의 바람이 참칭자에 대한 지지로 이어졌다고 볼 수있다. 그들에게는 죽은 트미트리의 생사 여부는 그리 중요하지 않았다. 오히려 누가 차르가 되든지 중요한 사실은 그들의 삶이 나아지기만을 바랄 뿐이었다. 이 시기에 러시아 역사에서 '3대 농민봉기'로 평가받는 이반 볼로트니코프의 봉기가 발생한 점을 고려해 볼 때, 일반 농민들은 차르 가문이 아닐지라도 자신들의 안위와 풍족한 삶을 보장해주는 사람이라면 그 누구라도 지도자로 추대할 수 있다는 사실을 이해해야 한다. 후에 차르가 된 미하일 로마노프가 폴란드 군에 쫓길 때, 그를 위해 자신의 목숨을 바친 이반 수사닌의 죽음이 내포한 중세 신분제적 한계는 어쩔 수 없다 하더라도, 혼란의 시기에 러시아인들이 보여준 대중적 힘은 농민들도 역사의 주인이 될 수 있다는 저력이었다.

마지막으로 기억할만한 사건은 국가적 혼란의 와중에 러시아 교회가 독자적인 총대주교 관구를 인정받았다는 사실이다. 1589년 러시아의 적극적 대외정책의 결실로 보리스 고두노프의 친구 욥이 총대주교에 임명됐다.

러시아, 강대국의 길에 들어서다

표트르 대제와 서유럽화 정책

차르 알렉세이(Алексей Михаилович, 1645~1676)와 두 번째 왕후 인 나탈리예 나르쉬키나 사이에서 1672년 태어난 표트르 대제는 4살 이 되던 해 아버지 알렉세이가 사망하자, 이복누나 소피아 알렉세예브 나(София Алексеевна)의 견제 속에 어린 시절을 보내야 했다. 알렉세 이의 사랑을 독차지해 후계자로 유망했던 표트르는 어린 나이에 아버지 를 잃고, 든든한 후원자도 잃었다. 그러자 나르쉬킨 가문의 왕후가 왕 실에 들어옴으로써 한순간에 권력과 명예를 빼앗긴 첫 번째 왕후의 밀 로슬라프스키 가문이 권력을 되찾기 위해 나르쉬킨 가문 출신 관리들을 몰아내고 권력을 장악했다.

1676년 차르 알렉세이 미하일로비치를 계승한 이복형제 표도르 3 세(Фёдор III, 1676~1682)가 사망하자, 표트르는 이복형인 병약한 이 반 5세(Иван V, 1682~1696)와 함께 러시아 역사상 초유의 '공동 차 르'[7]의 자리에 오른다. 그러나 실권은 이복누나인 소피아에게 있었다. 1689년 표트르 대제가 17세가 되던 해, 에브도히야 로푸히나(Евдохия Ропухина)와 결혼해 성인이 되자, 소피아는 표트르가 자신의 권력을

---

[7] 1682년 표도르 3세가 후사 없이 사망하자, 표트르 대제를 지지하는 귀족들은 그를 차르에 등극시키고 싶었지만, 권력욕이 강했던 차르 알렉세이의 딸이자 이복누나 소피아는 쿠데타를 통해 자신의 친동생 이반 5세를 대(大)차르, 표트르를 소(小)차 르로 지명해 섭정을 실시했다. 모스크바 공국 이후 러시아 역사에서 통치자가 두 명이 된 경우는 이 시기가 처음이자 마지막이었다.

위협할 존재라는 사실을 파악하고 표트르를 제거할 목적으로 쿠데타를 일으킨다. 그러나 반대로 표트르를 지지하는 귀족과 근위대의 도움으로 표트르는 권력을 장악하고, 소피아는 모스크바 강변에 위치한 노보데비치 수도원에 감금됐다.

이때부터 표트르는 이복누나 소피아와 권력투쟁에서 우위를 점하며 유년시절부터 꿈꿔왔던 '강대국 러시아' 실현을 위해 힘을 쏟을 수 있었다. 어린 시절 표트르 대제가 소피아의 견제를 피해 어머니와 함께 피신해 있던 곳은 모스크바 근교의 마을이었다. 모스크바에서 약 7㎞ 떨어진 곳에 위치한 프레오브라젠스키라는 마을이다. 17세기 중엽 이곳은 '독일인 거주지'가 있던 외국인 거주지역이었다. 모스크바가 아닌 모스크바에서 떨어진 한적한 곳에 외국인 거주지역이 있었던 이유는 당시의 집권 세력이 러시아인과 외국인의 접촉을 철저히 제한했기 때문이다. 러시아인들은 외국여행조차 자유로이 할 수 없던 상황이었다. 권력을 양분하기 싫어했던 이복누나의 질투와 시기 때문에, 표트르는 항상 신변의 위협을 느끼며 생사의 갈림길에서 살았지만, 외국인 거주지역에 가까이 살면서 선진문화를 체험할 수 있는 기회를 갖게 된 사실은 표트르에게 아주 유익했다. 물론 어릴 적부터 표트르는 단순히 책을 읽고 글을 쓰고 시를 암송하는 인문학적 교육보다 수식 계산, 기계장치, 조선 기술, 군사훈련 등 실용 분야에 관심이 많았다. 그런 까닭에 어릴 때부터 무언가 만들기를 좋아했다. 심지어 배를 직접 만들기까지 했다. 친구들과 어울려 전쟁놀이를 즐기기도 했다. 후에 창설된 프레오브라젠스키와 세묘노프스키 근위대는 어린 시절 전쟁놀이를 하던 마을 이름에서 따온 것이다.

1696년 공동 차르였던 이반 5세가 사망함으로써, 실질적인 차르로 등극한 표트르 대제는 신분을 속이고 외국 여행길에 올라 유럽의 선진 문화를 몸소 체험하고자 했다. 차르가 직접 사절단을 이끌고 외국여행을 한다는 것은 당시 러시아에서는 하나의 획기적인 사건이었다. 이전까지 러시아 군주가 외국에 간 전례는 없었다. 더욱이 목수나 군인으로 신분을 위장했지만, 그는 어엿한 차르의 신분이었다. 유래 없는 돌발 행동이 가능한 이유는 외국인들과 쉽게 접촉할 수 있었던 어린 시절의 경험 덕분이었다.

외국 여행의 공식 명분은 유럽 국가와 동맹을 맺어 오스만제국에 대항하기 위해서였지만, 실제 목적은 어릴 적부터 꿈꿔왔던 유럽 선진 문물의 수용을 통한 '강한 러시아 만들기'였다. 그 목표를 위해 해야 할 작업 중 하나는 흑해로 나가는 출구를 확보하는 것이었다. 그 이유는 부동항을 확보해 유럽과 교류를 확대하려고 했기 때문이다. 당시 러시아 유일의 항구였던 아르한겔스크는 연중 6개월만 운영됐다. 원래 표트르 대제는 흑해 지역으로 진출하기 위해 그곳에 새로운 도시, 즉 '상트페테르부르크'를 건설하고자 했으나, 그곳에는 오스만제국이라는 절대강자가 자리 잡고 있었다. 그래서 찾은 대안이 발트해로 나가는 출구의 오늘날 상트페테르부르크이다. 스웨덴과 전쟁 중에 만들어진 도시이다. 표트르 대제는 발트해 연안에 상트페테르부르크를 건설해 공간적으로 유럽과 러시아의 거리를 줄이려고 했을 뿐만 이니라, 경제와 문화 수준이라는 시간적 격차도 줄이고자 했다.

유럽 여행 중에 국내에서 쿠데타가 발생했다는 소식을 접한 표트르 대제는 18개월의 유럽 체험을 정리하고 급히 귀국길에 올라 친히 쿠데타 세력을 제압하면서 잠재적 위협 인물이었던 소피아의 측근들을 완전히 제거했다. 쿠데타를 잔인하게 진압한 표트르 대제는 본격적으로 개혁정책을 추진한다.

표트르 개혁의 핵심은 군사개혁이었다. 해군의 창설과 강력한 군대를 보유하는 것이 강대국을 향한 첫걸음이라고 생각했다. 표트르 대제는 1700년 나르바 전투에서 참담한 패배를 맛보고 해군의 필요성을 절실하게 느끼게 됐다. 이 점에서 표트르 대제가 추진한 개혁정책의 본질을 가늠해 볼 수 있다. 표트르 대제의 개혁정책이 어린 시절부터 꿈꿔왔던 절차대로 진행됐는지, 아니면 스웨덴과 전쟁 중에 주먹구구식으로 만들어진 정책의 결과물인지 여부이다. 낙후된 러시아를 선진국으로 끌어올리겠다는 개혁의 목표는 어린 시절에 만들어졌을지 몰라도, 실제로 추진한 개혁정책의 내용이나 방향을 살펴보면 오히려 후자의 성격이 강하다고 볼 수 있다. 인두세 도입 등과 같은 조세개혁을 포함해 경제개혁과 사회·문화 분야의 개혁 역시 궁극적으로 전쟁 수행과 그 승리를 위해 취해진 보완적 성격의 개혁이라고 볼 수 있기 때문이다. 교육개혁 역시 당시 러시아 군대 지휘관이 대부분 외국인이었기 때문에 학교를 통해 훌륭한 교관과 기술자, 지휘관, 항해사 등을 양성하는 실용적이고 전략적 차원에서 이루어졌다.

정해진 절차와 준비된 프로그램에 따라 진행된 것이 아닌, 목표를 위해 수단이 정당화되는 주먹구구식 정책이 추진됐기 때문에, 결과적으로 약 200년이 흐른 뒤 발생한 러시아혁명은 표트르 대제의 '위로부터 개혁'이 초래한 부정적 유산이라고 할 수 있다. 새로운 러시아와 옛 러시아의 갈등과 충돌에 의해 러시아혁명이 발생했다고 볼 수 있기 때문이다.

　표트르 대제가 강제한 단발령은 단순히 수염을 자르는 행위가 아니라, 지난 천 년 동안 낙후된 러시아의 과거와 완전히 결별하고 새로운 러시아로 나가기 위한 첫 조치였다. 표트르 대제의 개혁을 평가할 때 반드시 유념해야 할 점은 표트르 대제가 이룩한 러시아의 외형적 국가의 발전조차 일반 대중의 자유의지를 통해 얻어진 것이 아니라는 사실이다. 표트르 대제는 러시아의 후진성을 대변하는 농노제를 폐지하지 않았으며, 군주의 전제권력을 강화하면서도 귀족들의 권한을 확대하지 않았다. 오히려 국가라는 틀 속에 모든 사회 구성원, 즉 귀족, 농민, 노동자 할 것이 없이 국민 모두를 포함시켜 러시아의 전체 구성원들이 국가와 군주에게 절대 충성해야 하는 구조를 만들었을 뿐이다. 이 점은 표트르 대제가 시행한 '관등표'에 확실하게 나타난다. 표트르 대제가 만든 관등표는 출생 신분이 아닌 철저하게 능력에 따라 보상하는 '관리등용제도'를 말한다. 이 제도 하에서는 그 누구도 최하위 계급인 14관등부터 시작해야 했으며, 신분 여하에 상관없이 자신의 능력에 따라 최고 관등까지 오를 수 있었다. 언뜻 보면 공정한 인재등용제도라고 생각할 수 있으나, 후진성의 원인인 전제권력과 농노제의 폐지 없이 진행된 제도개혁은 근본적인 한계를 가질 수밖에 없었다. 더욱이 관등표는 당시 지배층인 귀족이 가진 최소한의 권리도 보장하지 않은 강압적인 조치였다.

유럽으로 열려진 창: 상트페테르부르크의 과거와 현재

'러시아의 북쪽 수도,' '북쪽의 팔미라'(솔로몬 왕이 세운 도시), '북쪽의 베니스' 등 상트페테르부르크만큼 다양한 별칭을 가진 도시도 지구상에서 찾아보기 힘들다. 상트페테르부르크에서 페트로그라드로, 다시 레닌그라드로, 그리고 1991년 다시 예전의 이름인 상트페테르부르크로 바뀌면서 '인간의 뼈 위에 세운 도시,' '물 위에 세워진 도시,' '러시아의 유럽'이라는 이 도시는 러시아 역사의 한 장을 채워나갔다. 흔히 러시아 역사를 '세 도시의 이야기'라고 말하기도 하는데, 고대의 키예프, 중세와 현대의 모스크바, 근대의 상트페테르부르크를 언급하는 것이 곧 러시아 역사의 궤적을 살피는 것과 동일하다는 의미에서 나온 말이다.

네바 강이 핀란드만으로 흘러 들어가는 황량한 습지대에 있던 '이조라'(ижора)라는 작은 마을이 역사의 무대에 등장한 때는 지금으로부터 약 320년 전인 1703년 5월 27일(구력 5월 16일)이다. 자신의 수호성인인 베드로의 이름을 따서 만든 '베드로의 도시'라는 의미의 상트페테르부르크는 러시아 최초의 황제 표트르 1세, 즉 표트르 대제가 북방전쟁(1700~1721)에서 스웨덴의 침입을 막기 위해 요새를 건설하고, 중심에 페트로파블로프스키 요새를 완성하면서 탄생했다.

표트르 대제는 스웨덴과 벌이던 전쟁에서 승리해 발트해로 나가는 출구를 확보하고자 항구도시를 건설하고, 1712년 수도마저 모스크바로부터 이곳으로 옮겨왔다. 천도 이후 그는 서유럽의 선진문물을 도입해 낙후된 러시아를 근대화시키고, 이를 통해 강대국 러시아를 건설하려는 야심찬 계획을 세웠다. 계획에 방해되는 낡고 쓸모없는 제도와 기구들을 정비해 새로운 국가체제를 갖추는 것이 표트르 대제의 원대한 구상이었다. 표트르 대제는 제도상의 문제점만 뜯어고친 것이 아니라, 러시아를 완전히 서유럽 국가로 탈바꿈시키기 위해 자신이 직접 사절단을 이끌고 두 차례에 걸쳐 서유럽을 여행했다. 그곳에서 표트르 대제는 약 18개월 동안 선진기술을 습득하고, 서구식 의상과 음식을 도입해 귀족들에게 이를 강요함은 물론, 수염까지 자르도록 강제해 러시아를 과거와 완전히 다른 모습으로 바꾸고 싶어 했다.

이른바 '러시아식 단발령'은 본능적으로 표트르 대제가 가지고 있던 과거에 대한 거부감의 표시였다. 낙후된 러시아의 과거는 어둡고 무지몽매한 지난 시절의 반영이었기 때문에, 표트르 대제는 머리부터 발끝까지 러시아의 지난 과거를 말끔히 정리하고 싶어 했다. 당시 보수적인 귀족들과 성직자들은 수염을 깎는 것은 신의 뜻을 거스르는 행동이라며 강하게 반발했지만 표트르 대제는 거추장스러운 수염을 깎는 것에서부터 개혁이 시작된다고 생각해 강제로 수염을 깎고, 거부하는 사람들에게 웃지 못할 수염세를 부과했다. 그 결과 표트르 대제는 지지자들에게는 정열적이고 해박한 개혁가로 불릴 수 있었지만, 반대파들에게는 그야말로 러시아의 전통과 정신을 파괴하는 반역자, 즉 적그리스도로 비쳐질 수 있었다.

표트르 대제는 1700년 1월 율리우스력을 공식적으로 채택하고 9월 1일이 아닌 1월 1일을 새해의 시작으로 삼으면서 새 시대가 열렸음을 세상에 알렸다. 그는 서유럽의 저명한 건축가를 초빙해 화려하고 웅장한 건축물을 세웠으며, 뛰어난 미술가와 음악가를 초빙해 예술을 장려하고, 대학을 설립해 근대식 교육을 장려하는 등 상트페테르부르크를 수도로 만들기 위해 노력을 아끼지 않았다. 그런 까닭에 1918년 모스크바로 다시 수도가 옮겨지기까지 상트페테르부르크는 약 2세기에 걸쳐 제정러시아의 정치, 경제, 사회, 문화, 예술의 중심지로 발전했다.

자신의 작품 〈청동기마상〉에서 상트페테르부르크를 '유럽을 향해 열려진 창'이라고 표현한 푸시킨을 포함해 로모노소프, 고골, 도스토예프스키, 미하일 글린카, 무소르그스키, 차이코프스키 등 수 많은 예술가들의 활동무대가 된 곳도 바로 상트페테르부르크였으며, 현재 모스크바의 볼쇼이 발레단과 쌍벽을 이루는 키로프 발레단의 무대도 상트페테르부르크였다. 러시아는 아주 빠른 시일 안에 유럽의 문화에 견줄 수 있는 독특한 자신만의 문화를 창조해냈다. 상트페테르부르크는 유럽의 건축양식을 열거한 '모방의 도시'가 아니라, 서유럽의 문화와 사상을 받아들여 자신의 것으로 재창출한 '창조의 도시'인 것이다.

그러나 상트페테르부르크의 역사에 긍정적이고 화려한 면만 있는 것은 결코 아니다. 표트르 대제가 추진한 서유럽화 정책의 결과, 러시아가 외형상 강대국이 된 것은 사실이지만, 사회경제적으로 유럽에서 가장 낙후된 국가 중 하나로 남아있었기 때문이다. 그 이유는 전제정치와 농노제라는 차르 체제의 유산 때문이었다.

1825년 12월 러시아의 후진성을 극복하고자 차르 체제의 폐지를 요구했던 '데카브리스트'(12월에 거사를 일으킨 사람들의 의미)의 봉기는 이후 100년간 전개되는 러시아혁명의 서곡이었다. 니콜라이 1세의 30년 반동정치, 1861년 농노해방, 1881년 알렉산드르 2세 암살, 1905년 1월 '피의 일요일'과 1월 혁명은 러시아가 혁명으로 치달을 수밖에 없는 상황을 보여주는 상징적 사건이다. 제1차 세계대전 중에 발생한 1917년 2월 혁명으로 로마노프 왕조가 역사 속으로 사라지고, 1917년 10월 인류 최초로 소비에트 국가가 세워지는 것을 상트페테르부르크는 목격했다. 10월 혁명 이듬해인 1918년 상트페테르부르크는 수도를 모스크바에 넘겨주고, 러시아 제2의 도시로 전락했다. '비운의 도시'의 시작이다.

1914년 제1차 세계대전이 발발했을 때, 독일식 이름을 버리고 러시아식 이름인 페트로그라드로 개칭했듯이, 상트페테르부르크는 1924년 레닌 사후 다시 레닌그라드로 이름이 바뀌면서 초기 도시건설 당시의 서유럽 이미지를 상실했다. 러시아에서 '대조국전쟁'이라고 부르는 제2차 세계대전의 와중에 상트페테르부르크는 더욱더 쓰라린 아픔을 겪는다. 1941년부터 1943년까지 약 900일에 걸친 독일군의 포위 속에서 추위와 굶주림으로 수백만 명이 목숨을 잃었다. 비록 전쟁에서 승리해 상트페테르부르크는 영웅도시라는 칭호를 얻기는 했으나, 레닌그라드 방어전은 영광과 명예보다는 소련 국민의 희생이 너무나 컸던 참담한 역사로 기록되고 있다.

상트페테르부르크는 소련 해체 이후 다시 활기를 띠고 과거의 명성을 조금씩 회복하고 있다. 1991년 9월 국민투표에 의해 옛 이름인 상트페테르부르크를 되찾았고, 2000년 이 지역 출신인 블라디미르 푸틴이 러시아 대통령으로 등장한 이후, 상트페테르부르크는 도시의 창설자인 표트르 1세가 그랬듯이, 강대국 러시아를 꿈꾸며 새로운 도약의 시기를 맞이하고 있다. 도시 건설 300주년이 되던 2003년에는 대대적인 보수공사를 통해 새롭게 도시의 모습을 단장하고, '유럽을 향해 열려진 창'으로서 상트페테르부르크의 세계화를 다시금 꿈꾸고 있다. 문화와 예술의 중심지로서 가지고 있던 상트페테르부르크의 옛 명성에 정치와 외교의 중심지, 발트해의 물류 중심지로서 나가려는 상트페테르부르크의 새로운 모습을 지켜볼 수 있을 것이다.

궁정쿠데타 시기와 예카테리나 2세

표트르 대제가 죽은 뒤 러시아는 약 40년에 걸쳐 왕위계승 문제로 정치적 혼란을 겪었다.[8] 직접적인 원인은 표트르 1세가 왕통을 계승할 아들 알렉세이를 죽임으로 몰아놓고 후계자 지명 원칙을 세운 '왕위계승법'을 제정한 후, 정작 본인이 사망할 때까지 후계자를 임명하지 않았기 때문이다. 그 이유로 표트르 대제가 사망한 후 궁정세력과 근위대들의 이익에 따라 원칙 없는 왕권 계승이 진행됐다.

권력 승계의 첫 단추는 표트르 1세의 두 번째 부인인 예카테리나 1

---

8) 러시아 역사에서 흔히 '궁정쿠데타(궁정혁명)'로 불리는 시기는 짧게 보면, 1725년 표트르 1세 사망 이후부터 1762년 예카테리나 2세가 즉위하기까지 37년을 말하지만, 바라보는 시각에 따라 전후 시기로 좀 더 확대하면 1682년 차르 표도르 3세가 사망하고 표트르 1세와 이반 5세가 '공동 차르'가 된 시점부터 1825년 데카브리스트 봉기까지 143년을 포함할 수 있다. 1682년 차르 알렉세이의 딸 소피아 알렉세예브나는 쿠데타를 주도해 동생인 이반 5세를 大차르, 이복동생인 표트르 1세를 小차르로 임명하며 섭정을 시작했기 때문이다. 파벨 1세에 이어 그의 아들 알렉산드르 1세가 1801년 즉위할 때와 1825년도 니콜라이 1세의 즉위식 때도 궁정쿠데타의 범위에 포함시킬 수 있다. 그 이유는 반대파들이 아버지를 쿠데타로 제거할 때, 아들인 알렉산드르 1세가 인지하고 있었는지 여부가 중요하고, 1825년 데카브리스트들이 니콜라이 1세의 황제 즉위에 반대해 그의 형인 콘스탄틴 대공을 황제로 옹립하고자 했기 때문이다.

세에게 맞춰졌다. 표트르 1세의 두 번째 부인 예카테리나 알렉세예브나는 리투아니아 출신 농부였다. 러시아군에게 포로로 잡혀 멘쉬코프의 집에서 하녀로 일하던 예카테리나를 표트르 1세가 멘쉬코프 집에서 보고 그녀에게 사랑을 느꼈던 것이다. 첫 번째 부인 예브도히야 로푸히나를 수도원으로 보내버렸던 표트르 1세는 예카테리나와 결혼했고, 예카테리나 1세는 그의 사망 이후 황제의 자리에 오르게 된다. 옛 애인이자 표트르 대제 시기 2인자 멘쉬코프의 역할이 결정적이었다. 그러나 멘쉬코프의 후광을 업고 등극한 예카테리나 1세는 황제에 오른 뒤 3년만에 사망한다. 멘쉬코프의 입지가 오히려 불안해졌다.

그 뒤를 표트르 1세의 손자이자 비운의 황태자 알렉세이의 아들 표트르 2세가 계승했다. 아버지의 죽음에 책임 있는 멘쉬코프를 좋아하지 않았던 표트르 2세는 돌고루키 가문의 도움을 받아 그를 제거했으나, 황제는 천연두로 즉위 3년 만에 사망한다. 표트르 2세의 사망으로 표트르 대제의 직계 남자 혈통은 단절된다.

왕손이 끊겨 수소문 끝에 '강화 도령' 철종을 왕으로 추대한 조선의 상황과 유사한 사례가 러시아에서도 발생한다. 표트르 대제와 공동 차르였던 이반 5세의 가족까지 찾아 나서 그의 딸 안나 여제가 황제로 등극한다. 실권을 쥐고 있던 추밀원은 후계자 지명권 포기, 전쟁 선포권 포기 등 권력이 제한된 허울뿐인 황제 자리를 안나 여제에게 제안했었다. 조건을 수락하고 황제가 됐지만, 황제로 등극한 이후 애인 에른스트 비론을 앞세워 권력을 행사하던 안나 여제는 10년 동안 사치와 향락의 궁정생활을 보내다가 생후 6개월 된 조카 이반 6세를 황제로 지명하고 사망했다.

이반 5세 가문에 권력을 빼앗겼다고 생각한 표트르 대제 집안의 걸출한 영웅 엘리자베타는 아버지가 창설한 프레오브라젠스키 근위대의 지원을 받아 쿠데타를 일으켜 이반 6세를 제거하고 황제로 등극한다. 독신이었던 엘리자베타 여제는 황실의 안정을 위해 언니 안나의 아들 표트르 3세를 후계자로 우선 지명하고, 독일인 예카테리나 2세를 조카와 혼인시켰다. 독일에서 태어나 홀스타인 공후로서 독일식 교육을 받은 표트르 3세는 러시아에 대해 아는 바가 전혀 없었고, 러시아를 무시하는 행동으로 일관했으며, 심지어 프로이센의 프리드리히 대왕을 자신의 이상적인 군주로 생각할 정도였다. 러시아인들이 좋아할 리 만무했다. 반면 예카테리나 2세는 6개월도 지나지 않아 러시아어로 주기도문을 외울 정도로 빠르게 러시아에 적응했다.러시아 국민들은 젊은 황태자비를 좋아했다.

엘리자베타 여제 시기부터 시작된 오스트리아, 프로이센과 '7년전쟁'(1756~1763)에서 승기를 잡은 러시아 군대는 프로이센의 프리드리히 대왕을 무릎 꿇게 만들 절호의 기회를 잡았으나, 전쟁 막바지에 엘리자베타 황제는 사망한다. 후계자 표트르 3세는 평소 프리드리히 대왕을 이상형의 군주로 생각하고 있었기에 그에게 굴욕감을 주기 싫었다. 그런 까닭에 표트르 3세는 프로이센과 강화조약을 추진하다가 군부의 불만을 야기했다. 쿠데타의 빌미를 제공한 것이다. 그 결과 오를로프 형제의 도움을 받아 예카테리나 2세는 1762년 쿠데타를 통해 남편인 표트르 3세를 살해하고 황제에 등극한다.

귀족의 도움으로 황제에 올랐기 때문에 예카테리나 2세는 쿠데타 주도 세력인 귀족들을 배려하고, 그들에게 특권을 주지 않을 수 없었다. 귀족들은 표트르 대제 시기에 규정된 국가에 대한 봉사 의무로부터 벗어날 수 있었고, 반면에 농노들에 대한 권한은 강화된다. 권력 승계의 합리화를 위해 예카테리나 2세는 '표트르 대제의 계승자'임을 선언하며 적극적인 서유럽화 정책을 추진했다. 개인적으로 예카테리나 대제는 제국의 황제로서 면모를 갖추기 위해 유럽의 계몽군주를 자처함으로써 러시아를 더욱더 유럽에 가까이 다가가게 했다. 예카테리나 2세의 계몽 정책은 통치 차원에서 진행된 일종의 전략적 시도라고 할 수 있다. 즉 그녀의 계몽 정책은 과거의 군주와 달리 본인은 깨어있는 군주라는 이미지를 대내외에 과시하고자 했던 의도가 깔려있다. 왜냐하면 그녀가 진정으로 러시아를 계몽시킬 의도가 있었는지에 대해 여전히 의문이 들기 때문이다. 그녀가 볼테르와 같은 철학자와 서신을 교환하며 계몽주의에 빠져있었다고 말할 수 있으나, 푸가쵸프의 봉기를 무참히 진압한 것이나, 1789년 프랑스 혁명 이후 계몽사상가들을 '프랑스의 전염병'이라고 비난하고, 파리를 '도적들의 소굴'이라고 공격한 예를 보면 과연 그녀가 러시아를 계몽할 의지가 있었는지 납득하기 어렵다.

더욱이 예카테리나 2세는 유럽의 자본주의가 민주주의를 기반으로 발전한다는 사실을 잘 알고 있었으나, 러시아의 농노제를 해결하려고 노력하지 않았다. 그 일차적인 이유는 귀족들의 반대가 두려웠기 때문이다. 그녀 역시 표트르 대제 사후 진행된 궁정쿠데타의 수혜자이기 때문에, 귀족들의 반대를 무릅쓰고 농노제 개혁을 강행할 경우에 발생할 암살, 폐위, 혹은 권력 상실 등을 두려워했다. 푸가초프의 봉기는 그녀뿐만 아니라, 러시아 권력 상층부에 농민이 중요하고 그들이 두려운 존재라는 사실을 각인시킨 사건이었다. 그럼에도 불구하고 더욱더 농노제의 폐단을 방치하고 근본적인 해결을 외면하는 방향으로 정책이 추진됐다.

예카테리나 2세가 추진한 대내외정책은 크게 두 가지로 구분할 수 있다. 먼저 대내정책을 보면, 예카테리나 2세는 국가체제 정비를 위해 '법의 지배' 원칙을 천명했다. 1767년 예카테리나 대제는 조서를 통해 '러시아는 유럽 국가'라고 발표했다. 이 조서는 러시아가 최초로 공식적인 국가정체성을 표현한 문구로 소환되고 있다. 이 조서를 통해 알 수 있듯이, 예카테리나 2세는 러시아는 유럽문명에 속한 국가임을 강조한 것이다. 그런 까닭에 비록 제 기능을 다하지 못했지만, 예카테리나 2세는 러시아를 법치국가로 만들기 위해 각계 대표로 구성된 입법위원회를 1767년 설립해 서구적 정치사상을 도입하고자 했다. 1785년 '귀족헌장'을 발표해 귀족들의 권리를 보장했다. 이 조치로 인해 러시아 귀족들은 표트르 대제 시기에 제정된 국가에 대한 의무로부터 해방될 수 있었다. 즉 귀족들의 중앙 정부 근무 의무를 폐지하고 지방행정 담당자 역할을 떠안게 됐다. 이 조치는 푸가쵸프의 봉기를 진압한 후 예카테리나 2세가 지방 행정구역 개편에 착수했을 때 효력을 발휘했다.

또한 서적과 정기간행물 출판 등 다양한 출판물이 등장한 시기도 바로 이때다. 그래서 러시아의 서구화는 지속됐으며, "표트르 대제가 러시아에 집을 만들었다면, 예카테리나 대제는 정신을 불어 넣었다"는 말이 회자됐다.

두 번째, 대외정책은 제국의 영토를 팽창하는 방향으로 추진됐다. 영토 팽창은 주로 남쪽과 서쪽 방향으로 진행됐다. 영토 팽창을 설명하기 위해서는 예카테리나 2세의 외교적 역량을 빼놓을 수 없다. 탁월한 외교 능력으로 강대국이었던 폴란드를 3차에 걸쳐 분할해 그 영토의 일부를 획득했다. 18세기 상대적으로 세력이 약해진 폴란드를 사이에 두고 동유럽에서 새로운 지역 패권국가로 등장한 러시아, 프러시아, 오스트리아 등 3국은 1772년 제1차, 1793년 제2차, 1795년 제3차 영토분할 과정을 통해 폴란드를 지도상에서 삭제했다. 서유럽 지역을 새로 병합한 결과 폴란드인, 우크라이나인, 벨라루스인, 유대인 등 많은 비슬라브계 유럽인들이 러시아 영토로 들어오게 됐고, 그 결과 이때부터 러시아의 소수민족 정책이 주요 쟁점이 됐다. 물론 민족 자치권 박탈과 제국의 통일성을 유지하기 위해 러시아화 정책이 시작된 것도 이 무렵이다.

남쪽으로 영토를 확장한 사실도 주목해야 한다. 러시아 남부지역의 실질적 지배자였던 오스만제국과 전쟁을 통해 러시아는 지역으로 진출할 수 있는 교두보를 확보했다. 16세기부터 20세기에 이르기까지 러시아와 오스만제국은 총 10차례가 넘는 주요 전쟁을 치렀다. 그중 18세기 후반 오스만제국과 전쟁(1768년~1774년)에서 승리한 후 흑해 진출의 전초기지를 확보한 러시아는 흑해 지역에 남아 있던 크림한국을 1783년에 병합하고 1792년에 체결된 자시조약을 통해 국제사회로부터 이 사실을 인정받았다. 그 결과 러시아는 부동항 확보를 위해 오랜 기간 숙원사업으로 추진했던 흑해지역을 정복했다.

러시아의 군사적 행동은 예카테리나 2세가 원대한 꿈을 가지고 추진한 '그리스 프로젝트'의 일환으로 진행된 것이다. 오스만제국의 세력을 유럽으로부터 분리시켜 이 지역에 러시아의 영향력이 미치는 新비잔틴제국을 부활시키고자 했던 것이 예카테리나 2세의 꿈이었다. 흑해 진출에 성공하고 폴란드 영토를 획득함으로써 예카테리나 2세는 "난 빈

몸으로 러시아에 왔지만, 크림반도와 폴란드라는 혼수품을 러시아에 줄 수 있었다"고 말할 정도로 자신의 통치 시기에 영토 확장이라는 획기적 결과를 가져온 것에 자부심을 가지고 있었다.

하지만 간과하면 안 될 사실은 표트르 대제와 예카테리나 대제의 개혁정책은 농민들의 삶의 질을 높이는 방향으로 추진된 것이 아니라, 농민들에 대한 잔인한 착취와 강제 아래 이뤄졌다는 점이다. 아마도 개혁이 어떤 결과를 초래할지 두 황제는 몰랐을 개연성이 높다. 어찌 보면 그들이 살았던 시대의 사고방식으로 표트르 대제나 예카테리나 대제의 개혁이 정당성을 확보할 수 있었는지 모른다. 그러나 두 지도 자의 개혁은 모두 농노제를 기반으로 하는 전근대적 경제구조의 틀 속에 갇혀있었다. 영국의 경우 산업혁명이 시작됐으나, 러시아는 여전히 농노제를 근간으로 하는 경제체제를 유지했다. 두 지도자 모두 러시아 가 안고 있는 근본적인 문제를 해결하려고 하지 않았다. 전제권력과 농노제를 폐지하지 않는 한 개혁은 한계를 띨 수밖에 없었다. 이점이 바로 러시아가 낙후되고 후진국가가 될 수밖에 없는 결정적 원인이 됐 던 것이다.

표트르 대제와 예카테리나 대제가 추진한 개혁정책의 결과, 러시아 가 외형적으로 강대국의 반열에 오른 것은 사실이다. 스웨덴과 북방전 쟁에서 승리하고, 폴란드-리투아니아 연합국가를 해체했으며, 크림반도 와 흑해 지역을 장악하는 등 군사 강국의 이미지를 가질 수 있었다. 하 지만, 그들의 개혁은 농민들의 삶과 거의 무관하게 진행됐다. 두 황제 에 의해 러시아는 유럽의 여느 국가 못지않게 강해졌지만, 국가의 구성 원이었던 농민들의 삶은 별반 변화가 없었다. 농민들은 가축만도 못한 삶을 살고 있었다. 즉 러시아는 사상누각의 모래성과 같은 존재였다.

예카테리나 2세 시대의 러시아는 표트르 대제에 이어 강력한 전제 군주 제도가 확립되고 귀족 계급의 특권화가 추진됐으며 영토 확장에도 괄목할만한 성과를 달성했다. 그러나 18세기이래 지속적으로 추진된 서구화 정책의 결과, 한층 더 서유럽에 근접한 상층 귀족문화와 이와 반대로 낙후된 하층 농민문화 사이의 괴리감이 더욱 깊어져 계층 간 갈등이 더욱 첨예하게 대립한다. 그래서 전근대적인 농노제의 고착화에 따른 러시아 농민들의 비참한 삶의 모습은 앞으로 다가올 19세기 러시아의 비극을 알리는 전주곡이었다.

20세기 최대의 사건 러시아 혁명

제카브리스트의 봉기와 혁명운동의 시작

적극적인 서유럽화 정책을 통해 러시아를 유럽의 강대국 반열에 올려놓은 표트르 대제와 그의 계승자 예카테리나 2세가 만들어 놓은 러시아는 강력한 군사력을 바탕으로 하는 강대국의 이미지와 함께 농노제를 기반으로 하는 전근대적 후진국가라는 이미지를 동시에 가지고 있있다. 19세기의 러시아는 한마디로 시대에 뒤떨어진 나라였다. 시민혁명과 산업혁명을 거치면서 빠르게 변화하고 있던 유럽의 다른 나라에 비해 러시아는 여전히 낡은 차르 체제와 가혹한 농노제를 유지하고 있었다. 1801년 황제가 된 알렉산드르 1세는 '비공식위원회'를 통해 다양한 개혁정책을 시도했다. 하지만 나폴레옹 전쟁이 유럽 전역으로 확산되면서 그의 개혁정책은 중단됐다. 개혁 과정에서 유럽의 혁명 사상이 러시아에 퍼져 차르 체제가 흔들릴 것이 두려웠기 때문이다.

초기 反프랑스 전선에 합류했던 러시아는 나폴레옹의 배려 덕분에 영토를 확장할 수 있었다. 그런데 문제는 나폴레옹과 맺은 약속을 깨고 러시아가 영국과 거래를 했다는 점이다. 영국을 고립시키기 위해 나폴레옹이 취한 '대륙봉쇄령'을 러시아가 위반한 것이다. 응징하기 위해 나폴레옹이 60만 대군을 이끌고 러시아로 쳐들어왔다. 수적으로 불리했던 러시아 군은 후퇴와 후퇴를 거듭했다. 스몰렌스크와 보로지노 싸움에서 러시아는 패배했다. 9월 초 나폴레옹 군대는 모스크바에 입성했지만, 폐허가 된 모스크바에서 아무 것도 얻지 못하고 퇴각해야 했다. 약 한 달을 머물다 프랑스 군이 퇴각하기 시작하자 그때까지 그림자도 비치지 않던 러시아 군이 공격을 개시했다. 뿐만 아니라 농민들이 곳곳에서 의용군을 조직해 프랑스 군을 괴롭혔다. 러시아 군은 파리에 입성했다. 알렉산드르 1세는 '유럽의 구세주'로 칭송받았다.

한편 후퇴하는 프랑스 군을 뒤쫓아 파리에 입성했던 러시아의 젊은 장교들은 프랑스나 다른 유럽 국가들에 비해 조국 러시아가 한참 뒤떨어진 국가임을 확인했다. 그들은 조국 러시아가 낙후된 이유는 전제정치와 농노제 때문이라고 생각했다. 젊은 장교들은 기회를 엿보다 1825년 12월 14일(구력) 알렉산드르 1세의 뒤를 이어 니콜라이 1세가 황제로 즉위하는 날 무장봉기를 일으켰다. 그러나 이들이 일으킨 무장봉기는 준비 부족과 내부의 분열로 실패로 돌아갔다. 이 사건을 12월에 거사를 일으킨 사람들이라는 뜻을 살려 '제카브리스트 봉기'라고 한다.

제카브리스트들이 러시아인들에게 미친 영향은 매우 크다. 이상에 대한 신념을 갖고 행동을 보인 젊은 청년장교들의 죽음은 러시아인의 영혼을 움직였고, 제카브리스트들은 러시아인의 가슴에 영원한 이상주의자들로 각인됐다. 이들의 봉기를 통해 러시아 지식인들은 후진적 차르 체제 아래에서 신음하던 국민의 행복과 국가의 운명을 구하기 위해 새로운 길을 모색하기 시작했다.

제정러시아의 쇠퇴-개혁의 실패와 혁명운동의 확산

즉위하는 날 젊은 장교들의 반란을 경험한 니콜라이 1세는 '유럽의 헌병'을 자처하며 혁명 사상이 퍼지는 것을 강력하게 저지했다. 이와 함께 군대와 경찰을 동원해 차르의 통치를 강화했다. 러시아내에서는 니콜라이 1세를 '몽둥이 차르'라고 불렀다. 국민들의 불만을 밖으로 돌리기 위해 러시아 황제는 오스만제국과 '크림전쟁'(1853~1856)을 일으켰다. 하지만 영국과 프랑스가 도와준 오스만제국에게 러시아는 패하고 만다. 러시아는 군사, 정치적으로 큰 타격을 입었고, 나폴레옹을 꺾은 러시아는 40년 만에 '종이호랑이'로 전락한다.

크림전쟁은 '자본주의와 봉건주의' 대결의 장이었다. 원시적인 생산 방식의 러시아와 현대적인 기술을 소유한 영국, 프랑스 간 벌어진 전쟁이었다. 크림전쟁은 결국 범선보다 증기선이, 마차보다는 기차가 월등하다는 사실을 일깨워준 사건이었다. 19세기는 이미 철과 기계의 시대였다. 그래서 크림전쟁은 농노제에 대한 자본주의의 승리라고 말할 수 있다.

크림전쟁이 끝나갈 무렵, 니콜라이 1세는 죽고 그 뒤를 이어 알렉산드르 2세가 새로운 차르가 됐다. 그는 '위로부터 개혁'의 필요성을 인식했다. 그는 농노제 폐지했다. 대학법 개정을 통해 교육 개혁을 마련하고, 사법 개혁과 군대 개혁 등 일련의 개혁 정책을 추진했으며, 이를 통해 러시아는 자본주의의 시작과 함께 근대 사회로 진입하기 위한 첫발을 내딛었다. 10년 동안 러시아는 '대개혁의 시기'(1861~1871)를 맞았다. 그러나 농노제와 함께 차르 체제를 지탱하고 있던 전제 정치는 여전히 구속력을 가지고 있었다. 전제 정치와 농노제 폐지를 주장하며 등장한 지식인들은 농노제 폐지에 만족하지 않았다. 차르 체제의 완전한 종말을 보고 싶어 했다.

이들 지식인들은 '브나로드'(To the people)라는 구호를 내걸고 농촌으로 들어가 계몽활동을 펼쳤다. 이들은 차르 체제를 끝낸 뒤, 자본주의를 거치지 않고 직접 사회주의로 도달할 수 있다는 믿음을 갖고 열심히 활동했다. 하지만 차르를 아버지로 생각하는 러시아 농민들은 그들의 주장을 이해하지 못했고, 이들의 계몽 활동은 실패로 끝났다. 이후 러시아 지식인들은 여전히 농민에게 기대하는 집단, 요인 암살과 테러를 통해 차르 체제의 전복을 시도하는 집단, 맑시즘이라는 새로운 사상을 받아들여 혁명을 일으키려는 집단 등 세 부류로 나뉘었다.

소련의 탄생과 해체, 러시아의 출범

　1917년 11월 7일(구력 10월 25일)[9])에 발생한 볼셰비키 혁명의 결과로 탄생한 소련은 약 74년의 역사를 품은 채 1991년 8월 19일 수구파 쿠데타, 12월 8일의 민스크 선언, 12월 21일 알마아타 선언, 12월 25일 고르바쵸프 소련 대통령 사임 등 일련의 사태를 겪으면서 해체됐다. 소련의 탄생을 알린 러시아 10월 혁명은 일차적으로 앞서 발

---

9) 사회주의 혁명에 성공한 볼셰비키 정부는 프랑스 혁명의 주체 세력들과 유사하게 새로운 역법체계를 구성하는 것은 곧 새로운 사회를 건설하는 것과 동일하게 인식했다. 그런 까닭에 구체제가 타도의 대상이듯이, 과거의 역법체계는 폐기돼야 한다고 생각했다. 그래서 새로운 역법체계와 혁명의 성공을 기념하는 휴일과 기념일을 제정하기 위해 소비에트 정부는 우선적 조치로서 시간의 측정 지도인 달력상 변화를 추진했다. 첫 조치는 1918년 1월 24일(프라브다 1월 25일자 게재) 기존의 율리우스력을 그레고리력으로 변경해 동년 2월 1일이 2월 14일이 된다는 포고문이었다. 인민위원회(Совет Народных Комиссаров: Совнарком, СНК, 이하 소브나르콤)는 "발달된 선진국가가 사용하는 시간 측정방법을 러시아에 도입하기 위해 1918년 1월 31일 새로운 달력을 수용하기로 결정했다"고 발표했다. 레닌은 달력개혁의 문제를 제기한 후, "전 세계 문명화된 사람들과 조화를 이루기 위해" 그레고리력을 채택한다고 선언했다. 그 결과 그레고리력이 채택된 16세기 1582년 10월과 다르게 러시아에서는 13일이 달력에서 사라지게 된다. 즉 1918년 1월 31일 다음날이 2월 1일이 아니라, 2월 14일이 된 것이며, 이에 따라 1918년 2월 1일부터 2월 13일은 러시아 역사에서 존재하지 않은 시간이 됐다.

발한 1917년 2월 혁명의 연장선상에서 이해하는 것이 보다 설득력 있지만, 근본적인 발생 배경을 파악하기 위해서 18세기 초반 표트르 1세, 즉 표트르 대제가 실시한 서유럽화 정책을 이해해야만 한다.

낙후된 러시아를 근대화시키기 위해 서유럽의 선진문화를 수용하고자 했던 표트르 대제는 직접 사절단을 이끌고 서유럽을 두 차례나 방문했을 정도로 개혁 의지가 강한 인물이었다. 이후 표트르 대제는 낡고 무지 몽매하다고 생각한 러시아의 체질을 완전히 개선하기 위해 사회 모든 영역에 걸쳐 대개혁을 단행했다. 그리고 '표트르 대제의 계승자'를 자처했던 예카테리나 2세(1762~1796), 즉 예카테리나 대제 역시 러시아를 근대화시키고 유럽의 강대국으로 편입시키고자 적극적으로 서유럽화 정책을 추진했다. 그 결과 러시아는 외형적으로 강대국의 반열에 올라설 수 있었고, 그런 까닭에 러시아 역사에서는 두 황제에 대해 "표트르 대제가 러시아에게 육체를 만들어줬다면, 예카테리나 대제는 그 속에 영혼을 불어넣었다"고 할 정도로 긍정적인 평가를 내리기도 한다. 그러나 두 황제가 추진한 개혁정책은 '위로부터 혁명'(Revolution From Above)이라는 태생적 한계를 띠고 있다. 두 황제가 러시아의 근대화를 추진한 것은 사실이나, 근대화의 수혜자는 러시아 사회 구성원의 상층부였던 귀족에게 국한됐고, 근대화의 수혜자로서 일반 농민들의 삶에는 별다른 변화가 없었다. 오히려 러시아 사회 구성원의 대부분을 차지하던 농민들은 상품이나 물건과 같이 매매되는 대상에 불과했다. 두 황제의 서유럽화 정책으로 인해 '빈익빈 부익부,' 오늘날의 용어로 표현하면, 러시아의 '사회적 양극화'가 심화됐던 것이다.

비루한 농노들의 삶을 개선하고, 유럽의 선진국가에 비해 뒤처진 러시아의 후진성을 극복하고자 노력했던 소수의 지식인들이 등장하면서 러시아 사회는 진보적 개혁 성향의 지식인, 전제권력을 고수하려는 수구적 황제와 그의 측근들로 양분된다. 표트르 대제와 예카테리나 대제의 서유럽화 정책을 통해 '외형적으로' 유럽의 강대국으로 부상한 러시아가 '내부적으로' 보면 유럽에서 가장 후진국가 중 하나였다는 모순을 극복하기 위해 러시아 지식인들이 움직였던 것이다. 그들은 러시아가 안고 있는 모순이 황제가 갖고 있던 '전제 권력'과 전근대적인 '농노제'에 기인한다고 믿고, 체제의 두 기둥을 제거하기 위해 노력했다. 그런 까닭에 궁극적으로 러시아 10월 혁명은 러시아 사회가 안고 있던 모순을 해결하고, 낙후된 러시아 사회를 개혁하고자 노력했던 지식인들이 오랜 기간 축적한 노력의 결과물로 파악해야 하며, 더욱이 그 시간을 추적하면, 러시아 10월 혁명은 짧게 잡아도 19세기 초반 제카브리스트의 봉기부터 시작해 약 100년에 걸쳐 지식인들이 생산한 결과물이라고 이해해야 한다.

사전적 의미에서 러시아 10월 혁명의 의의를 정리하면, 크게 두 가지 견해로 구분할 수 있다. 첫째, 러시아 10월혁명은 레닌과 볼셰비키들이 일으킨 '무장 쿠데타'이며, 둘째, 마르크스가 주장한 바대로 인류 역사의 법칙에 근거해 발생하는 필연의 결과물로서 자본주의 다음 단계인 공산주의로 나가기 위한 '프롤레타리아 혁명'이다. 앞서 서술한 두 가지 정의 모두 잘못된 견해는 아니다. 바라보는 시선에 따라 해석이 달라질 뿐이다.

그리고 러시아혁명으로 탄생한 소련은 러시아혁명의 실험무대, 혹은 실험 공간으로 이해해야 한다. 큰 그림으로서 소련을 이해하기 위해서는 첫째, 어떤 조건에서 소련이 탄생했는지, 둘째, 소련이 건설되는 과정에서 어떤 어려움들이 발생했는지, 셋째, 그 어려움들을 극복하고 해결하기 위해 어떤 정책들이 제시됐는지, 넷째, 그 결과 소련이 어떤 변화를 경험했는지, 그리고 그 변화는 초기 사회주의 건설을 목표로 했던 혁명 주체들이 만들고자 했던 모습과 어떤 차이가 있는지 우선적으로 파악해야 한다.

그 이유는 앞서 제기한 네 가지 시각을 이해하고 소련 사회에 접근해야만 러시아혁명과 그 혁명이 내세웠던 이상(理想)들이 소련 사회에 올바로 투영됐는지 알 수 있기 때문이다. 다시 말해서 러시아혁명 후에 등장한 소련의 모습이 사회주의 혁명이 예견한 정형화된 현상이었는지, 아니면 사회주의라는 낯선 집을 건축하는 과정에 나타난 예기치 않은 상황으로 인해 러시아혁명이 추구한 사회주의, 혹은 공산주의가 이상과 다르게 왜곡돼서 나타났는지 비교 분석해야하기 때문이다. 이와 같은 차원에서 소련을 러시아혁명의 실험무대, 혹은 실험 공간이라고 표현한 것이다.

우선 소련은 사회민주당, 사회혁명당, 카데츠(입헌민주당), 10월당 등 당시 활동했던 제정러시아 내 모든 정치세력들의 합의에 의해 탄생한 국가가 아니라, 볼셰비키의 무장 쿠데타에 의해 만들어진 국가다. 그리고 제1차 세계대전의 와중에 혁명이 발발했기 때문에 국토가 유린되고 국가 경제가 극도로 파탄된 상태에서 소비에트 사회가 건설됐다. 국제사회의 대외적 환경도 소비에트 정부에 결코 우호적이지 않았다. 독일, 프랑스 등 주변 국가에서 연쇄적으로 사회주의 혁명이 발발할 것으로 예상했지만, 오히려 그 나라들에서 사회주의 혁명은 실패하고, 주변 국가들의 反소비에트 경향 속에 소련은 자본주의 국가에 포위된 채 갇힌 공간으로 고립되는 현실에 부딪혔다.

소비에트 사회가 건설되는 과정 속에도 어려움은 끊이지 않았다. 흔히 적군과 백군의 대립이라는 혁명군과 反혁명군의 갈등이 내전으로 비화되고, 주변 자본주의 국가의 간섭이 시작되면서 소련은 동족상잔의 '내전 역사'를 경험했다. 내전을 극복하기 위해 소비에트 정부는 전시공산주의 정책을 추진했다. 내전에서 혁명군이 승기를 잡자, 신경제경책을 통해 피폐해진 국가 경제를 재건하고자 했으나, 이마저도 자본주의의 망령이 되살아난다는 비판 속에 소비에트 정부는 '5개년 계획'이라는 사회주의식 경제개발 논리를 앞세워 1928년 소비에트식 근대화 작업을 시작했다. 1920년대 후반 자본주의 제 국가가 '경제 공황'이라는 위기에 빠져 있을 때, 소비에트 정부가 추진한 5개년 계획은 자생적 경제 개발을 앞세운 소련의 성공 사례로 평가받았다.

1931년 만주사변, 1933년 히틀러 집권, 1937년 중일전쟁 등 소련의 동서 국경에서 발발한 일련의 사건으로 인해 국가 안보가 위협받자, 소비에트 정부는 반체제인사 숙청작업을 단행하며 체제를 공고히 해 나갔다. 1939년 9월 제2차 세계대전 발발하고, 1941년 6월 이른바 대조국전쟁(독소전쟁)이라는 처참하고 참담한 시련을 경험한 러시아는 전후 승전국으로서 미국과 어깨를 나란히 하는 초강대국으로 자리를 차지하게 된다 그러나 스탈린 시기를 거치면서 소련은 당내 민주주의 실종, 불균형한 산업구조, 특권계층 노멘클라투라를 포함한 사회계층의 분화, 국가기구의 비효율화 등 혁명 이상과 조화되지 않은 모습으로 변모하게 된다.

스탈린 사후, 흐루시쵸프가 추진한 탈스탈린 정책과 자유화 물결로 해빙의 시기를 맞은 소련은 1957년 10월 4일 세계 최초로 인공위성 스푸트니크를 발사하고, 1961년 4월 12일 인류 최초로 유리 가가린이 보스토크 1호를 타고 우주 비행에 나섬으로써 체제의 우수함을 과시할 수 있었다. 그러나 농업정책의 실패, 중소분쟁, 쿠바 미사일 위기 등으로 흐루시쵸프는 실각하고 뒤이어 브레즈네프가 소련공산당 정치국 서기장으로 등장했다.

자본주의 국가와 체제 경쟁을 통해 소비에트 사회를 유지하던 브레즈네프 서기장의 정책은 1970년대 중반 한계에 다다르고, 이후 소비에트 사회는 개혁의 필요성을 직면하게 된다. 그리고 그 역할은 브레즈네프의 후계자인 안드로포프가 맡게 되는데, 그가 일찍 병사한 탓에 실질적인 역할은 차기 서기장 체르넨코가 아닌 안드로포프의 정치적 후계자였던 고르바쵸프가 맡았다. 안드로포프와 고르바쵸프의 연계성은 고르바쵸프가 아닌 그 누가 소련의 지도자로 등장하더라도 당시의 소련 사회는 개혁이 필요했다는 역사의 당위성과 필연성을 보여주는 증거라고 할 수 있다.

'인간의 얼굴을 한 사회주의'를 표방하며 소련 사회의 개혁을 주장한 고르바쵸프는 '동맥경화증'에 걸린 소련 경제를 극복하고자, 과감한 개혁정책을 표방한다. 고르바쵸프의 개혁정책을 흔히 '페레스트로이카(재건)'이라고 명명하지만, 개혁 초기부터 페레스트로이카라는 용어가 시작된 것은 아니었다. 소련 사회의 근본적인 변혁을 위해 고르바쵸프는 소련 경제에 내재된 생산성 하락의 원인 중 하나를 러시아인의 음주문화라 파악하고, 이를 극복하기 위해 '反알콜 캠페인'(Антиалкогольная кампания)의 기치를 내건다. 고르바쵸프는 금주령을 통해 결근, 지각, 조퇴 금지를 표방하는 이른바 '생활개혁 캠페인'을 실시한다. 생활개혁 캠페인을 통해 생산성 향상의 기반을 구축했다고 판단한 고르바쵸프는 본격적으로 소련 경제를 살리기 위해 가속 페달을 밟으며 생산의 속도를 높이자는 '가속화'(ускорение) 정책을 추진한다.

가속화 정책 이후 고르바쵸프는 개혁정책의 핵심 키워드를 발표하는데, 여기에 경제 분야의 페레스트로이카(Перестройка, 재건), 정치 분야의 글라스노스트(Гласность, 공개), 대외정책 분야의 노보예 므이슐레니예(Новое мышление, 새로운 사고) 등 세 가지 핵심 개념들이 등장한다. 경제 분야의 개혁을 지칭하는 페레스트로이카는 러시아어 의미 그대로 '재건'을 의미한다. 다시 말해서 레닌과 볼셰비키들이 만들고자 했던 사회주의를 다시 건설하자는 것이다. 페레스트로이카는 스탈린이 구축한 사회주의가 러시아혁명의 주체들이 원했던 사회주의가 아니라는 인식에서 출발한다. 그런 까닭에 '레닌으로 회귀'라는 용어도 등장했다. 초심으로 돌아가 다시 사회주의를 건설하자는 것이다. 경제개혁을 위해 사용했던 페레스트로이카 용어는 시간이 지남에 따라 고르바쵸프가 시행한 개혁정책을 총괄하는 용어로 사용됐지만, 원래 경제개혁을 위해 생산된 용어다.

정치 분야의 글라스노스트 용어도 개방으로 확대 해석해 사용했지만, 러시아어 의미에 충실하자면 '공개'라고 해석하는 것이 맞다. 글라스노스트는 정보를 공개하는 개념이다. 소련공산당이 독점하고 있던 정보를 공개해 소련 국민들의 '알권리'를 보장하겠다는 의미이다. 그래서 개방보다는 공개라는 용어가 글라스노스트에 대한 올바른 해석이다. 글라스노스트를 통한 정치 개혁이야말로 고르바쵸프의 개혁정책이 과거 소련의 지도자들이 추진했던 개혁과 다르다는 것을 보여주는 단적인 예이다. 고르바쵸프는 소련 경제가 침체된 이유를 그 해결책으로 제시된 기존의 경제개혁의 내용에 있다고 생각하지 않았다. 오히려 그는 경제를 가로막는 정치적 요인에 있다고 판단했다. 그런 까닭에 경제개혁과 더불어 정치개혁을 추진하고자 했던 것이다.

개혁에 동참하지 않는 세력들과 반대파들을 제거하기 위해 그는 합리적인 절차, 즉 선거를 이용했다. 선거의 전시효과를 극대화하기 위해 고르바쵸프는 그동안 공산당이 독점했던 정보를 공개해 국민들의 알권리를 보장하고 '복수후보제'를 채택해 개혁파와 수구파를 자연스럽게 구분했으며, 변경된 선거를 통해 '합법적으로' 반대파를 제거했던 것이다. 스탈린이 물리적 방법을 동원해 반대파를 제거했던 방식과 완전히 달랐다. 앞서 언급했지만, 글라스노스트 정책이야말로 고르바쵸프의 개혁이 과거의 소련 지도자들이 추진한 개혁과 다른 차별화된 정책이다.

이후 글라스노스트 정책에는 이른바 '민주화'(Демократизация)라는 명분 아래 의회 기능을 하는 인민대의원대회 창설, 대통령제 신설 등 새로운 개혁 내용들이 포함됐다.

대외정책과 외교 분야의 개혁정책은 이른바 '새로운 (정치적) 사고'(Новое мышление)로 집약된다. 새로운 사고는 그동안 국제사회에서 첨예하게 대립된 이데올로기적 경쟁을 지양하고, 선의의 경쟁을 통해 자본주의와 사회주의 체제의 우월성을 주장하자는 인식에서 출발한다. 궁극적으로 자국의 경제개혁을 위해 유리한 대외 분위기를 조성하는 데 그 목적이 있다고 하겠다. 고르바쵸프는 서방세계가 갖는 의심의 눈초리를 불식시키기 위해 선제적 조치로서, 국방예산 삭감, 군 병력 감축 등 구체적인 실천적 정책을 추진했고, 미국과 전략무기 감축 협상을 추진하며 개혁의 의지를 확인시켜줬다.

더욱이 1968년 '체코 사태'를 합리화했던 이른바 '주권제한론,' 즉 사회주의 공동체의 이익을 위해 한 국가의 주권을 제한할 수 있다는 '브레즈네프 독트린'을 폐기하고, 1988년 3월 '시나트라 독트린'(Sinatra Doctrine), 즉 사회주의로 이르는 다양한 길을 인정해 동유럽 국가들이 자국의 역사와 문화, 전통에 맞는 길을 찾아 사회주의로 갈 수 있게 허용하는 등 대외정책에서 획기적 사고의 전환을 담고 있는 것이 바로 '새로운 사고'이다.

그러나 대외정책에서 나타난 새로운 사고로 인해 동유럽 사회주의 국가들은 베를린 장벽의 붕괴로 상징되는 체제 붕괴의 과정을 경험했다. 소련 내부에서도 개혁과정 속에 나타난 지도층과 여론의 분열, 가시적 성과 미비 등으로 개혁 자체가 장애물을 만나게 됐고, 이 와중에 예기치 않았던 민족 문제가 분출되면서 소연방은 해체됐다고 할 수 있다.

페레스트로이카의 과정 속에서 발트 3국이 연방을 탈퇴하려는 움직임을 보이자 고르바쵸프는 이들을 무력으로 진압했고, 그 결과 소련의 앞날은 한치 앞도 볼 수 없는 어두운 혼돈의 상황이 돼버렸다. 소연방으로 복귀하려는 1991년 8월 쿠데타는 소연방 해체의 촉진제 역할을 했다. 느슨한 형태의 연방조약, 즉 구성공화국에게 광범위한 자치권을 부여하는 '新연방조약'을 통해 소련을 유지하고자 했던 고르바쵸프와 달리, 새로운 연방조약의 체결을 소련의 붕괴로 이해한 수구파들은 쿠데타를 일으켜 소비에트 체제를 과거로 환원시키고자 했다. 그러나 옐

친을 중심으로 하는 급진개혁파들의 거센 반발과 쿠데타에 대해 국민 여론이 악화되면서 그들의 반기는 '3일천하'로 역사의 무대에서 사라지게 됐다.

이후 대부분의 소련 구성공화국들이 주권국가로 독립을 선언하고, 1991년 12월 8일 민스크 선언, 12월 21일 알마아타 선언, 그리고 12월 25일 고르바쵸프 대통령의 하야 고별 방송으로 소련은 74년의 역사를 끝마치게 됐다. 소련은 고르바쵸프가 추진한 페레스트로이카의 정책적 실패에 기인해 붕괴됐다기보다 개혁정책이 실시되는 와중에 붉어진 예기치 않은 민족문제로 인해 급작스럽게 해체됐다고 보는 것이 설득력 있다.

제2부

막을 수 있었던 전쟁
-러시아와 우크라이나 전쟁

냉전의 유산과
NATO 확장의 구조적 긴장*

1989~1991년: 냉전 종식과 소련 해체

1989년 11월 9일 베를린 장벽이 무너졌을 때, 이 사건은 단지 동서독의 경계선이 허물어진 장면을 넘어서, 20세기 후반을 지배하던 냉전체제의 붕괴를 알리는 분수령이었다. 이 사건은 곧이어 동유럽 사회주의 정권들의 연쇄 붕괴를 야기했고, 마침내 1991년 12월 25일 소련의 처음이자 마지막 대통령 미하일 고르바쵸프의 고별 연설과 12월 26일 0시를 기해 붉은 깃발이 크렘린에서 내려감으로써 소련이라는 거대 국가는 역사의 무대에서 사라졌다.

동유럽과 소련에서 발생한 급격한 체제 전환은 서방세계에는 자유주의 승리의 신화를 제공했지만, 러시아에게는 국가정체성과 안보 전략의 근간이 흔들리는 충격이었다. 고르바초프의 페레스트로이카

---

* 황성우, "러시아-우크라이나 전쟁 발발의 통시적 해석: 역사적 누적성과 전략적 착오," 『슬라브학보』, 제40권, 제2호 (2025.6), pp. 109-143 내용을 수정 보완함.

(Perestroika)와 글라스노스트(Glasnost) 정책은 체제 개혁을 지향했지만, 그 실행 과정에서 민족 자결권에 대한 기대와 자율권 강화 조치들이 연쇄적으로 등장하면서, 소련 내부의 다민족 연방 구조에 예기치 못한 균열이 발생했다.10) 즉 고르바쵸프가 추진한 개혁정책에 내용상 오류가 있었던 것이 아니라, 개혁을 추진하는 과정에서 의도하지 않았던 상황이 발생한 것이다. 예상하지 못했던 상황은 돌발적으로 발생한 민족문제로서 각 민족의 자율권을 보장하고 확대하고자 했던 페레스트로이카 정책 내면의 모순이 수면 위로 드러난 것이다.

소련 해체라는 결과를 초래한 페레스트로이카 정책에는 몇 가지 대내외적 인과관계가 존재한다. 그 시작은 1988년 3월 新베오그라드 선언이다. 소련의 개혁정책을 설명하는 자리에서 고르바쵸프는 1968년 체코 '프라하의 봄'을 진압한 명분인 '주권제한론,' 즉 '브레즈네프 독트린'의 폐기를 선언하고 '사회주의로 이르는 다양한 길'을 인정한다. 스탈린과 티토의 갈등으로 멀어진 소련과 유고슬라비아가 1955년 6월 2일 '베오그라드 선언'을 통해 화해한 사례를 재확인하는 과정이었다. 새로운 독트린은 '시나트라 독트린'(Sinatra Doctrine)으로 불린다.

'시나트라 독트린' 용어는 1989년 10월 25일 소련 외교부 대변인 게나디 게라시모프(Gennadi Gerasimov)가 만들었다. 그는 외교부 장관 세바르드나제의 연설에 대해 기자들과 인터뷰하는 과정에서 이 용어를 사용했다. 세바르드나제 장관의 연설은 소련 정부는 바르샤바조약기

---

10) Ronald Grigor Suny, *The Revenge of the Past: Nationalism, Revolution, and the Collapse of the Soviet Union* (Stanford: Stanford University Press, 1993), pp. 86–105. 그는 이 책에서 다민족 구조의 분열이 개혁 정책의 의도치 않은 결과였음을 지적하고 있다.

구 소속 국가들이 선택의 자유를 갖는 것을 인정한다는 내용이었는데, 게라시모프는 기자들에게 "이제 우리는 프랑크 시나트라 독트린을 가지고 있습니다. 그는 자기 길을 가겠다는 노래를 불렀습니다. 모든 국가들은 어떤 길을 갈지 스스로 결정합니다"고 말했다.

브레즈네프 독트린의 폐기는 동유럽 사회주의권의 동요로 이어진다. 1989년 8월 19일 이른바 '헝가리 소풍'(Pan-European Picnic)을 통해 동독의 젊은이들이 서방세계의 실상을 직접 목격하고, 이 파장은 1989년 11월 9일 베를린 장벽의 붕괴로 이어지며, 1990년 10월 3일 독일 통일로 일단락된다고 할 수 있다. 소련 내부에서는 1989년 8월 23일 발트 3국에서 발생한 '노래 혁명'(Singing Revolution)을 통해 변화의 움직임이 감지됐다. '발트의 길'(Baltic Way)로 명명하기도 하는 이 사건은 1939년 8월 23일 '몰로토프-리벤트로프 비밀 협정' 체결 50주기를 추모하는 행사로 소련 지배에 대한 발트계 민족들의 평화적 저항이자, 독립을 향한 대중적 의지의 표현이었다.

이렇듯 소련의 구성공화국들은 개혁이 허용한 정치적 공간을 활용해 중앙으로부터 권한을 이양받기 원했고, 이 과정에서 민족주의적 담론은 사회 전반을 휘감는 새로운 정치적 언어가 됐다.[11] 그 결과, 에스토니아, 라트비아, 리투아니아와 같은 발트 3국뿐만 아니라, 우크라이나, 조지아(그루지야), 아르메니아, 카자흐스탄 등 다수의 공화국들이 연방의 해체를 가속화하게 됐나.

---

[11] Mark R. Beissinger, "Nationalism and the Collapse of Soviet Communism," *Contemporary European History*, Vol. 18, No. 3 (2009), pp. 336–338.

소련 해체는 단순히 군사 동맹의 해체가 아니라, 모스크바 중심의 제국적 지정학의 종언을 의미했으며, 러시아는 이후 14개국의 국경선에 둘러싸인 후발 신생 국가로서 또 다른 정체성을 갖게 됐다. 이때부터 러시아는 서방의 팽창을 '승자의 질서 구축'으로 인식하게 됐고, 이 인식은 훗날 푸틴 정부하에서 '굴욕의 시대'로 재해석되며,[12] NATO의 동진과 관련된 갈등의 구조적 토대가 된다.

1990년 베이커-고르바초프 회담과 '1인치 논쟁'

1990년 2월, 독일 통일 문제를 둘러싼 긴장과 협상의 와중에, 미국 국무장관 제임스 베이커(James Baker)는 당시 소련 대통령 미하일 고르바초프에게 다음과 같은 약속을 구두로 전달했다. "나토(NATO)의 관할권은 동쪽으로 1인치도 확장하지 않겠다(Not one inch eastward)."[13] 이 짧은 문장은 훗날 러시아와 서방 간 전략적 불신의 상징이 됐고, 나토 확장을 둘러싼 기억의 정치학에서 끊임없이 인용되는 단서로 자리 잡게 됐다.

실제로 이 발언은 1990년 2월 9일 모스크바 크렘린에서 열린 회담에서 고르바초프에게 전해졌고, 베이커는 그다음 날인 2월 10일 서독

---

12) Mary Elise Sarotte, *Not One Inch: America, Russia, and the Making of Post-Cold War Stalemate* (New Haven: Yale University Press, 2021), pp. 3-12. 이 글에서 샤롯은 소련 해체 이후 러시아의 지정학적 고립과 서방세계에 대한 불신이 형성되는 상황을 분석하고 있다.

13) Mary Elise Sarotte, *Not One Inch: America, Russia, and the Making of Post-Cold War Stalemate* (New Haven: Yale University Press, 2021).

총리 헬무트 콜(Helmut Kohl)를 만난 자리에서 동일한 입장을 재확인했다.[14] 그러나 이 약속은 어디까지나 '비공식적 구두 발언'이었고, 동서독 통일 이후 체결된 조약 문서 어디에도 '나토 비확장' 조항은 명시되지 않았다.[15]

문제는 소련 측이 이 발언을 '사실상의 안보 보장'으로 인식했으며, 이후 NATO가 지속적으로 동진(東進)하자 이 행위를 '약속 위반' 또는 '배신'으로 받아들였다는 점이다. 러시아 외교 전략에서 이 사건은 단순한 외교적 불만을 넘어 구조적 불신의 원형(myth of betrayal)으로 기능했다.

1999년 폴란드, 체코, 헝가리가 나토에 가입했고, 2004년에는 발트 3국과 불가리아, 루마니아 등 총 7개국이 추가로 가입하면서 러시아는 사실상 소련 해체 후에도 나토가 자국 국경에 다가오는 '포위의 형국'을 경험하게 됐다. 이러한 상황은 이후 푸틴 체제의 '전략적 수세에서 공세로 전환'되는 중요한 전환점을 제공했다.[16]

NATO의 동진과 러시아의 안보 인식 변화

냉전 종식 이후 NATO는 군사 동맹체로서 존재 의미가 약화될 것

---

[14] Ibid., pp. 45–49.
[15] Joshua R. Itzkowitz Shifrinson, "Deal or No Deal? The End of the Cold War and the U.S. Offer to Limit NATO Expansion," *International Security*, Vol. 40, No. 4 (Spring 2016), pp. 7–44.
[16] Dmitri Trenin, *Post-Imperium: A Eurasian Story* (Washington D.C.: Carnegie Endowment for International Peace, 2011), pp. 125–128.

이라는 예측과 달리, 오히려 확장과 재활성화의 경로를 택했다. 1999년 폴란드, 체코, 헝가리의 가입을 시작으로 2004년에는 발트 3국인 에스토니아, 라트비아, 리투아니아를 포함한 7개국이 동시에 가입하면서, 나토는 옛 바르샤바조약기구의 핵심 영토 대부분을 흡수하게 됐다.17) 이 과정은 공식적으로 '자발적인 민주국가의 선택'이라는 논리로 포장됐지만, 러시아에게는 전후 질서에 대한 묵시적 합의가 파기되는 과정으로 인식됐다.18)

특히 발트 3국의 나토 가입은 군사적 의미를 넘어서, 러시아 제국과 소련 시절을 관통했던 범소련의 영향권이 공식적으로 해체됐다는 역사적 선언이었다.19) 이와 동시에 나토는 2008년 부쿠레슈티(Bucharest) 정상회의에서 조지아와 우크라이나를 미래 회원국으로 가입시킬 가능성을 천명하며 러시아를 자극했고, 이 발언은 러시아 안보 엘리트 집단에게는 '붉은 선을 넘는' 직접적 도발로 받아들여졌다.

러시아의 대응은 처음에는 공식 외교문서와 연설을 통해 유감을 표시하거나 강경한 수사적 표현으로 경고하는 수준에 머물렀다. 그러나 2007년 뮌헨 안보회의에서 블라디미르 푸틴 대통령은 다음과 같이 공개 선언했다. "NATO의 확장은 우리를 기만한 것이며, 냉전 이후 약속

---

17) Mary Elise Sarotte, *Not One Inch: America, Russia, and the Making of Post-Cold War Stalemate* (New Haven: Yale University Press, 2021), pp. 191–201.

18) Stephen F. Cohen, *Failed Crusade: America and the Tragedy of Post-Communist Russia* (New York: W.W. Norton, 2000), pp. 29–45. 코헨은 이 책을 통해 나토 확장이 러시아에 어떻게 '배신의 구조'로 인식됐는지를 서술하고 있다.

19) Dmitri Trenin, *What Is Russia Up To in the Middle East?* (Cambridge: Polity, 2018), p. 17.

된 것들을 무시한 것이다."[20] 이 발언은 단순한 수사의 수위를 넘어서, 러시아의 안보 인식이 '우려'에서 '위협'으로 전환되는 분기점으로 작용했다. 즉 푸틴 대통령의 2007년 뮌헨 안보회의 발언은 소련 해체 이후 수세적 입장을 취하던 러시아가 태세전환을 통해 공식적으로 공세적 입장을 표명한 '변곡점'이라고 할 수 있다.

이 관점에서 2010년대 중반 이후 러시아는 공식 안보 전략 문서(2015년, 2021년 판)에서 NATO를 '국가안보에 실질적 위협을 가하는 세력'으로 명시하고, '근외지역'(ближнее зарубежье)에서 영향력 회복을 전략적 핵심 과제로 재설정한다. 이로써 러시아는 더 이상 NATO 동진을 외교적으로 견제하는 수준이 아니라, 군사적 조치까지 포함하는 대응 체계로 전환하게 됐고, 그 결과 이 대응은 궁극적으로 2022년 2월 발발한 우크라이나와 러시아의 충돌로 이어지는 구조적 기반이 됐다.

지정학적 충돌구조의 내면화

1990년대 초 소련 해체 이후 NATO의 동진이 시작된 이래, 러시아는 점차 국제질서 내에서 '포위되고 있다'는 인식을 구조화해 나갔다. 초기에는 냉전의 종식과 서방세계와 협력 가능성에 대한 기대가 남아 있었지만, 시간이 지남에 따라 러시아는 NATO의 확장을 단지 주변국

---

[20] Vladimir Putin, "Speech and the Following Discussion at the Munich Conference on Security Policy," President of Russia, February 10, 2007, http://en.kremlin.ru/events/president/transcripts/24034. (검색일: 2025년 4월 30일) 뮌헨 연설 원문은 러시아 안보 담론의 전환점을 보여주는 자료로 자주 인용된다.

의 자율적 선택이 아니라, 서방이 의도적으로 러시아를 견제하고 고립시키려는 지정학적 프로젝트로 인식한다.[21]

이런 인식은 단지 일시적 반응이 아니라, 러시아 전략문화의 핵심에 자리잡는 '체계화된 위기의식'(Institutionalized Insecurity)[22]으로 정착됐다. 소련 시절의 대외전략이 바르샤바조약기구를 통한 완충지대 구축에 초점을 맞추었다면, 탈냉전기의 러시아는 이 완충지대를 잃는 동시에, 자국 경계 바로 앞까지 서방의 군사동맹이 접근하는 현실에 직면한 것이다.

그런 까닭에 러시아는 안보 딜레마의 전형적인 구조, 즉 한 국가의 안보 증진이 타국에게는 위협으로 인식되는 상황을 단지 외부로부터 주어지는 현상이 아니라, 내재화된 세계관으로 받아들이게 됐다.[23] 이 과정에서 등장한 것이 바로 '근외지역' 개념이다. 이 용어는 과거 소비에트 연방의 경계 안에 있었던 국가들을 러시아의 전통적 영향권 혹은 전략적 완충지대로 간주하는 개념이며, 러시아가 자국의 안보를 위해 개입할 수 있는 정당화된 영역으로 해석됐다. 혹자들은 근외지역 국가들을 독립국가연합(Commonwealth of Independent States: CIS) 국가들과 일치시키기도 한다.

더 나아가 2000년대 이후 러시아는 이와 같은 인식을 전략화해,

---

21) Bobo Lo, *Russia and the New World Disorder* (Washington, DC: Brookings Institution Press, 2015), pp. 56–60.
22) Andrew Monaghan, "The 'War' in Russia's Strategic Culture," *Parameters*, Vol. 46, No. 4 (Winter 2016–2017), pp. 65–74.
23) Thomas Graham, "Russia's Sphere of Influence Is in the Kremlin's Mind," *Foreign Affairs* (April 2022).

'지정학적 응전'(Geopolitical Counteroffensive)이라는 전략 개념을 공식적으로 발전시킨다.24) 그 핵심은 단순히 수세적 방어가 아니라, 상대방의 움직임에 선제적으로 개입하고, 필요할 경우 군사력을 포함한 능동적 조치를 감행함으로써 위협의 원천을 차단하겠다는 전략적 전환이다. 이와 같은 인식의 진화는 결국 2008년 조지아 전쟁, 2014년 3월 크림반도 병탄, 2022년 2월 우크라이나 '특수군사작전' 등으로 현실화되며, 러시아 안보전략의 내면화된 충돌 구조가 국제적 결과를 낳는 데까지 이르게 된다.

물론 소련 해체 이후 러시아와 서방세계가 갈등과 대립만 구조화한 것은 아니다. 많이 알려진 사실이지만, 2000년 6월 초 푸틴 러시아 대통령은 클린턴 미국 대통령에게 나토 가입 의사를 전달한 바 있으며,25) 같은 해 대통령 취임 이전 3월에 영국 BBC와 인터뷰에서 나토와 협력할 준비가 돼 있으며, 가입 의사도 있다고 말했다.26) 심지어 러시아는 2001년 9·11 이후 '테러와 전쟁'을 계기로 자신의 안방과도 같

---

24) Dmitri Trenin, *Should We Fear Russia?* (Cambridge: Polity Press, 2017), pp. 88–91.

25) 김석환, "푸틴, 왜 '나토 가입' 말했나."「중앙일보」(2000.3.7.) 당시 푸틴 대통령 권한대행은 영국 BBC방송과 3월 5일 인터뷰에서 "동등한 상대로서 러시아의 견해가 받아들여진다면 나토 가입 가능성을 배제하지 않겠다"고 밝혔다. 즉 러시아가 나토의 동진(東進)에서 소외되지 않는다면 나토를 적으로 보지 않겠다는 말이나 "외부 세계에 대해 폐쇄적으로 나살 생각이 없다," "러시아는 유럽문화의 일부이며 유럽과 문명 세계로부터 고립되는 사태는 상상도 할 수 없다"는 발언을 했다. [출처:중앙일보] https://www.joongang.co.kr/article/3887686 (검색일: 2025년 4월 30일) 김재영, "푸틴, 대통령 초짜 시절 나토 가입 구상했었지,"「뉴시스」(2017.6.12.).

26) 세르게이 고리야쉬코, 엘리자베타 포크트, "위협, 모욕, 크렘린 궁의 '로봇': 푸틴 정권서 '막장극'이 된 러시아 외교,"「BBC 뉴스 코리아」(2023.9.23.).

은 중앙아시아 지역에 미국의 군사기지를 용인했다.

소련 해체 이후 1990년대 밀월관계를 가졌던 러시아와 서방세계가 디커플링 조짐이 시작된 계기는 몇 가지 조짐을 통해 알 수 있다. 즉 1999년 3월 24일부터 6월 10일까지 자행된 나토의 '세르비아 79일 공습,'[27] 2003년 미국과 영국의 이라크 공습, 2003년 조지아의 장미 혁명, 2004년 우크라이나 오렌지 혁명, 2005년 키르기스스탄 레몬혁명(후에 튤립혁명으로 변경) 등이다. 이런 분위기 속에서 푸틴 러시아 대통령은 2007년 뮌헨 안보회의에서 1990년 독일 통일 후 나토의 동진은 없을 것이라는 서방의 약속은 어디로 갔는지 의문을 제기하며 서방에 대해 공식적으로 첫 쓴소리를 하기 시작했다. 푸틴의 2007년 뮌헨 발언에 대한 서방의 대응이 2008년 4월 조지아와 우크라이나의 나토 가입을 희망한다는 부쿠레슈티 NATO 정상회담이며, 이에 대한 러시아의 재차 대응이 2008년 8월 조지아 전쟁이라고 볼 수 있다. 일련의 사건들 속에 지속적인 인과적 대응이 드러난다.

---

27) 당시 예브게니 프리마코프 러시아 총리는 미국 방문 도중 新유고슬라비아연방 공습 개시 소식을 듣고 비행기에서 방향을 돌려 회항하는 이른바 '프리마코프의 유턴' 사건을 일으켰으며, 이 돌발 행위는 러시아의 반서구 외교 노선의 상징적 사건으로 기록됐다.

색깔혁명과 질서 충돌의 축적

오렌지혁명과 유로마이단:
우크라이나 내부 균열의 발화점

21세기 초, 우크라이나는 더 이상 단순한 옛 소비에트 공화국의 하나가 아니었다. 지정학적 접경지이자 문명적 경계지대로서, 이 나라는 동유럽과 유라시아, 대서양주의와 유라시아주의의 충돌이 직접 관통하는 공간이 됐다.[28] 그 격돌의 서막은 2004년 12월 '오렌지혁명'이었다. 당시 대선 결과의 부정 의혹으로 촉발된 대규모 시민 시위는 민주주의와 투명성이라는 서방의 정치적 이상을 내걸었으며, 그 상징색인 주황색은 단지 선거를 넘어서 정체성의 선택을 둘러싼 사회적 갈등의 표식으로 기능했다.[29]

딩시 서방은 야누코비치 후보의 부정선거를 규탄하며 재선거를 지

---

[28] Zbigniew Brzezinski, *The Grand Chessboard: American Primacy and Its Geopolitic Imperatives* (NY: Basic Books, 1997) 참조.

[29] Andrew Wilson, *Ukraine's Orange Revolution* (New Haven: Yale University Press, 2005), pp. 11–26.

지했고, 결국 친서방 성향의 유셴코가 대통령에 당선됐다. 이 사건은 단지 선거의 승패를 떠나, 우크라이나 내부에서 러시아 지향성과 유럽 통합 지향성이 충돌하고 있음을 세계에 각인시키는 결정적 분기점이었다.

약 10년 뒤인 2013년에 발생한 유로마이단 사태는 그 균열을 더욱 극단적으로 드러냈다. 당시 대통령이었던 빅토르 야누코비치가 EU와 협력 협정 서명을 전격 보류하자, 시민들은 수도 키예프의 마이단 광장에 모여 시위를 시작했다. 이 시위는 초기의 경제·무역 이슈에서 점차 정권 퇴진 요구로 전환됐고, 결국 2014년 2월 대통령이 도주하는 사태로 이어졌다.

이 과정은 단지 내정의 문제가 아니었다. 서방은 이를 '민주주의 회복'으로 해석한 반면에, 러시아는 '외부 개입에 의한 정권 전복'으로 간주했다. 이후 푸틴 대통령은 다보스 포럼과 여러 국제회의에서 "우크라이나는 러시아 문명과 유럽 문명의 경계선에 놓여 있는 나라이며, 그 균형이 강제로 깨졌다"[30]고 언급한다.

이러한 사태는 러시아로 하여금 크림반도 병탄(2014년 3월)과 돈바스 무력 개입이라는 적극적 대응으로 나아가게 했고, 결국 우크라이나 내부의 정치적 균열이 동서 간 질서 재편의 실험장이자 충돌장이 되는 현실을 낳게 됐다.[31] 오렌지혁명과 유로마이단은 단지 시민혁명의 이름

---

30) Vladimir Putin, "Remarks at the Valdai International Discussion Club," October 2014, http://en.kremlin.ru/events/president/news/46860 (검색일: 2025년 4월 30일).
31) Michael Kofman and Matthew Rojansky, "What Kind of Victory for Russia in Ukraine?" *Military Review* (May–June 2015), pp. 55–62.

이 아니라, 21세기 지정학이 국민국가의 경계를 다시 정의하는 방식을 극적으로 보여주는 사례였다.

아이러니하게도 2014년 크림반도 사태와 이후 지속된 돈바스 지역의 무력 갈등은 우크라이나가 자신의 땅 속에 투영된 러시아를 부정할 때 오히려 그 러시아가 우크라이나에 위협적으로 부활한다는 사실을 극적으로 보여준다. 지역의 통합과 흡수가 거론될 정도의 질긴 인연이 남다른 연대가 아니라 또 다른 분단으로 변질되는 것은 순식간이다. 역사적으로 늘 그랬듯이 그 결과는 러시아보다 우크라이나에 더 치명적일 것이며, 이미 우크라이나의 더욱 심화된 동서 갈등에 그런 분단의 조짐이 엿보인다.[32]

미어샤이머(John J. Mearsheimer)는 러시아와 우크라이나 간 갈등이 서방, 특히 미국과 NATO의 정책에 의해 촉발됐다고 주장한다. 그는 2014년 크림반도 합병 이후 발표한 글에서, 서방이 우크라이나를 NATO와 EU에 통합하려는 노력이 러시아의 강한 반발을 불러일으켰다고 분석했다. 그는 이러한 서방의 행보가 러시아에게는 전략적 위협으로 인식됐으며, 이에 대한 대응으로 러시아가 우크라이나에 대한 공격적인 행동을 보였다고 설명한다. 2022년 러시아의 우크라이나 침공 이후에도 미어샤이머는 서방의 책임을 강조하며, NATO의 동진이 러시아의 안보 우려를 자극했다고 주장했다. 그는 러시아가 우크라이나의 NATO 가입 가능성을 존재론적 위협으로 간주했으며, 이러한 배경에서 군사행동을 개시했다고 분석한다.

---

[32] 이문영, "형제국가들의 역사전쟁: 우크라이나 사태와 러시아의 크림반도 합병의 기원," 『역사와 비평』, Vol. 112 (2015 가을), p. 439.

미어샤이머의 이러한 견해는 국제사회에서 논란의 대상이 되고 있다. 일부 전문가들은 그의 주장이 러시아의 침략적 행동을 정당화하거나, 우크라이나의 주권과 선택권을 간과한다고 비판한다. 또한, 러시아의 우크라이나 침공이 단순히 NATO의 확장 때문만이 아니라, 푸틴 대통령의 제국주의적 야망과 역사적 인식에 기인한다고 보는 시각도 있다. 미어샤이머는 우크라이나가 중립국 지위를 유지하며 러시아와 긴장을 완화하는 것이 최선의 해결책이라고 제안하지만, 이러한 접근이 현실적으로 가능하고 윤리적인지에 대한 논의는 계속되고 있다.33) 이와 같은 반대 시각도 존재하지만, 분명한 것은 나토의 동진 금지 약속이 어느 정도 구속력을 갖고 있는 지 여부와 그에 대한 개개인의 판단에 의한 해석 차이라는 출발점에 기인한다고 볼 수 있다. 방향이 다른 출발점에서 서로 각자의 경로로 뛰는 것과 별반 다르게 없다는 논리다. 합의가 어렵다는 말이다.

---

33) John J. Mearsheimer, "Why the Ukraine Crisis Is the West's Fault," *Foreign Affairs* (September/October 2014), pp. 1-14.

부쿠레슈티 회담과 조지아 전쟁:
질서 충돌의 조기 발현

앞서 언급했듯이, 2008년 4월, 루마니아 수도에서 열린 부쿠레슈티 NATO 정상회의는 러시아-서방 관계에 '거대한 분수령'으로 평가된다. 이 회의에서 미국은 조지아와 우크라이나의 NATO 가입 의지를 공개 지지했고, 공동선언문에도 양국이 결국 회원국이 될 것이라는 문구가 포함됐다.34) 당시 독일과 프랑스는 러시아의 반발을 우려해 가입 계획의 실행은 유보할 것을 주장했지만, 러시아 입장에서 보면 결정적 '레드라인'은 이미 넘어선 셈이었다.

특히 이 회의는 러시아 안보 전략의 변화와 군사적 대응의 전조로 간주된다. 불과 넉 달 후인 2008년 8월, 조지아가 자국 내 분리주의 지역인 남오세티아에 대해 군사작전을 개시하자, 러시아는 이를 구실로 즉각적인 대규모 군사개입에 나섰다. 이 전쟁은 불과 5일 만에 끝났지만, 러시아군은 조지아의 군사 인프라를 초토화시키고, 남오세티아와 압하지야를 사실상 점령·독립국으로 승인하면서, '근외지역에서 군사적 영향력' 행사라는 새로운 현실을 보여줬다.35)

이 전쟁은 서방이 후원하는 국가에 대해 러시아가 처음으로 무력을

---

34) North Atlantic Treaty Organization, "Bucharest Summit Declaration," April 3, 2008, https://www.nato.int/cps/en/natolive/official_texts_8443.htm. (검색일: 2025년 4월 30일).

35) Svante E. Cornell and Frederick S. Starr, *The Guns of August 2008: Russia's War in Georgia* (Armonk, NY: M.E. Sharpe, 2009), pp. 19–35.

사용해 대응한 사례로, 군사력 사용의 전략적 문턱이 낮아졌다는 점에서 중대한 전환으로 간주된다. 푸틴과 메드베데프 체제는 이 조지아 사태를 단지 하나의 지역 분쟁이 아니라, "나토 확장을 저지하기 위한 명시적 시위"로 규정했으며, 이 해석은 이후 우크라이나 문제에 대한 대응 패턴으로 계승된다.36) 즉 2022년 발발한 우크라이나 전쟁의 잘못된 학습효과로 나타난다.

조지아 전쟁은 국제사회에 두 가지 메시지를 던졌다. 첫째, 러시아는 더 이상 수세적 방어에 머물지 않으며, 자국 국가안보에 위협이 된다고 판단하는 순간 선제공격을 포함한 군사적 수단을 정당화할 수 있다는 점이다. 둘째, 서방의 확장 전략에 대한 군사적 '역억제'(counter-deterrence)라는 새로운 냉전적 구도가 등장했음을 알린 것이다.37) 이로써 질서 충돌은 더 이상 외교적 담론이 아니라, 현실적 전장 위에서 실현되는 전략적 충돌로 비화되기 시작했다.

---

36) Angela Stent, *The Limits of Partnership: U.S.-Russian Relations in the Twenty-First Century* (Princeton: Princeton University Press, 2014), pp. 115–117.

37) Dmitry Gorenburg, "Russia's Military Interventions: Patterns, Drivers, and Signaling," PONARS Eurasia Policy Memo No. 606 (2019), pp. 2–5.

크림반도 병합과 돈바스 충돌:
군사적 질서 재편의 시작

2014년 2월, 유로마이단 사태로 빅토르 야누코비치 대통령이 키예프를 떠나고 새로운 친서방 임시정부가 들어서자, 러시아는 이를 내정간섭에 의한 쿠데타로 간주했다. 곧바로 러시아군은 '작은 녹색인간들(little green men)'[38]이라 불리는 신원 미상의 무장 병력을 통해 크림반도를 신속하게 장악했고, 3월에는 주민투표를 근거로 크림의 러시아 편입을 선언했다.

이 사건은 냉전 이후 처음으로 유럽 대륙에서 무력에 의해 실질적인 국경선의 재편이 단행된 사건이었다. 국제사회는 이를 강력히 비난했지만, 유엔 안보리는 러시아의 거부권으로 결의안을 채택하지 못했고, 러시아는 '크림 주민의 자결권 행사'라는 명분을 앞세워 병합의 정당성을 주장했다.[39]

동시에 동부 우크라이나에서는 도네츠크와 루간스크에서 친러 분리

---

38) Mark Galeotti, *Hybrid War or Gibridnaya Voina? Getting Russia's Non-Linear Military Challenge Right* (Rome: NATO Defense College, 2016), pp. 3–7. 이 글에서는 '작은 녹색인간들' 전술과 크림 점령 작전을 분석했다. 녹색인간들은 하이브리드 전쟁의 대표적 사례들로서, 그들은 국적 마크가 없는 녹색 군복을 착용했다. 이들의 행위는 군사적 개입과 정치적 부인 가능성이 결합된 상태로 나타나 국제법상 해석이 어렵다는 평가가 등장한다.

39) United Nations Security Council, "Security Council Fails to Adopt Draft Resolution on Crimea Referendum, Owing to Russian Federation Veto," March 15, 2014, https://press.un.org/en/2014/sc11319.doc.htm. (검색일: 2025년 4월 30일).

주의 세력이 무장봉기를 일으켰고, 러시아는 이를 공식 부인하면서도 실질적으로 군사·정보·재정 지원을 제공했다. 그 결과 돈바스 지역은 실질적으로 분단됐으며, 두 진영 간 대립은 키예프 정부와 분리주의 세력 간 내전 양상으로 전개됐다. 그런 까닭에 러시아-우크라이나 전쟁을 '돈바스 전쟁의 연장선'으로 보는 경향이 존재한다. 초기 전쟁의 발발 원인을 규명하는 용어로 돈바스 전쟁이 거론됐던 이유이다.

크림병합과 돈바스 개입은 러시아가 근외지역에서 '자국민 보호'와 '문명권 방어'라는 논리를 들어 무력 사용을 정당화한 첫 사례로, 이 사건은 이후 시리아, 벨라루스, 카자흐스탄 개입 전략의 선례가 됐다.[40] 이와 동시에 이 사건은 이른바 '헬싱키 프로세스' 이후 수립된 유럽 안보 구조, 즉 영토 보전과 국경 불변의 원칙이 실질적으로 무력화됐음을 보여주는 결정적 전환이었다.[41]

무엇보다 이 시점에서 러시아는 더 이상 '국제질서의 구성원'이 아닌, '질서의 도전자'로서 위상과 멍에를 떠안았고, 이 굴레는 2022년 우크라이나 전쟁으로 이어지는 서막이 됐다. 크림반도의 흑해 함대, 돈바스의 친러세력, 국제사회의 제재 국면은 이미 새로운 안보 질서에 균열이 시작됐음을 상징하는 복합적 단서였다.

---

[40] Andrei P. Tsygankov, *Russia and the West from Alexander to Putin: Honor in International Relations* (Cambridge: Cambridge University Press, 2012), pp. 174–179.

[41] Angela Stent, *Putin's World: Russia Against the West and with the Rest* (New York: Twelve, 2019), 209–214. 이 책은 헬싱키 체제와 유럽 안보 규범의 균열을 2014년 사태의 사례를 통해 분석한 결과물이다.

우크라이나의 친서방정책과
안보 딜레마, 집단사고

2019년 헌법 개정과 NATO/EU 노선 천명

2019년 2월 7일, 우크라이나 의회(Verkhovna Rada)는 헌법을 개정해 EU 및 NATO 가입을 국가의 전략적 목표로 명문화했다. 이 개헌안은 단순한 외교적 성명이나 선언이 아닌, 국가 헌법 차원의 체제 정렬을 공식화한 조치로서, 우크라이나의 정체성을 서방 진영으로 명확히 귀속시키겠다는 의지를 반영한다.[42]

2019년 2월 개헌안은 그간 '중립 외교/중간국 외교'라는 모호한 전략 공간을 유지해왔던 우크라이나가 명시적으로 분명한 '탈러시아화'(de-Russification) 경로를 택했음을 헌법적으로 확정한 사건이며,

---

[42] Ukraine's parliament backs changes to Constitution confirming Ukraine's path toward EU, NATO
https://www.unian.info/politics/10437570-ukraine-s-parliament-backs-changes-to-constitution-confirming-ukraine-s-path-toward-eu-nato.html (검색일: 2025년 3월 30일).

러시아에게는 안보 질서뿐 아니라, 문명권 경계에 대한 도전으로 받아들여졌다.

이에 앞서 우크라이나는 2017년 6월 11일 비자면제협정을 체결해 생체인식 여권을 소지한 경우, 솅겐 지역 국가들을 최대 90일까지 비자없이 방문할 수 있도록 조치했으며, 2018년 6월 8일 우크라이나 의회는 나토 가입을 국가의 전략목표로 명시한 결의안을 채택해 'NATO 우선 정책'을 공식화했다. 이후 헌법 개정을 통해 우크라이나는 서문, 헌법 제85조 '최고회의'(Verkhovna Rada) 권한, 헌법 102조 대통령 권한, 헌법 116조 내각의 의무 등 헌법 조항에 "유럽연합 및 북대서양 조약기구 가입을 위한 우크라이나의 전략적 진로를 헌법상 명시한다, NATO와 EU 가입을 위한 모든 조치를 취한다" 등 내용을 명시했다.

러시아 외교 안보 엘리트들은 우크라이나 의회의 이런 행보를 '군사적 나토화'의 예비단계로 해석했고, 모스크바의 전략 커뮤니티 내부에서는 이 개정안을 '사실상의 군사적 선전포고'에 가깝게 인식하는 흐름이 빠르게 형성됐다.[43] 우크라이나의 나토 가입 카드는 러시아 입장에서 결코 양보할 수 없는 마지막 레드라인이며, 우크라이나가 가입하는 순간 곧 전면전이라는 인식이 강했다. 이렇듯 크림반도 병합 이후부터 이미 고조되던 긴장 관계 속에서 이 헌법 개정은 러시아의 안보 불안을 공고화하고 러시아 입장에서 군사적 옵션 검토를 정당화하는 구조적 계기로 작용했다.

---

[43] Dmitri Trenin, *Russia and Europe: The End of the Post-Cold War Era* (Moscow: Carnegie Moscow Center, 2019), pp. 73-76.

2019년 이후 우크라이나의 서방 경도와 러시아의 위기의식

2019년 4월, 우크라이나 대선 2차 결선투표에서 볼로디미르 젤렌스키(Volodymyr Zelensky)가 약 75%의 지지로 당선됐을 때, 서방세계와 우크라이나 외부에서는 젤렌스키의 당선을 '희망의 선택'으로 보았지만, 러시아는 매우 다르게 해석했다. 코미디언 출신으로 정계에 입문한 젤렌스키가 반부패, 개혁, 평화를 외쳤지만, 그의 정책 방향은 선명한 친서방 노선이었고, 이 사실은 크림 사태 이후 극도로 민감해진 러시아의 대외 인식을 더욱 자극했다.

특히 주목할 부분은 상술했듯이, 2019년 2월 우크라이나 헌법이 EU 및 NATO 가입 추진을 명문화하며, 이 사안을 국가의 전략적 목표로 천명했다는 점이다. 이 사실은 외교적 제스처를 넘어서, 국가 수준의 체제 재배치 선언이었고, 모스크바에서는 이를 러시아에 대한 본질적 도전으로 간주했다.

이후 2020년대 초반까지 젤렌스키 정부는 서방과 군사 협력, 무기 도입, NATO와 합동 훈련 등을 본격화했고, 특히 2021년 NATO 'Defender Europe' 훈련은 러시아 입장에서는 우크라이나를 완전히 서방 진영에 편입시키는 움직임으로 인식했다.44)

이에 맞서 러시아도 2021년 봄과 가을, 대규모 정기 군사훈련

---

44) NATO, "Defender-Europe 21: Factsheet," April 2021, https://www.nato.int/cps/en/natolive/news_183788.htm. (검색일: 2025년 4월 30일).

'Zapad/West)'을 시행하면서, 우크라이나 국경 인근에 병력을 집중시켰다. 이 시점에서 국제사회는 이미 전쟁 가능성을 경고하고 있었으며, '안보 딜레마'가 전쟁 직전의 파국 구조로 진입하고 있었다.[45] 하지만, NATO의 훈련과 다르게 2021년 러시아의 군사훈련은 2009년부터 시작된 연례행사였다. 서부-동부-중앙-캅카스 순으로 이어지는 러시아의 군사훈련은 각각 벨라루시와 서부 국경, 극동시베리아, 중부군관구 지역, 흑해와 남부군관구 지역을 4년 주기로 순차 진행하는 훈련이다.

정기적인 러시아의 훈련과 다르게 나토의 2021년 훈련에 대한 러시아의 위기의식은 단지 군사적 균형의 문제를 넘어 정체성과 체제의 보존이라는 차원으로 진화하고 있었다. 푸틴은 2021년 7월 크렘린 공식 홈페이지에 게재한 장문의 논문에서 "러시아와 우크라이나는 역사적·영적 공동체이며, 서방의 개입은 이 공동체를 인위적으로 분리시키는 것"이라며, 자신의 행동이 침략이 아니라 회복이라는 내러티브를 구축하려 했다.[46]

이처럼 2019년 이후의 전개는 단순한 외교적 압박이나 군사적 긴장이 아닌, 국가정체성과 문명 경계의 전면 충돌로 확장됐다. 러시아는 '우크라이나의 독립'이 아니라, '서방의 우크라이나 점령'이라는 서사로

---

[45] Michael Kofman, "Putin's Wager in Russia's Standoff with the West," War on the Rocks, December 2021, https://warontherocks.com/2021/12/putins-wager-in-russias-standoff-with-the-west/. (검색일: 2025년 4월 30일).

[46] Vladimir Putin, "On the Historical Unity of Russians and Ukrainians," President of Russia, July 12, 2021, http://en.kremlin.ru/events/president/news/66181. (검색일: 2025년 4월 30일).

이 문제를 받아들였고, 전쟁은 선택이 아닌 불가피한 응전으로 정당화되는 인식 구조로 나아가고 있었다.

이런 복합적 충돌 개연성 증가 과정 중에 2021년 11월 워싱턴포스트(WP), 월스트리트저널(WSJ), 뉴욕타임즈 등 미국 주요 언론들은 2022년 2월경 러시아가 우크라이나를 침공할 계획을 구상하고 있고, 이를 위해 러시아와 우크라이나 국경에 약 175,000명의 병력을 집결시키고 있으며, 구체적인 러시아 부대 배치도와 함께 추정기사들을 개재했다. 국내 언론들도 서방 언론들을 무비판 인용하면서, 2022년 2월 러시아가 우크라이나를 침공한다는 전제하에 러시아의 침략 이유, 우크라이나의 역사, 소련제국 복원 가능성 등 다양한 기사들을 쓰기 시작했다.

침공 가능성 기사들이 등장한 이후 러시아와 미국은 당시 우크라이나의 위기와 관련해 상호 책임 공방을 벌이면서도 동시에 대화와 타협도 모색했다. 예를 들어 러시아와 미국의 정상은 2021년 12월 7일과 12월 30일 두 차례에 걸쳐 화상회담을 개최했고, 2022년 1월 10일 미러, 1월 12일 러시아와 NATO, 1월 13일 러시아와 OSCE 간 연쇄 협상을 진행했다. 미국과 러시아는 정상회담을 통해 상호 요구사항과 마지노선을 재확인하고 향후 협상과 타협 가능성만 열여둔 채 실질적인 해결책을 찾지 못했고, 2022년 1월 26일 미국과 NATO는 우크라이나의 주권과 영토 보존 존중 원칙을 강조하고 나토의 동진 금지 요구를 수용할 수 없다는 기존의 입장을 러시아에 전달했다. 2022년 2월 15일 블라디미르 푸틴 러시아 대통령이 외교적 개입 지속 의사를 표명하고 러시아 국방부가 일부 병력의 철수를 발표해 긴장 완화 분위기가 조성되는 듯했으나, 서방세계는 러시아의 진정성을 의심했다.

그후 돈바스 지역 내 원인 불명의 폭발, 우크라이나 정부군과 친러세력 간 교전 상황 공식화, 친러세력 거주지역의 주민 대피 조치, 피난민에 대한 러시아 국경 개방, 도네츠크 공화국과 루간스크 공화국에 대한 러시아의 독립 승인, 해당 지역에 대한 러시아 평화유지군 파병 시사 등 일련의 사건을 거친 후 전쟁은 결국 발발했다.

젤렌스키 발언: 부다페스트 각서 재검토 발언

실제로 전쟁이 발발하기 전에 마지막으로 러시아를 자극한 사건을 짚고 넘어가야 한다. 2022년 2월 19일 볼로디미르 젤렌스키 우크라이나 대통령은 뮌헨 안보회의 연설에서 "부다페스트 각서의 실효성에 대한 재검토 가능성"을 공개적으로 언급했다. 이 발언은 러시아로 하여금 우크라이나의 핵 재무장 가능성이라는 수사적 위협을 증폭시키는 계기로 작용했고, '사전 응징' 또는 '예방적 공격'이라는 논리를 정당화하는 전략적 수단으로 활용됐다.

> "우크라이나는 1994년 부다페스트 각서를 통해 핵무기를 포기하고 영토 보전을 보장받기로 했습니다. 그러나 이 약속은 지켜지지 않았고, 우리 국민은 여전히 위협받고 있습니다. ... 지금 여기서 국제사회에 요청합니다. 이 각서에 서명한 당사국들은 90일 내에 긴급 회담을 개최할 것을 제안합니다. ... 만약 이 회담이 열리지 않고 우크라이나에 실질적인 안전보장이 주어지지 않는다면, 우리는 이 각서를 이행할 필요가 있는지 재검토할 수밖에 없습니다."[47]

집단사고(Groupthink): 전략적 오판과 전쟁 결정

젤렌스키의 앞선 발언이 전쟁의 직접적 계기인지는 알 수 없다. '필연은 우연에 의해 발현된다'는 역사적 진리를 이 전쟁에 투영해본다고 해도 젤렌스키의 상기 발언은 전쟁을 일으키는 우연이 될 수 없다. 단지 러시아-우크라이나 전쟁은 한 두 가지의 사건이 계기가 돼 촉발된 결과물이 아니라, 30년 넘게 축적된 러시아와 서방세계의 갈등이 복합적으로 작동해 발생한 것이다. 2022년 2월 24일 시작한 러시아의 특수군사작전은 군사력의 과시이자 지정학적 선언이었지만, 동시에 전략적 오판의 복합적 결과이기도 했다. 푸틴 정부 내부의 의사결정 과정은 체계적 위기 인식, 권위주의적 집중 통치, 정보 폐쇄성 등으로 특징지어지며, 이는 전형적인 '집단사고'(Groupthink)' 구조에 부합한다.[48]

'집단사고'란 어빙 제니스(Irving Janis)가 1972년 제시한 개념으로, 강한 응집력을 가진 집단이 외부 정보를 왜곡하고, 내부 비판을 억제한 채 잘못된 결정을 내리는 현상을 지칭한다. 어빙은 쿠사 미사일 위기를 초래한 1961년 4월 '피그스만'(Bay of Pigs) 사건을 분석하면서 이 용어를 사용했다. 피그스만 사건은 미국 CIA와 케네디 대통령의 전략적 판단 오류를 보여주는 대표적인 사례이다.

---

47) Volodymyr Zelensky, "Speech at the Munich Security Conference," February 19, 2022, Office of the President of Ukraine, https://www.president.gov.ua/en/news/promova-prezidenta-ukrayini-volodimira-zelenskogo-na-myunhensk-72997. (검색일: 2025년 4월 30일).

48) Janis, Irving L., *Groupthink: Psychological Studies of Policy Decisions and Fiascoes, 2nd ed.* (Boston: Houghton Mifflin, 1982), pp. 9–15.

그에 따르면, 집단사고에는 다음과 같은 특징이 나타난다. 첫째, 과도한 낙관주의, 둘째, 도덕적 정당화, 셋째, 대안 검토의 부족, 넷째, 반대자에 대한 비하 또는 배제, 다섯째, 외부 압력에 대한 과장된 인식 등이다.[49] 푸틴 정부의 우크라이나 전략에도 이러한 요인들이 복합적으로 작용했다고 생각한다.

우선, 2014년 크림 병합의 '성공 경험'은 과도한 낙관주의를 강화했다. 당시 국제사회는 제재를 가했지만, 러시아는 크림을 실효 지배하며 국민적 지지를 얻었다고 판단했다. 이 경험은 '잘못된 학습효과'로 이어진다. 이와 같은 경험은 2022년 2월에도 "조지아가 5일만에 항복했으니, 키예프는 일주일, 혹은 아무리 늦어도 2주일 안에 함락될 것"이라는 비현실적 전제로 이어졌다고 추측할 수 있으며, 이런 판단은 대규모 공세를 통한 신속한 정권 교체라는 전략적 목표를 형성하는 데 핵심적 영향을 미쳤다고 생각한다.

둘째, 푸틴 개인의 권력 집중과 정보 폐쇄성은 내부 반론을 원천 차단했다. 소수의 안보 엘리트들만이 정책 결정에 접근할 수 있었고, 국방부와 정보기관조차 정권이 기대하는 정보만을 제공하는 구조적 왜곡에 깊이 빠져 있었다.[50] 그리고 언론을 통해 확인할 수 있었던 사실, 즉 코로나 시기를 거치는 동안 상당히 긴 테이블 앞에 마주 앉은 푸틴과 참모들의 대화 장면이 이런 구조적 폐쇄성을 반증한다.[51]

---

[49] Ibid., pp. 174–198.
[50] Mark Galeotti, *We Need to Talk about Putin: Why the West Gets Him Wrong – and How to Get Him Right* (London: Ebury Press, 2019), pp. 101–104.
[51] Vladimir Putin's meeting table

2022년 2월 '특수군사작전' 시행 직전 국가안보회의 영상은 러시아의 고위 관료들이 순차적으로 침공의 정당성을 '의례적으로' 승인하는 모습을 그대로 드러내며, 비판과 토론이 사라진 집단적 착각의 풍경을 보여주었다.52)

셋째, 전쟁 자체를 도덕적으로 정당화하려는 내러티브의 형성도 중요한 특징이다. 푸틴은 우크라이나를 '나치즘이 부활한 국가'로 묘사하며, '비무장화와 탈나치화'라는 명분을 통해 전쟁의 윤리적 정당성을 구축하려 했다. 이 사실은 외부 위협의 과장과 내부 응집의 강화를 위한 고전적 전략이며, 집단사고가 보여주는 현실 왜곡의 전형적 징후라고 할 수 있다.53)

결과적으로 러시아는 우크라이나의 정치·사회적 저항 능력, 서방의 응집도, 군사·경제적 파장 등 여러 영역에서 전략적 판단 오류를 범했다. 아무도 예상하지 못했듯이, 전쟁은 제한적 작전이 아닌 전면적 장기전으로 전환됐고, 이 전환은 푸틴 체제의 '정보 봉쇄형 권위주의'가 빚어낸 구조적 실패의 상징이 됐다.

*　　*　　*

https://en.wikipedia.org/wiki/Vladimir_Putin%2's_meeting_table?utm_source=chatgpt.com (검색일: 2025년 4월 30일).
52) The Kremlin, "Meeting of the Security Council," February 21, 2022, http://en.kremlin.ru/events/president/news/67828. (검색일: 2025년 4월 30일).
53) Angela Stent, *Putin's World: Russia Against the West and with the Rest* (New York: Twelve, 2019), pp. 219–224.

2022년 2월 24일 시작된 러시아의 특수군사작전, 그리고 이후 진행된 러시아-우크라이나 전쟁은 단순한 무력 분쟁이 아니라, 탈냉전 국제질서의 균열이 현실화된 사건이었다. 이 글은 전쟁의 발발을 통시적 구조 속에서 분석함으로써, 단기적·중기적·장기적 요인들이 어떻게 중첩되고 축적돼 전쟁이라는 비극적 결과로 이어졌는지를 고찰했다.

 먼저, 장기적으로 볼 때, NATO의 지속적인 동진과 서방 중심의 질서 재편은 러시아의 안보 인식을 근본적으로 자극했다. 중기적으로 볼 때, 2003년 조지아(그루지야)의 장미혁명, 2004년 오렌지혁명, 조지아와 우크라이나의 NATO 가입 지지 의사를 표명한 2008년 부쿠레슈티 NATO 정상회담, 2008년 러시아-조지아 전쟁과 2013년 유로마이단 사태, 그리고 지정학적 접경지 돈바스 지역에서 발생한 질서의 충돌들이 반복되며 러시아의 위기의식을 제도화시켰다. 단기적으로 보면, 2019년 우크라이나 헌법 개정과 젤렌스키 정부의 친서방 행보는 러시아가 더 이상 '외교적 억제'로는 안보를 확보할 수 없다고 판단하게 만든 직접적 계기였다.

 그러나 이 모든 구조적 요인들을 전쟁 발발의 불가피성으로 환원하는 것은 위험하다. 오히려 미국과 우크라이나, 러시아 등 주요 세 국가들의 정상들이 충분히 막을 수 있었던 전쟁이 아닐까 고민해 본다. 모든 가능성을 배제한다고 해도, 또한 역사의 가정은 무의미하다고 하지만, 그럼에도 불구하고 러시아가 우크라이나를 침공하면 상상도 할 수 없는 가혹한 경제제재를 받을 것이라고 주장하던 바이든 미국 대통령의 엄포가 그 무렵 대만에게 사용했던 '공동 방어'라는 수사적 표현으로까지 확대됐다면, 러시아의 군사행동이 현실화됐을까? 우크라이나의 젤렌스키 정부가 지난 지도자의 실책을 반복하지 않고 러시아를 자극하지 않은 상황에서 러시아와 서방세계 모두에게 관심을 가졌다면 러시아의 군사적 개입을 피할 수 있지 않았을까? 드라마 주인공을 통해 정치인이 됐던 젤렌스키가 우크라이나 국민의 염원대로 드라마 속 인물의 캐릭터를 유지한 채 우크라이나의 부패를 청산하고 국가를 위한 새로운 길을 열 수는 없었을까? 가혹한 경제제재만 있을 뿐 미국과 나토의 군사개입은 없을 것이라는 확신 때문에 신속하게 우크라이나 정권을 교체하고자 했던 러시아 이너써클 속 집권엘리트들이 좀더 신중했더라도 전쟁이 발발했을까?

본 글에서는 푸틴 정부의 전략 결정 과정에서 나타난 '집단사고'의 구조에 주목하며, 러시아 내부의 권위주의적 통치 체제, 정보 왜곡, 반대 의견 억압, 외부 현실에 대한 과도한 낙관과 신화화된 과거 기억이 궁극적으로 합리적 대안의 봉쇄와 전략적 오판을 초래했음을 언급했다. 즉, 이 전쟁은 우연을 가장한 단순한 '역사적 필연'이 아니라, 구조적 긴장 위에 놓인 선택의 실패이며, '전쟁 가능성'을 '전쟁 현실'로 만든 것은 결국 정치의 실패이자, 권력 내부의 인식의 실패였다.

전쟁의 책임이 러시아에만 국한된 것은 아니며, 우크라이나와 미국에게도 러시아와 동일한 책임이 있다고 생각한다. 서방이 우크라이나를 NATO와 EU로 가입시키려던 행동은 결국 러시아의 반발과 전쟁을 야기했다는 미어샤이머와 우크라이나는 서방도, 러시아도 아닌 중립국이 돼야 한다는 헨리 키신저의 소신을 소환해야 할 이유이다.

결국 러시아가 우크라이나를 공격한 군사적 행위는 러시아의 국가안보 차원에서 불가피한 선택이었지만, 동시에 그 선택은 전략적 판단 착오였다. 전쟁이 장기화되는 것을 예상하지 못했으며, 과정과 결과에 대한 책임은 러시아의 장기적 부담으로 남게 될 것이다.

그리고 전쟁 발발 3년이 지난 시점에 아직도 끝나지 않은 전쟁의 미래를 조심스럽게 예측하자면, 우선 트럼프 대통령은 전형적인 '빅딜 정무 감각'을 가진 인물이다. 그는 푸틴에게 '출구를 위한 명분'을, 젤렌스키에게 '체면을 지킬 수 있는 보장'을, 그리고 서방에게는 '성과를 보여줄 수 있는 드라마틱한 장면'을 연출할 수 있는 몇 안 되는 정치인이다. 여기서 '출구를 위한 명분'은 러시아가 획득한 우크라이나 영토를 러시아에 귀속시키는 것이며, '체면을 지킬 수 있는 보장'은 종전 이후에 젤렌스키의 대통령직을 보장하는 것이며, '성과를 보여줄 수 있는 드라마틱한 장면'은 우크라이나를 지원해준 서방세계에 우크라이나 재건사업을 맡기는 것이다. 물론 대통령이 된다면 하루만에 전쟁을 종식시킬 수 있다고 의기양양하게 호언장담했던 트럼프를 믿을 수 있을지 걱정된다. 그리고 이 타협에는 트럼프와 푸틴의 자존심 대결이 내면에 깔려있음을 부인할 수 없다.

끝으로 이 러시아-우크라이나 전쟁이 국제사회와 국제정치에 주는 함의는 첫째, 탈냉전 이후의 국제질서가 이념의 승리로 정착된 것이 아니라, 지정학과 문명 인식의 심층적 충돌 위에 놓여 있었음이 드러났다. 러시아는 NATO를 안보 위협이자 문명적 포위로 인식했고, 서방은 러시아의 반발을 후진적 반동으로 해석하며 상호 이해의 공간을 축소시켰다. 둘째, 권위주의 국가의 의사결정 구조에서 집단사고가 전략적 재앙으로 이어질 수 있다는 역사적 교훈이 명확해졌다. 이 사실은 단지 러시아만의 문제가 아니라, 정보 통제 체제 아래 있는 모든 국가와 체제에 적용될 수 있는 경고이다.

그리고 한국의 외교·안보에 주는 시사점은 다음과 같다. 한반도 역시 문명과 지정학의 경계선에 위치한 지정학적 접경지이며, 우크라이나 사태는 '강 건너 불'이 아니라, 거울 앞의 현실일 수 있다. 한국 역시 '안미경중'이란 불안정한 안보 구조 속에서 전략적 자율성의 확보, 외교적 공간의 다층화, 그리고 내부의 민주적 의사결정 체계의 유지가 위기 회피의 핵심 조건임을 이 전쟁은 분명히 보여준다.

마지막으로 이 전쟁은 전면전의 귀환을 알리는 경고탄이자, 외교와 정치가 실패했을 때 세계가 어떤 방향으로 흐르는지를 보여주는 실시간 사례다. 탈냉전 이후 국제사회가 합의를 통해 30년 동안 축적한 세계화의 약속이 완전히 깨졌다. 역사는 반복된다. 망각된 교훈은 언제나 가장 참혹한 방식으로 재현된다. 우리가 이 전쟁에서 무엇을 배울 것인가가 다음 전쟁을 막을 수 있을지의 여부를 가를 것이다. 새롭게 등장한 이재명 정부가 현명한 선택을 통해 대한민국의 실용적 노선을 추구하리라 기대해본다.

제3부

공간과 러시아 세계

인문공간 개념 정의*

　'러시아연방 인문공간의 한국적 재구성'이란 프로젝트 아젠다의 연구방향 및 연구방법을 고민하면서 늘 부담으로 다가왔던 부분이 인문공간을 어떻게 규정하고 어떤 연구방법을 고안하며, 결과물을 위한 연구방향을 어떻게 설정할 것인가였다. 언뜻 보면 쉽게 이해할 수 있는 용어일 수도 있으나, 구체적으로 설명하고자 할 때 명확한 근거를 제시하기가 어려울 때도 있었기 때문이다. 따라서 어느 순간엔가 나름의 정의를 내려 스스로 합리화하고, 자기변명을 위한 핑계거리라도 만들어 놓아야겠다는 생각이 들곤 했다. 이 글은 이러한 자기 보호적 차원에서 그동안 고민했던 인문공간에 대한 짧은 생각을 두서없이 정리하고자 작성한 것이다.

　제일 먼저 고민한 부분은 인문공간의 어원이다. 인문공간 용어는 그동안 인문학이나 사회과학 등 지역연구에서 흔히 사용했던 용어도 아니었을 뿐만 아니라, 지역연구의 분석대상을 설정하기 위해 만들어 낸 또

---

* 황성우, "러시아 인문공간 개념 정의에 관한 소고," 『Russia & Russian Federation』, Vol. 3, No. 1 (March 2012), pp. 13-17 내용을 수정 보완함.

하나의 자의적 개념이라는 비판으로부터도 자유롭지 못했기 때문이다. 그 결과 정확한 개념 규정 없이 연구자의 상식적 관념과 인식 체계 수준에 따라 용어가 남용될 개연성도 존재했다.

인문공간은 인(人), 문(文), 공간(空間)으로 나누어 정의할 수 있다. 人은 인간(人間)을 의미한다. 이때의 인간은 집단과 사회로부터 고립된 인간이 아닌, 인간과 인간의 관계 속에서 형성된 인간, 즉 다양한 집단과 사회의 유기적 관계 속에서 존재하고 발전하는 인간을 뜻한다.

文의 사전적 의미는 첫째, '글월, 문장, 운문, 산문의 총칭'이라는 개념과, 둘째, '꾸미다, 모양 있게 꾸미다, 정돈하다, 문신(文身)하다'의 개념을 포함하고 있다. '꾸미다'의 의미는 인간의 활동이 개입됐다는 것을 의미하며, 인간의 활동이 개입됐다는 것은 자연상태로부터 인간의 손을 거쳐 무엇인가 생산이 됐다는 것을 의미한다. 즉 文의 의미는 '글월 文'의 의미보다는 '꾸미다'의 의미가 강조되며, 한자로는 무늬, 결을 나타내는 '紋'이 더 적합하다고 볼 수 있다. 즉 '人文'에서 '文'은 '紋'의 의미로서 보다 더 설득력을 가지며, 紋이 의미하는 바는 결국 문화의 개념과 동일하다는 것을 보여준다. "'文'은 '색을 교차해 얻어낸 어떤 무늬와 모양'을 의미하며, 문화는 인간이 무늬를 놓은 인위적 행위의 종합화 과정"이라는 문화에 대한 개념과 일맥상통하기 때문이다.

영어 단어의 경우도 이와 유사하다. 영미권에서 사용되는 문화 용어도 라틴어의 'cultura'에서 파생한 'culture'를 번역한 말로서 '경작(耕作)하다,' '재배(栽培)하다'는 의미를 포함하고 있다. 토지 경작, 동식물의 배양과 같은 의미로 사용된 'culture'의 의미는 동양권에서 말하는

紋(광범위한 의미로 文)의 의미와 다를 바가 없다.

결국 '人文'은 구체적으로 '人紋'의 의미로서 문화의 개념과 동일하게 사용된다고 볼 수 있다. 문화에 대한 고전적 정의를 규정한 영국의 인류학자 타일러(Taylor, E. B)는 자신의 저서 『원시문화』(Primitive Culture, 1871)에서 문화란 "지식, 신앙, 예술, 도덕, 법률, 관습 등 인간이 사회의 구성원으로서 획득한 능력 또는 습관의 총체"라고 정의를 내렸다. 우리나라의 『국어대사전』에서도 문화는 "인간이 자연 상태에서 벗어나 일정한 목적 또는 생활 이상을 실현하려는 활동의 과정 및 그 과정에서 이룩해 낸 물질적, 정신적 소득의 총칭이며, 좁은 의미로는 학문, 예술, 종교, 도덕 등 인간의 내적 정신활동의 소산을 말한다"고 정의내리고 있다.

이러한 문화 정의에서 공통적으로 발견할 수 있는 사실은 문화는 인간의 활동이 개입돼 만들어진 어떠한 '흔적'이라는 것이다. 문화가 인간이 만들어낸 흔적이라고 정의할 때, 문화가 그 자체로 현재적 관점에서 중요성을 갖기 위해서는 문화가 가지는 기본적인 속성, 즉 문화는 사회의 구성원 모두가 함께하는 '공유성'을 포함하고 있어야 한다. 공유성이란 사회 구성원들이 제각기 가지고 있는 자기 나름의 독특한 습관이나 취향의 차이를 넘어 다른 사회 및 집단과 구분되는 공통된 사고방식과 행동방식을 말한다. 그리고 공유성은 사회성을 수반할 경우에만 설득력을 가진다. 유사한 외모나 생존을 위한 본능적 행위, 즉 수면 행위나 음식물 섭취와 같은 생물학적 특성은 사회성을 수반하지 않기 때문에 공유성에 포함될 수 없다. 사회성은 비유전적인 수단에 의해 습득되는, 말하자면 '사회적 학습'에 의해서 만들어지는 것이다. 모든 집단이 동일한 음식물을 섭취한다고 해도 요리 방법과 어떤 방식으로 섭취하느냐에 따라 차이가 발생하면 그 식사 행위는 사회 및 집단에 따라 다르게 나타나기 때문에 사회성을 가진다고 말할 수 있다. 이런 사회성의 차이로부터 문화가 구분되는 것이며, 우리 민족의 사회성에 따른 문화를 '한국 문화,' "한국인의 문화'라고 부르듯이, 러시아인의 사고방식과 행동양식을 '러시아 문화,' 혹은 '러시아인의 문화'라고 정의내리는 것이다.

다음으로 공간은 바로 위에서 언급한 문화, 즉 인문이 생산되고 축적돼 한 세대로부터 다른 세대로 지속될 수 있는 자리이자 터이다. 이와 같은 공간의 중요성은 인간의 삶과 직결돼 있다. 인간의 삶은 공간과 장소의 구체화를 통해 이뤄진다. 공간과 장소라는 매개체 없이 인간의 삶은 존재할 수 없다. 공간의 존재를 무시한 상태에서 삶의 의미를 논의할 수 없음에도 불구하고 공간이 가지는 시간의 영속성 때문에, 공간의 중요성을 잊어버릴 때가 많다. 공간과 장소의 정체성은 곧 그곳에 살고 있는 인간의 정체성을 규명하기 때문에, 공간의 소멸은 곧 인간의 소멸이라고 할 수 있다. 바로 이점에 공간의 중요성이 있는 것이다.

오늘날 공간이라는 용어는 매우 다양하게 사용된다. 우주공간, 도시공간, 농촌공간 등 현실적인 물리적 공간 외에도 문화공간, 분열과 통합의 공간, 생산공간/소비공간, 열린공간/닫힌공간 등 상상력으로 표현되는 상징적 공간이 존재한다. 천체학, 수학, 물리학 등 개별 분과학문에서 사용되는 개념을 떠나 인문학과 사회과학에서 사용되는 공간의 개념 역시 사실상 명확한 규정 없이 사용자의 자의적 개념에 따라 무분

별하게 사용되고 있는 실정이다. 또한 지역, 장소, 경계 등과 같이 공간과 유사한 범주로 묶을 수 있는 용어와도 별다른 구분 없이 사용되는 경우가 있다고 생각한다. 특히 공간과 동일하게 사용될 수 있는 장소 개념과도 구분하고자 한다. 공간과 장소의 개념은 사용자의 자의적 해석에 따라, 혹은 분과학문의 개념 정의에 따라 달라질 수 있지만, 주관성과 개별성을 포함하는 장소의 의미와 객관성과 개방성을 포함하는 공간의 의미로 양자를 구분해 공간의 의미를 강조하고자 한다. 예를 들어 공간과 장소의 의미로 동시에 사용할 수 있는 공원과 가로수길, 터미널, 광장, 시장 등은 산책하거나 쇼핑하거나 여행을 가는 사람들에게는 '유희의 공간'이며, '소통의 공간'이지만, 헤어진 연인이 생각나는 사람들에게는 구체적인 '추억의 장소,' '이별의 장소'가 될 수 있다. 이때의 장소 역시 학문적 연구의 분석대상이 될 수도 있겠지만, 앞서 말한 문화의 공유성이라는 측면에서 볼 때 상대적으로 설득력이 떨어진다고 보고자 한다.53)

독일어로 '공간'(raum)의 어원적 의미는 "자리를 만들어낸다, 비워 자유로운 공간을 만들다, 떠나다, 치우다"라는 의미의 동사 '로이멘'(räumen)에서 파생됐다. 단어의 사전적 정의에 따르면, 공간이란 "하나의 공간, 다시 말해서 경작이나 이주할 목적으로 숲속에 빈 터를 만들다"는 의미로 규정할 수 있다. 공간은 "게르만 이주자들의 아주 오

---

53) 물론 '장소'가 전혀 의미가 없다는 것은 아니다. 개별 분과학문의 시각과 개념에 따라 양자를 구분할 수도 있지만, 유사한 범주로 묶을 수도 있다고 생각한다. 인문공간에 대해 논하고자 할 때도 '구체적'인 '터, 자리, 흔적'의 의미로서 장소가 가지는 중요성은 여기서 말하고자 하는 포괄적인 공간의 의미와 더불어 분석대상으로서 충분한 설득력을 가진다고 할 수 있다.

랜 표현으로서 일단은 거주 장소를 얻기 위한 황무지 개간과 개발행위 … 그 다음은 그렇게 획득한 거주 장소 자체"를 의미했다.

독일어에서 공간, 즉 '라움'은 단순히 자연상태로 존재하는 땅이나 평원을 의미하는 것이 아니라, 자연적 상태인 지리적 공간에 인간의 활동이 개입되면서 생산된 사회적 공간을 의미하는 것이다. 이때의 라움에는 이미 구성적 공간 개념이 포함된 경우이며, 여기서 원래 그 자리에 존재하고 있었던 자연적 공간은 중요하지 않다는 것이다. 이러한 구성적 공간 개념으로 인해, 공간의 개념 정의 및 규정에 관한 학문적 고찰이 끊임없이 진행된 것이다.

인문공간은 인간의 활동이 개입된 곳이다. 인간의 활동이란 인간이 자연상태로부터 벗어나 무언가를 꾸미면서 인공적으로 생산한 결과를 지칭한다. 그리고 공간은 문화(人文, 人紋)가 생산되고 축적되는 '터'로서 의미를 갖는다. 인간의 활동은 그러한 터와 상호관계를 맺으면서 복합적으로 작용해 역사적으로 퇴적돼 진화·발전한다. 그 결과 나타난 인문공간은 "인간이 자연상태로부터 벗어나 삶을 영위하면서 생산해 낸 모든 물질적, 정신적 가치들이 축적된 곳, 터"이다. 즉 인문공간은 고대부터 현재에 이르기까지 인간이 삶을 영위하면서 생산해낸 지식, 신념, 예술, 도덕, 제도, 법률 등 모든 정치적, 경제적, 사회적 가치들이 퇴적된 총체적인 문화적 삶의 공간이다. 여기서 정의된 인문공간은 기본적으로 자연과 인간이 하나라는 인식으로부터 출발한다.

이 개념을 러시아 인문공간에 적용하면, 러시아인의 인문공간은 "러시아인들이 정착해 삶을 영위하면서 생산해낸 모든 가치들이 퇴적된 총체적인 문화적 삶의 공간"이다. 그 결과 현재의 러시아 인문공간은 유럽과 아시아를 포함하는 지리적 합일체로서 하나의 단일공간일 뿐만 아니라, 그 안에 소속된 85개의 정치, 경제, 문화단위인 각각의 행정주체들이 각기 독립적인 공간으로 기능하는 복합공간이다. 이때의 85개 공간은 지역적 차별성을 띠고 있는 개별적이고 구체적인 '장소'의 의미도 가지며, 85개가 하나의 '모자이크'(mosaic)를 이루어 각각의 단편들이 독자적인 개성적 특징들을 띠면서 인접한 조각들과 조화와 합일 속에서 상호 작동함으로써 러시아 인문공간이라는 하나의 큰 그림을 구성하게 된다. 이 그림은 '공국-왕국-제국'으로 이어지는 '러시아인의 땅'이라는 러시아 인문공간의 '역사성'과 다민족 사회가 공존하는 오늘날 러시아 연방이 내포하는 '현재성'이 반영된 결과이다.

러시아 인문공간이 역사성과 현재성을 동시에 포함하고 있기 때문에, 러시아 인문공간을 구성하는 85개 행정주체 역시 역사성과 현재성을 보유한다. 그 결과 전체 러시아 인문공간과 행정주체 공간은 중앙과 지방이라는 이분법적 사고에서 파생된 지배와 종속, 중심과 주변이라는 수직적인 하향 위계 관계로 보는 것이 아니라, 서로 영향을 주고받는 수평적 관계로 봐야 된다. 그 이유는 인문공간의 크기를 결정하는 문제와 연결돼 있으며, 하나의 단일체로서 러시아 인문공간의 경우에는 크게 문제가 없으나, 전체로서가 아닌 개별적인 러시아 인문공간 연구는 결국 로컬(local), 로컬리티(locality) 연구와 맥을 같이 한다고 할 수 있는데, 개별적인 85개의 공간을 중앙과 지방으로 구분해 공간성을 연구하자면 공간의 규모, 크기, 범위와 관련해 자체의 모순에 빠지기 때문이다. 그렇기 때문에 개별적인 인문공간은 상대적인 스케일을 인정한 상태에서 연구해야 한다. 즉 85개 연방주체의 공간은 전체 러시아 인문공간에 비해 작고, 85개 연방주체 내 도시공간은 연방주체 공간보다 작으며, 도시에 속한 작은 지역의 공간은 도시 공간보다 상대적으로 스케일이 작다. 이렇듯 상대적 스케일을 인정한 상황에서 인문공간 연구가 진행돼야만 개별공간이 가지는 특수성도 파악하면서 동시에 큰 스케일 차원의 보편성도 파악할 수 있는 것이다. 이 경우 작은 스케일의 공간성과 상대적으로 큰 스케일의 공간성은 계서제적 관계가 아닌 상호 영향을 주고받는 '다중스케일적'(multi-scalar) 과정으로 이해할 수 있다.

공간의 재발견:
지리적 상상력과 상상의 지리*

　　러시아 혁명이 발발한 지 10년이 지난 1927년에 모스크바를 여행했던 독일의 철학자이자 비평가 월터 벤자민(Walter Benjamin, 1892~1940)은 자신의 『모스크바 일기』(Moscow Diary)에서 노점상들이 거리 도처에서 지도를 판매하는 모습에 무척이나 놀랐다고 적고 있다. 오늘날에도 러시아에서 다양한 지도를 접하는 일은 그리 어렵지 않다. 소련이 해체되고 러시아연방이 탄생하면서 국명도 변경됐고, 소연방 구성공화국들이 개별적으로 독립해 하나의 국가로 재탄생했으며 러시아 내 도시 이름들도 과거의 명칭으로 환원된 경우가 많았다. 더욱이 모스크바에 위치한 거리 이름도 과거의 이름을 되찾는 등 새로운 지도를 제작 판매할 필요성은 그 어느 때보다 넘쳐나고 오히려 필연적이었기 때문이다.

　　비단 도시나 거리의 명칭이 변경됐기 때문에 지도가 필요한 것은

---

* 황성우, "공간의 재발견: 지리적 상상력과 상상의 지리," 『Russia & Russian Federation』, Vol. 3, No. 3 (Sept. 2012), pp. 52-55 내용을 수정 보완함.

아니라고 생각한다. 소연방이 해체되고, 러시아연방이 새롭게 탄생하면서 과거 소비에트의 흔적을 지우려는 시도가 지도에 투영될 수 있기 때문이다. 암울했던 역사의 상흔을 잊고 새로운 국가정체성을 확립하기 위해서도 강제수용소, 군사시설, 군수공장, 민간인 출입금지 구역 등 숨기고 싶은 과거의 장소들이 외형을 달리하며 새로운 변형된 지도에 맞춰 재탄생할 수 있다.

이렇듯 지도는 이미 '존재하는' 지형이나 지리를 정형화된 그림으로 표현할 뿐만 아니라, 상징적 공간을 표현하기도 한다. 앞서 제시했듯이, 언어·문화적 측면을 고려해 새로운 공간의 유형을 만들 수 있다고 언급했다. 즉 러시아어, 타타르어, 우크라이나어, 기타 소수민족의 언어적 구분, 러시아인, 타타르인, 우크라이나인, 벨라루시인, 기타 소수민족의 민족적 구분, 러시아 정교, 이슬람교, 유대교, 불교, 기타 소수민족의 종교적 구분을 통해 민족, 언어, 종교 분포상황 분석이 가능하며, 이를 통해 일차적으로 러시아의 민족지도, 언어지도, 종교지도를 구성할 수 있으며, 더 나가 공간별 비교분석을 통해 해당지역의 구체적인 문화 지형도를 구축할 수 있다.

필요한 것은 민족적, 행정구역별 단위로 구분된 물리적 공간이 아닌, 화학적 결합을 통한 공간의 상징화 작업이다. 이를 위해서는 좀 더 유연하고 창의적 사고가 필요한데, '개념적 포용력'과 '지리적 상상력'을 결부해 공간을 재구성한다면, 해당지역에 대한 지역연구가 좀 더 실제적이고 구체성을 띠면서 총체적인 결과물로 이어질 수 있다. 이러한 공간 분류방식이 가능하고 효율적인 이유는 기본적으로 공간이 가지는 보편적 속성에 지역적 특수성을 결부시켜 연구를 진행할 수 있기 때문이다.

　이러한 개념을 가지고 공간을 구성하면, 먼저, 역사적 공간 개념의 설정이다. 루시인의 땅이자 러시아인의 땅, 즉 러시아는 시계열 배열에 따라 공국, 왕국, 제국의 공간으로 확장돼 왔다. 초기 국가형성 시기에 러시아인들은 키예프를 중심으로 하는 키예프 루시 공국의 공간을 형성했고, 동시에 노브고로드, 블라디미르, 수즈달, 스몰렌스크, 갈리츠와 같은 주변의 도시들도 러시아 내 작은 공간의 역할을 담당했다. 이들 공간의 이해를 통해 공간성, 즉 전체 키예프 루시의 정체성을 이해할 수 있으며, 부분적으로 북서 지역의 노브고로드, 북동 지역의 블라디미르와 수즈달, 남서 지역의 갈리츠의 공간성을 파악함으로써 지역별 특성을 반영한 공간의 정체성을 규명할 수 있다.

　몽골의 침략을 받아 그들의 지배를 받았던 시기에는 모스크바가 러시아의 중심 공간으로 부상했다. 키예프 루시가 해체되고, 키예프 루시에 속한 지역들이 폴란드와 리투아니아 등 주변의 강대국에 의해 지배를 받거나, 노브고로드와 같이 독자노선을 걸을 때 모스크바는 몽골의 압박 속에서 루시인의 중심으로서 전 루시의 땅이라는 공간 개념을 형성했다. 과거의 귀족 중심의 통치 형태가 아닌 군주(차르)가 중심이 되는 중앙집권적 왕국으로서 모스크바 공간은 이후 영토적 팽창을 통해 제국으로 뻗어나갈 근거를 마련했으며, 이반 4세 시기 말엽에는 우랄산맥을 넘어 시베리아로 진출해 미지의 광활한 공간을 정복해 나갔다. 이 시기에 모스크바 왕국의 공간은 유럽 러시아 공간의 대부분을 차지했다.

　표트르 대제 이후 러시아는 제국으로서 공간의 위치를 점했다. 차르의 지위로 등극해 1721년 공식적으로 황제의 지위에 오른 표트르 대제는 당시 동유럽과 북유럽의 패권을 장악하고 있던 폴란드와 스웨덴을 제압하며 동·서·남 세 방향으로 공간적 팽창을 시도한다. 동쪽, 서쪽, 남쪽으로 영토 확장을 시도한 러시아는 이후 예카테리나 2세 시기에 이르러, 동쪽으로 태평양을 지나 알래스카에 진출했고, 서쪽으로 3차에 걸친 폴란드 영토분할에 참여해 오스트리아-헝가리 제국과 국경을 맞닿았으며, 남쪽으로 흑해 지역을 병합해 대양으로 나가는 남쪽 출구를 확보하게 됐다. 이 시기 제국으로서 러시아 공간은 소연방 시기와 거의 유사한 규모로 양적 팽창을 한다.

이렇듯 공간의 역사성과 함께 시기별 러시아 공간이 가지는 정체성을 구체적으로 규명함으로써 공간성을 파악할 수 있고, 공간을 세부적으로 구분해 지역별 공간의 특성을 고찰할 수도 있다. 전체로서 제국의 공간과 지역별 공간의 성격을 비교해 구분함으로써 공간의 보편성과 특수성을 파악할 수 있으며, 그런 까닭에 좀 더 구체적인 지역의 공간성을 이해할 수 있기 때문이다.

둘째, 광활한 영토에 따른 상징적 공간의 구분이다. 숲과 스텝 지역으로 상징되는 중앙 공간, 시베리아의 타이가 공간, 강으로 연결된 수로의 공간, 사막지대로 상징되는 남부 공간, 북극해와 영구 통토지대의 북쪽 공간 등 다양한 공간의 공간성을 규명함으로써 러시아 전체 공간의 성격을 규명할 수 있다. 예를 들어 드네프르 강이 흐르는 중부지역과 흑해 지역, 모스크바강과 오카강, 그리고 본류인 볼가강이 흐르는 카스피해 지역과 동유럽평원은 울창한 숲으로 이뤄진 삼림지대이다. 이곳으로 유입되는 주민들이 증가하면서 울창한 산림에 벌채와 개간이 이뤄졌으며, 그 결과 모스크바와 같이 숲을 지배하는 집단이 발생하면서 이 공간은 러시아의 정치적, 경제적, 문화적 중심지가 됐다. 또한 우랄 산맥과 카스피해 사이에 위치한 광활한 초원지대는 동쪽으로부터 밀려오는 아시아 유목민들의 침략에 고스란히 노출된 위협과 두려움의 공간이었다. 이 공간의 이해를 통해 러시아의 질곡의 역사를 파악할 수 있으며, 동시에 절대권력을 행사하더라도 자신들의 안전을 보호해 줄 수 있는 절대자의 출현을 염원한 러시아인의 양면적 민족 정서에 수긍할 수 있는 것이다.

셋째, 주로 경도 상에 위치해 있으며 동서로 뻗어있는 러시아의 지리적 특성 때문에 필연적으로 나올 수밖에 없는 시간대별 공간이다. 주지하다시피 러시아의 시간대는 다양하다. 서쪽의 칼리닌그라드를 포함할 경우에는 총 11개의 시간대가 있으며, 러시아 본토만 고려할 경우에도 총 10개의 시간대가 있다. 예컨대 모스크바가 0시일 때 동쪽 캄차트카 반도는 오전 9시이다. 물론 칼리닌그라드는 전날 밤 11시가 된다. 다양한 시간대별로 공간을 구분하는 것은 모스크바를 정점으로 하는 중앙/중심과 그 이외 지역을 구분하는 지방/주변 공간의 구분을 의미한다. 이 경우 국가행사, 공공행사, 지역축제, 종교 축일 등 시간과 관련된 행사의 개최를 통해 지역의 특수성을 가늠해볼 수 있다.

넷째, 생산된 공간의 구분이다. 대표적으로 시베리아의 도시들을 들 수 있다. 마그니토고르스크, 노보시비르스크 등과 같은 도시들은 시베리아 건설의 역사와 함께 등장한 신설 공간이다. 즉 無에서 有를 창조한 도시 공간의 성격을 규명함으로써, 지역적 특성을 파악할 수 있고, 더 나가 시베리아 공간의 전체 공간성을 규명하는 데도 도움을 준다고 하겠다. 역사적으로 시베리아는 억압과 추방, 탄압과 공포의 대상 공간이었지만, 스탈린 시기 공업화의 명분을 갖고 새롭게 소비에트 공간으로 재탄생했다. 물론 강제수용소와 유배지로서 공간의 이미지도 가지고 있지만, 동시에 생산된 공간으로 이미지를 규명하는 것은 공간의 다양성을 파악하는데 유익하다고 하겠다.

이러한 공간 분류의 목적은 '개념적 포용력'과 '지리적 상상력'에 착안해 '익숙한 공간을 낯설게 만들어' 새롭게 재창조하는 것이다. 즉 다양한 범주별로 구분해 비교하고 결과물을 통한 유형화를 통해 기존지역을 새로운 공간으로 재구성하는 것이다.

러시아 영토의 팽창: 공국-왕국-제국

러시아가 세계 최대의 영토 대국이라는 사실을 모르는 사람은 없을 것이다. 지구 육지 면적의 1/8에 해당하는 약 1,707만 ㎢로서 한반도 면적의 85배에 달하는 거대한 지리적 공간이다. 2014년 크림반도 합병 이후에는 1,709만 ㎢로 정리한다. 동쪽 블라디보스토크에서 서쪽 모스크바까지 기차로 일주일이 걸리며 실제 거리상으로도 9,000km가 넘는다. 블라디보스토크역에 있는 표지석에 나온 시베리아횡단철도의 공식 길이만 9,288km이다. 서울-부산을 10회 왕복해도 블라디보스토크와 모스크바의 거리에는 못 미친다. 그리고 소연방이 해체되기 이전에 소련은 오늘날 러시아보다도 훨씬 더 거대한 공간이었다. 지구 육지면적의 1/6에 해당하는 약 2,240만 ㎢로서 한반도 전체 면적의 100배가 넘는 광활한 지역이었다. 그 당시 소련은 캐나다와 중국의 국토 면적을 합한 것보다도 더 큰 땅을 가진 나라였다.

소련 시기를 포함해 러시아가 국가를 형성한 이후에 가장 넓은 영토를 가졌던 때는 언제일까? 많은 사람들이 짐작하겠지만, 그 시절은 제정러시아 알렉산드르 2세(1855~1881)가 통치하던 19세기 후반이다. 정확히 1867년 미국에게 알라스카를 양도하기 직전 시점이 러시아가 영토상으로 최대 전성기를 누리고 있을 때였다. 그때 러시아의 국토 면적은 약 2,280만 ㎢로서 소련 시절보다도 넓었다. 영국이 영연방을 구성해 대영제국으로 군림할 때 최대 면적은 3,670만 ㎢였다. 이 숫치는 1922년 아일랜드가 독립하기 이전에 것이다. 하지만 영연방은 단일국가가 아닌 국가연합의 형태를 띠고 있었기에 단일국가인 소련이나 러시아의 영토가 상대적으로 얼마나 넓은지 가늠할 수 있다.

러시아사의 전개는 영토 확장의 역사임과 동시에 공간 질서의 변형 역사였다. 공간 질서란 단순히 영토의 크기를 넘어, 그 영토가 어떤 정치적 원리와 사상적 틀에 의해 조직되고 정당화되는가를 의미한다. 러시아의 경우, '공국–왕국–제국'이라는 변화를 통해 공간 질서는 분권적 모자이크에서 신성한 중심, 그리고 문명적 제국으로 단계별 진화했다.

'분권적 질서와 공국의 모자이크'로 대변되는 키예프 루시와 그 후계 공국들은 지역적 공동체와 도시 중심 네트워크에 기반한 분권적 공간 질서를 보여준다. 각 공국은 왕조 혈통과 지역 귀족의 권위를 바탕으로 자율성을 유지했으나, 공통의 정치적 구심점은 미약했다. 몽골 지배는 이러한 분권 구조를 더욱 고착시켰고, 공국 체제는 러시아를 다핵적 공간으로 만들었다.

모스크바 공국의 부상은 분권적 질서를 흡수하고 중앙집권적 질서로 나아가는 교두보가 됐다. 1547년 이반 4세가 '전 루시의 차르'로 즉위하면서, 러시아 공간은 공국들의 모자이크에서 신성한 왕국 질서로 재편됐다. 차르 권위는 정교회의 성스러움과 결합하여, 영토 확장과 통합을 종교적 의무로 정당화했다. 카잔한국과 아스트라한의 정복은 단순한 군사적 성과를 넘어, 이질적 민족과 종교를 포섭한 다민족 질서를 형성했다. 이 시기의 공간 질서는 모스크바를 중심으로 한 종교적·이데올로기적 중심성에 의해 규정됐다.

표트르 대제가 1721년 제국의 칭호를 선포하면서, 러시아 공간은 유럽 열강과 대등한 문명적 질서의 일부가 됐다. 제국적 질서는 영토 확장의 외연만이 아니라, 내부적으로 수많은 민족과 문화의 병존을 관리하는 체제를 의미했다. 발트해에서 흑해, 시베리아에서 극동까지 연결된 초대륙적 공간은 러시아를 단일한 국가라기보다는 '하나의 문명 단위'(civilizational unit)로 변모시켰다. 이러한 질서 속에서 러시아 제국은 국제질서의 핵심 행위자로 자리 잡았다.

러시아 공간은 분권적 공국 질서, 신성한 왕국 질서, 문명적 제국 질서라는 층위를 거쳐 진화했다. 그러나 이 세 질서는 단절적이기보다 역사적으로 중첩된 형태로 오늘날까지 남아있다. 지방적 자율에 대한 욕구(공국적 전통), 국가적 중심성에 대한 강조(왕국적 전통), 그리고 다민족 포괄적 정체성(제국적 전통)은 모두 현대 러시아 정치문화의 기반을 이룬다. 최근 2013년 제기한 블라디미르 푸틴의 '러시아 국가-문명' 담론은 이러한 역사적 공간 질서의 중첩을 현대적 언어로 재구성한 것이다. 요즘 가장 핫한 '국가-문명 담론' 이야기는 다음 기회에 기술하겠다.

수로 체계와 러시아 공간의 확장*

러시아는 대륙세력인가?

러시아는 전통적으로 대륙세력으로 분류된다. 영국, 미국과 같은 해양세력에 대응하는 대륙세력으로서 독일, 프랑스와 같은 범주에 포함되는데, 19세기 거대게임에서나 21세기 신거대게임에서나 행위의 주체로서 러시아는 항시 대륙세력으로 구분됐다. 그 1차적인 이유는 지리적으로 유럽과 아시아, 즉 유라시아 대륙에 걸쳐 있는 러시아의 지리적 특성에 기인한다.

그러나 "해양력이 역사에 미친 영향"(The Influence of Sea Power Upon History, 1660-1783)에서 해양력의 중요성을 강조하면서 처음으로 용어의 개념화를 시도했던 마한(Alfred T. Mahan, 1840-1914)이나 오늘날 "세계정치에 나타난 해양력"(Seapower in global politics, 1494-1993)이라는 글에서 해양력에 대한 개념화를

---

* 황성우, "수로체계와 러시아 공간의 확장," 『Russia & Russian Federation』, Vol. 1, No. 3 (Sept. 2010), pp. 37-42 내용을 수정 보완함.

시도했던 모델스키(George Modelski)나 톰슨(William R. Thompson)의 견해에 따르더라도, 러시아를 오로지 대륙세력으로만 분류하기는 어렵다.54) 소비에트 시기의 막강한 해군력과 대양을 장악할 수 있는 능력을 소유한 소련을 '어떤 의미로는' 해양세력으로 분류하는데 별다른 무리가 없어 보이기 때문이다.

특정시기에 따라 양대 세력의 범주는 달라질 수 있다. 오히려 산업화에 성공한 민주적 해양세력과 전근대적인 전체주의적 대륙세력의 구분이라는 19세기적 사고방식과 이를 계승한 20세기 냉전이데올로기에 근거한 단순한 이분법적 혹은 양분법적 사고의 오류에 빠지지 않는 것이 더 설득력이 있다 하겠다.

어찌 됐든 대륙세력으로 분류된다 하더라도 전통적으로 러시아는 '대양으로의 출구'를 확보하기 위해 국가적 차원의 노력을 기울여왔다. 최초의 국가 형성 시기에서도 알 수 있듯이, 러시아는 '발트해-흑해' 교역로를 장악하면서 고대국가의 기틀을 마련했고, 모스크바 지역을 중심으로 하는 수로체계의 지배권을 확보하면서 중앙집권국가의 형태를 갖추었다. 그리고 발트해, 흑해, 태평양 등 대양으로 나가는 출구를 마

---

54) 해양력에 대한 최초의 정의라고 할 수 있는 마한의 견해나 이후 모델스키나 톰슨의 견해에 따르면, 해양력이라는 용어는 크게 두 가지로 해석이 가능한데, 첫째는 고전적인 개념으로서 "해양력은 해양을 사용하고 통제하는(use and control of the sea) 능력을 의미한다." 두 번째는 현대적 개념으로서 "해양력은 해양을 사용하고 통제할 수 있는 '거대 해군력'(major naval strength)을 보유한 국가를 가리키거나 혹은 해군력(naval strength)을 사용함으로써 국제사회(global system)에서 중추적 기능을 수행할 수 있는 능력을 의미한다." 결국 고전적 의미나 현대적 의미에서 바라볼 때, 중요한 것은 해양력은 곧 해군력을 의미한다는 것이다. 이런 의미에서 볼 때, 소비에트 시기의 소련은 해양력을 보유한 해양세력으로 볼 수 있다.

련하면서 러시아는 거대제국으로 발전했다.

이렇듯 거대제국으로서 러시아가 공간적으로 양적 팽창이 가능했던 이유는 바둑판같이 연결된 촘촘한 수로체계를 정치적, 경제적으로 이용해 공간 확장의 동력을 구동했기 때문이다. 특히 '발트해-흑해,' '발트해-볼가강-카스피해'로 연결된 교역로야말로 '공국'(Княжество)-'왕국'(Царство)-'제국'(Империя)으로 이어지는 러시아의 국가 형성 및 발전 과정에 중추적 역할을 했다.

발다이 구릉지대와 수로체계

유럽러시아 수로체계의 중심이자 발원지는 발다이(Валдай) 구릉지대이다. 발다이 구릉은 러시아 북서부 지역에 위치한 작은 고원인데, 면적은 2.5㎢이 조금 안되고, 고도는 약 300m 정도된다. 그곳으로부터 우리에게 잘 알려진 러시아의 커다란 강들이 흘러나가기 시작하는데, 직접 흘러가거나, 아니면 연수육지(portage),[55] 즉 일종의 수송기지를 통해 다른 곳으로 흘러가기도 한다. 이 강들을 통해 러시아인들은 유럽과 아시아 두 대륙을 거쳐 전 세계 바다로 접근할 수 있었다. 그래서 발다이 구릉은 초기 러시아 역사에서 유럽과 아시아를 연결하는 가

---

[55] 영어 'portage'에 상응하는 러시아어 '볼로크'(волок, переволок)는 'portage'가 가지는 '운반하다'는 의미보다는 '두 강 사이에 놓여있는 장소'라는 의미와 동사 'переволакивать,' 'перетаскивать'에서 알 수 있듯이, '배를 바닥으로 질질 끌고 당기는 수역'이라는 의미를 가진다.

장 중요한 전략적 공간, 즉 연수육지라고 할 수 있었다. 실제로 발다이 구릉은 단일하지만 거대한 연수육지이며, 그래서 자체로 세계에서 가장 중요한 연수육지이다.

발다이 구릉과 유사한 나하리나(Naharina) 평원 역시 발다이 구릉과 같이 국가 및 문명 형성과 역사 발전과정에 중요한 지역이었다. 유프라테스강과 오론테스(Orontes)[56] 강 사이에 위치한 나하리나 평원은 페르시아만과 지중해를 연결하는 전략적 공간이었다. 비옥한 초생달 지역의 심장부였던 나하리나 평원은 메소포타미아 지역에서 흑해, 지중해, 이집트로 연결되는 중간지대로서 그 중요성은 대양으로 진출할 수 있는 열린 공간으로서 발다이 구릉과 기능 면에서 매우 유사했다.

초기 러시아의 역사에서 러시아인들은 발다이 구릉지대를 중심으로 서드비나 강, 일리멘 호수, 볼가 강, 드네프르 강으로 진출할 수 있었고, 이곳에 있는 연수육지를 거쳐 동서남북 모든 방향으로 확장해갔다. 그 결과 러시아인들은 대양으로 진출할 수 있는 계기를 마련했다.

지리적으로 발다이 구릉지대는 노브고로드에서 남쪽으로 약 160㎞ 떨어져 있고, 모스크바로부터 북서쪽으로 약 320㎞, 키예프로부터 북쪽으로 약 800㎞ 떨어져 있다. 발다이 구릉지대의 지리적, 경제적 이용가치를 러시아인들보다 앞서 인지하고 활용한 민족은 스칸디나비아인들이었다. 흔히 바이킹이라고 부르는 스칸디나비아의 바랴그인(러시아인들이 바이킹을 부르는 용어)들은 발트해로부터 시작해 흑해와 카스피해로 이어지는 무역로를 이용하기 위해 무엇보다 먼저 발다이 구릉지대

---

[56] 아시(Asi) 강으로도 불리는 오론테스 강은 오늘날 레바논, 시리아, 터키를 가로지르는 강이다.

를 이용했다.

바랴그인들로부터 발다이 구릉지대의 지배권을 장악하면서부터 러시아인들은 초기 국가를 형성할 수 있었다. 그래서 이곳은 키예프와 노브고로드를 중심으로 발생한 초기 러시아 국가의 핵심 지역이었다. 물론 그 당시의 국가형태는 오늘날과 다르게 한 명의 공후가 통치하는 지역국가, 또는 도시국가였다.

초창기에는 바이킹들이, 그 후 키예프 공국과 노브고로드 공국이, 그리고 마지막으로 모스크바 공국이 이 지역을 점령함으로써, 볼가 강, 드네프르 강, 서드비나 강, 로바치 강 유역의 자원들을 활용할 수 있었으며, 앞서 언급한 강들을 지배한다는 것은 곧 강과 강 사이의 연수육지를 점령하고 관리하는 것이었다. 말하자면 당시의 지배력은 수로체계와 수로 사이의 연수육지에 위치한 목조요새 혹은 요새화된 수도원을 점령했을 때 의미가 있는 것이었다. 그 당시 대표적인 목조요새들이 위치한 곳은 주변지역 동과 서의 요충지 스몰렌스크, 토르조크(Торжок), 토로페트(Торопец), 모스크바 등이었다. 이들 보다 전략적 가치가 조금 떨어지지만 중요한 지역은 볼로콜람스크(Волоколамск), 트베리(Тверь) 등이며, 이보다 작은 지역은 브이쉬니 볼로체크(Вышний Волочёк), 르이빈스크(Рыбинск), 수라쥐(Сураж), 그뇨즈도보(Гнёздово) 등이다.

이렇듯 발다이 구릉지대는 고대 러시아 역사에서 내적 발전의 원동력이 됐을 뿐만 아니라, 무역로 및 인구이동을 통제하는 공간이었다. 그리고 수세기 동안 이 지역을 관통하는 무역의 주요 상품은 모피였다. 노예, 목재품, 호박(amber) 등 다른 상품들이 거래되기도 했으나, 초기 역사부터 18세기에 이르기까지 그리고 그 이후에도 변함없이 가장 가치있는 중요한 상품은 모피였다.

키예프 루시가 몽골의 침략으로 폐허가 돼 붕괴한 이후 노브고로드를 중심으로 하는 대공국이 건설된 곳도 바로 발다이 구릉지대를 주축으로 하는 러시아의 북서부 지역이었다. 당시 경제적 성장을 누렸던 노브고로드 공국이 모피 수출을 위해 북쪽과 북동쪽으로 진출하고, 식료품을 조달하기 위해 남쪽과 남동쪽으로 진출할 수 있었던 경우도 바로 발다이 구릉지역을 실질적으로 통제하고 있었기 때문이었다. 당시 호황기를 누린 노브고로드 공국의 별칭이 '모피 제국'이었다.

모스크바 공국과 수로체계

키예프 루시가 쇠퇴하고 결국 몽골에 의해 1240년 붕괴됐을 때, 대부분의 러시아인들은 '러시아의 메소포타미아'라 불리던 볼가 강과 오카 강 상류지역으로 이동했다. 그곳에는 모스크바 강이 흐르고 있었는데, 모스크바 강은 오카 강으로 흘러 들어간다. 이 모스크바 지역은 러시아 메소포타미아 지역의 심장부라고 할 수 있는데, 볼가 강 상류지역의 연수육지와 여러 강들이 교차하는 전략적 중간지대였다. 이곳으로부터 북쪽, 동쪽, 남쪽 방향을 통해 본류인 볼가 강으로 갈 수 있었고, 서쪽으로 서드비나 강과 드네프르 강으로 갈 수 있었다. 북쪽으로 볼로콜람스크를 거쳐 라마(Лама)강으로 갈 수 있었고, 쇼샤(Шоша)강, 볼가 강, 볼가 강의 지류인 죠르좌(Дёржа) 강으로 갈 수 있었다.

동쪽으로 모스크바강의 지류인 스호드냐(Сходня) 강과 야우자(Яуза)

강을 통해 오카강의 지류인 클랴즈마(Клязьма) 강으로 나아갈 수 있었고, 더 나가 볼가강의 지류인 오카 강으로 나아갈 수 있었다. 유럽 최대 강인 볼가강을 통해서는 카스피해로 진출할 수 있었다. 즉 다시 말해서 볼가강을 통해 북쪽으로 자볼지예(Заволжье) 지역과 동쪽으로 시베리아로 진출할 수 있었다. 모스크바 지역으로부터 남쪽으로 프로트바(Протва) 강, 또는 파흐라(Пахра) 강을 통해 로파스냐(Лопасня) 강으로 연결되는데, 두 강 모두 오카 강으로 흘러 들어가 연수육지를 통해 돈강으로 연결되고, 다른 한편 드네프르 강을 거쳐 흑해로 흘러 들어간다.

서쪽으로 모스크바 주변 지역에 있는 연수육지를 통해 바주자(Вазуза) 강의 지류인 그좌티(Гжать) 강과 바주자 강을 통해 드네프르 강과 서드비나 강으로 나아갈 수 있다. 그래서 모스크바 공국은 이러한 수로체계를 이용해 동서남북 어느 방향으로도 진출할 수 있었고, 그 결과 대제국을 건설할 수 있는 객관적 조건인 광활한 영토를 지배할 수 있었다. 특히 모스크바의 지정학적 중요성은 '발트해-카스피해' 무역로와 서드비나 강과 볼가 강을 연결하는 무역로의 교차지역에 위치해있다는 점이었다.[57]

이 사실은 모스크바가 러시아인의 초기 생활무대인 동유럽평원의 중심부에 위치해 있다는 지리적 이점을 말해줌과 동시에, 키예프나 노브고로드, 이후에 등장하는 페테르부르크보다도 상대적으로 러시아의

---

[57] 정치적 목적에 의해 의도적으로 잘못 해석할 수 있는 단점이 있음에도 불구하고, 지정학적 측면에서 주로 남북방향으로 진행되는 독일의 하천들에 비해 러시아의 하천들은 방사선 모양의 구조를 갖추고 있어 당시 모스크바 공국은 상대적으로 중앙집권체제를 구축하고 이를 확장하는데 유리한 지리적 여건을 충족하고 있었다는 주장도 있다.

중심에 있기 때문에 방사선으로 확장할 수 있는 수도로서 가지는 기본적인 입지가 강하다는 의미이다. 즉 유럽러시아 지역의 정중앙에 위치한 모스크바의 지리적 위치가 대제국을 건설할 수 있는 공간적 토대로 작용했다는 점을 보여주는 것이다. 1917년 러시아혁명이 발발하고 제1차 세계대전이 진행되던 시기에 수도가 상트페테르부르크(당시 페트로그라드)로부터 모스크바로 이전한 사실 역시 러시아라는 대제국으로서 지리적 입지가 상트페테르부르크보다 모스크바에 더 유리하다는 사실을 입증한 것이다.58)

더욱이 러시아가 제국으로서 거대공간으로 탄생하는 기틀을 마련하는데 모스크바 공국이 기여한 바는 그 시기 공간 확장의 주체세력 중 하나가 수도원이었다는 사실이다.

주지하다시피 몽골의 지배시기에 러시아 교회의 영향력은 증가했다. 키예프 루시가 붕괴한 이후 러시아인들의 구심점 역할을 할 수 있는 어떠한 정치적 기구가 없는 상황에서 교회는 러시아인들의 정신적 지주가 될 수 있었다. 러시아 공후들 사이에서 갈등이 발생했을 때도, 일차로 우선적 중재자는 교회의 수장이었다. 물론 보다 중요한 사실은 몽골제국이 교회 및 수도원에게 면책과 면세의 특권을 준 것이다. 특히 14세기 중반 러시아 교회의 최고책임자였던 수좌대주교 알렉시이(Митрополит Алексий, 1358-1378)가 3년간이나 고생하고 있던 몽골 한(汗)의 부인 '타이둘라'(Тайдула)의 눈병을 치료해줌으로써, 몽골 한은 교회에 대해

---

58) 물론 1918년 3월 레닌이 수도를 페트로그라드에서 모스크바로 옮긴 가장 큰 이유는 당시 독일의 공세에 눌려 수도인 페트로그라드가 위험에 처해있었기 때문이다.

더욱 호의적인 태도를 가졌다고 볼 수 있다.59)

이렇듯 당시의 상황에 따라 교회가 현실정치에 참여하는 경우가 많았고, 이러한 분위기는 당연히 수도생활에 방해가 됐다. 그래서 현실정치에 참여하기를 꺼려하는 대부분의 수도승들은 수도생활을 위해 멀리 오지로 이동해 수도원을 건립했다.

그 결과 14세기부터 17세기에 이르기까지 러시아에는 수백 개의 수도원들이 건립됐는데, 대부분이 성 세르게이의 제자들이나 그의 추종자들에 의해서 건립된 것이었다. 유럽러시아 북극지방에 거주하던 핀족들과 시베리아에 거주하던 투르크계 또는 몽골인들은 수도원이 들어서면서 정교로 개종하곤 했고, 농민들과 일반 사람들은 수도승들을 쫓아 수도원 주위에 거주지를 마련하고 수도원의 잡일을 했다. 그런 까닭에 수도원이 지역 경제의 중심지가 되기도 했다. 시간이 흘러 농민들의 정착지가 형성돼 수도생활에 또다시 방해를 받는다고 생각하면, 수도승들은 다른 운둔지를 찾아 오지의 황무지로 이동했다. 이 과정이 지속적으로 되풀이됐는데, 일단 정착촌이 형성되면 관리들이나 군인들이 이주했고, 그후에는 차르의 공식 영토로 귀속됐다. 이런 과정을 거치면서 본의 아니게 수도원은 러시아 제국의 영토 팽창에 기여하는 전초기지가 됐고, 운둔 수도승들은 자신의 의도가 전혀 다르게 영토적 팽창주의의 대리인 역할을 하게 됐다.

---

59) С. Ф. Платонов, *Полный Крус Лекций по Русской Истории* (Петрозаводск: АО Фолиум, 1996), стр. 166.

앞서 살펴보았지만, 수로체계를 통해 러시아 공간이 확장하는데 가장 중요한 중심부는 발다이 구릉이다. 발다이 구릉지대에서 발원한 서드비나 강을 통해 러시아인들은 발트해로 진출할 수 있었고, 일리멘 호수와 연결되는 로바치 강을 통해, 일리멘 호수, 발트해, 백해, 심지어 태평양까지도 진출할 수 있었다. 드네프르 강을 통해서는 흑해로 진출할 수 있었고, 수송기지인 연수육지를 통해 볼가 강과 연결돼 카스피해까지 나아갈 수 있었다. 카스피해로 흘러 들어가는 볼가 강 유역의 연수육지를 통해 우랄산맥 너머 동쪽으로 진출할 수 있었고, 토볼 강을 거점으로 시베리아의 수로체계를 통해 백해, 바렌츠해, 북극해, 그리고 또한 동쪽의 마지막 지점인 태평양으로 나아갈 수 있었다.

결국 발다이 구릉지대로부터 시작한 강을 따라 러시아인들은 어느 방향으로든 대양으로 진출할 수 있었다. 이처럼 수로체계 속 다양한 하천들은 러시아의 영토팽창과 식민화 정책의 주된 경로였으며, 그 결과 러시아인은 유럽, 아시아, 아메리카 등 세 대륙에 걸쳐 대제국을 건설할 수 있었다.

아울러 15세기 후반 모스크바 공국이 시장과 천연자원을 확보하기 위해 점령했던 곳도 발다이 구릉지대였다. 15세기 후반에 발트해-카스피해 교역로를 장악하기 위해 발다이 구릉지대를 확보한 모스크바 공국은 더 나가 카잔한국, 아스트라한국을 점령했고, 그결과 16세기와 17세기에 전체 동유럽평원을 자신들의 지배권에 놓을 수 있었다. 그 후 모스크바 공국은 서쪽으로 발트해, 남쪽으로 흑해와 카스피해, 동쪽으로 태평양, 북쪽으로 북극해 등 동서남북 네 방향 모두로 진출하며 대제국을 위한 기틀을 마련했다.

공간 팽창의 동력은 모피, 특히 검은 담비의 모피였다. 수로체계를 통한 교역상품에는 노예, 호박, 목재관련 제품 등 다양했지만, 시대를 초월해 가장 인기있는 상품은 모피였다. 러시아가 알래스카를 점유할 수 있었던 동기도 모피를 찾아 베링해협을 건넜기 때문이다.

공간 확장의 매개체는 연수육지, 목조요새, 수도원 등이었다. 강과 강을 연결하는 수송기지인 연수육지를 통해 수로체계를 구축할 수 있었으며, 구축된 수로체계를 확보하고 주변지역의 지배권을 장악하기 위해 연수육지에 목조요새를 건설했다. 고대의 주요도시들은 대부분 목조요새화된 지역으로부터 팽창해 도시로 성장했다. 공간 확장의 대리인 역할을 한 것은 수도원이었다. 일상의 삶과 현실정치로부터 탈피해 수도생활을 위해 건립된 수도원은 본의아니게 영토 확장의 첨병 역할을 떠안아 공간 확대에 따른 전초기지 임무를 맡게 됐다.

상상의 공간:
러시아의 남부 경계, 흑해*

러시아 역사의 시작, '발트해~흑해' 교역로

초기 러시아 역사부터 러시아인의 주된 활동무대는 광활한 동유럽 평원이었다. 한반도 면적의 약 20배에 달하는 거대한 지리적 공간이면서도 이곳은 자연적 방어선이 구축되지 못한 까닭에 이민족의 침입이 자주 발생했던 지역이다. 동시에 수많은 강으로 연결된 수로체계를 갖춘 덕분에 동유럽평원은 외부로 진출할 수 있는 열린 공간이기도 하다.

러시아인의 지리적, 정치적, 문화적 공간으로서 동유럽평원의 중요성은 초기 역사에서 수로체계가 차지하는 역할에서 부각된다. 동유럽평원을 가로지르는 여러 강들은 국가 형성 이전부터 육로와 수로를 연결하는 해상교통로의 역할을 담당했고, 많은 강으로 연결된 수로 체계로 인해 러시아인들은 발트해, 흑해, 카스피해, 북극해 등 해양으로 나아갈

---

* 황성우, "상상의 국경: 러시아의 남부 경계, 흑해," 『Russia & Russian Federation』, Vol. 5, No. 3 (Sept. 2014), pp. 35-39 내용을 수정 보완함.

수 있었다. 또한 러시아인들은 우랄산맥을 넘어 시베리아로 진출할 수 있었다. 특히 '발트해-흑해'로 이어지는 교역로는 러시아의 저명한 역사가 클류체프스키(V. O. Kliuchevskij)가 주장하듯이 교역로로서 중요성과 더불어 고대 동슬라브인의 정치, 경제, 문화생활의 심장부 역할을 담당했다.

동유럽평원을 중심으로 역사 무대에 등장한 러시아는 전통적으로 '대양으로의 출구'를 확보하기 위해 국가적 차원의 노력을 기울여왔다. 9C 말엽 최초의 국가 형성 시기에서도 알 수 있듯이, '발트해-흑해' 교역로를 장악하면서 러시아는 고대국가의 기틀을 마련해, 그 결과 '공국'으로서 키예프 루시가 탄생했고, 모스크바 지역을 중심으로 하는 '볼가강과 오카강 수로체계'의 지배권을 확보하면서 모스크바는 공국을 넘어 '왕국'으로서 중앙집권국가 형태를 갖출 수 있었다. 그리고 이후 발트해, 흑해, 태평양 등 대양으로 진출할 수 있는 출구를 확보하면서 러시아는 '제국'으로서 공간적 팽창을 지속할 수 있었다.

'발트해-흑해' 교역로는 치명적인 두 가지 단점이 있었다. 첫째, 드네프르 강 하류의 급류 때문에 항해하기가 무척이나 힘들었다는 점이다. 일년 중 봄에는 깊고 빠른 강물의 유속 때문에 항해하기가 어려웠고, 다른 계절에는 강물이 얕아 아예 항해조차 힘들었다. 둘째, 강과 강 사이를 가로지르기 위해 약 70km 정도 육지를 통해 물건을 날라야 했다. 이 때문에 무역로를 온전하게 보존하고 외부의 위협으로부터 안전하게 방어하기 위해 강력한 호위집단이 필요했던 것이다. 이런 위험을 감수하면서도 '발트해-흑해' 무역로가 갖는 경제적 가치는 러시아인들이 이 무역로를 통해 콘스탄티노플에 도달해 당시 유럽 최대 국가인 비잔틴제국과 교역할 수 있다는 사실에 있었다.

그래서 '발트해-흑해' 교역로는 러시아 역사의 시작과 긴밀히 연결돼 있고, 러시아 문명은 이 지역을 러시아가 장악하면서부터 시작됐다고 할 수 있다. 그런 까닭에 러시아가 이 지역의 지배권, 특히 흑해 지역에 대한 영향력을 상실하면서 고대 러시아의 운명은 역사의 뒤안길로 사라졌다고 하겠다.

러시아와 흑해, 영욕의 역사

'발트해-흑해' 교역로를 통해 부를 축적한 키예프 루시가 쇠퇴기에 접어들고 동시에 비잔틴제국이 힘을 잃으면서 흑해를 통한 러시아와 비잔틴제국의 교역은 감소했다. 더욱이 제4차 십자군 원정으로 라틴 제국이 등장하고, 지중해를 통한 해상 무역이 활발해짐에 따라 '발트해-흑해' 교역로의 중요성은 상대적으로 떨어졌다. 특히 1240년 몽골의 침입으로 인해 키예프 루시가 몰락한 이후에 러시아는 '남쪽 국경선'이라고 생각한 흑해 지역의 지배권을 상실하게 된다. 이후 표트르 대제가 흑해 지역으로 진출하고자 할 때까지 흑해 지역은 킵차크한국과 그의 후계 국가 중 하나인 크림한국의 영향력 하에 놓이게 됐다.

17세기 말과 18세기 초반 러시아 통치자였던 표트르 대제(Peter the Great, 1682~1725)는 적극적인 서유럽화 정책을 통해 당시 후진국가였던 러시아를 선진국 반열에 올리려고 노력했다. 유럽의 선진문물을 수입할 부동항 창구가 필요했던 표트르 대제는 흑해 지역에 관심을 갖고,

이 지역에 수도를 건설함으로써, 이곳을 러시아의 정치, 경제, 사회, 문화 중심지로 구축하려고 했을 뿐만 아니라, 이곳을 통해 유럽과 지리적 공간의 거리뿐만 아니라, 경제와 문화 수준의 격차도 줄이고자 했다. 즉 원래 상트페테르부르크는 흑해 지역에 건설할 계획이었다.

1695년 1월 표트르 대제는 유럽으로 나가는 러시아의 남쪽 출구를 확보하기 위해 크림한국과 오스만제국이 장악하고 있던 흑해 인근 아조프 해를 공격했다. 해군을 보유하지 못한 러시아는 바다를 통해 아조프 해 지역의 아조프(Azov)를 포위 공격할 수 없었고, 결국 해군의 지원을 받은 오스만 제국에 패하고 만다. 전투를 통해 해군의 필요성을 절감한 표트르 대제는 해군을 창설했다. 다음 해인 1696년 아조프 해에 나타난 러시아 해군 30여척은 바다와 육지를 통해 아조프 해 지역을 공격함으로써 결국 이곳을 차지하게 된다. 그러나 한 차례 승리로 오스만제국을 패망시킬 수 없다는 사실을 잘 알고 있던 표트르 대제는 흑해 지역이 아닌 북쪽 지역, 즉 발트해 인근 지역으로 관심을 돌리고 스웨덴과 전쟁 와중에 상트페테르부르크를 건설했다. 그런 까닭에 러시아가 흑해로 진출하는 시기는 표트르 대제 이후, 그의 후계자를 자처했던 손녀뻘 예카테리나 2세, 즉 예카테리나 대제 시기로 늦춰졌다.

예카테리나 대제의 그리스 프로젝트

표트르 대제의 후계자로 자처한 예카테리나 2세(Ekaterina the Second, the Great 1762~1796)는 계몽군주로서 법에 근거한 대내정책을 추진했던 것과 동시에 적극적인 영토 확장을 통해 러시아의 국력을 강화시킨 인물이다. 당시 러시아와 경쟁 관계에 있었던 국가들은 북쪽의 스웨덴, 서쪽의 폴란드, 남쪽의 오스만제국 등 삼국이었다. 그중 스웨덴은 표트르 대제와 치른 북방전쟁(Northern Wars, 1700~1721)에 패하며 상대적으로 힘을 잃은 상태였고, 폴란드 역시 국운이 기울어가는 상태였으나, 남쪽의 오스만제국은 그 당시까지도 여전히 건재한 강대국이었다.

오스만제국과 전쟁을 통해 러시아는 과거 러시아 고대문명의 발상지였던 키예프 루시의 옛 땅을 회복하고 당시 러시아의 남부 국경이라 생각했던 흑해 지역으로 접근해 이 지역을 점령하는 것을 목표로 삼았다. 1240년 키예프 루시가 몰락하고 240년간 이어진 몽골의 지배 시기 이후 이 지역은 킵차크한국의 계승국으로서 크림한국의 영토가 돼 있었다. 그리고 크림한국은 이 지역에 대한 오스만 제국의 종주권을 인정한 상태였다.

예카테리나 대제는 남쪽으로 진출해 부동항을 확보하고 흑해 지역을 러시아 영향권 하에 놓기 위해 오스만제국과 전쟁을 불사했다. 20세기까지 양국 사이에 열 차례 넘게 크고 작은 전쟁들이 발발했기 때문에 전쟁의 양상과 결과를 일일이 열거할 수는 없으나, 18세기 후반 러시아와 오스만제국은 크게 두 차례 전쟁을 치렀다. 즉 1768년-1774년 제1차 러-투 전쟁, 1787년-1792년 제2차 러-투 전쟁을 통해 흑해를 둘러싼 양국의 힘겨루기는 진행됐다. 제1차 러-투 전쟁의 결과 체결된 '쿠축 카이나르지 조약'(Treaty of Kuchuk Kainarji, Kaynarca)을 통해서 오스만제국은 많은 영토를 러시아에 양도할 수밖에 없었다. 그 결과 러시아는 아조프 해와 흑해 연안지역을 획득했고, 아조프 해와 흑해 지역에서 러시아 상선이 자유롭게 활동할 수 있는 권한까지 확보했다. 더욱이 오스만제국이 크림반도를 포기하자, 1783년 러시아는 크림반도를 합병했다. 이후 벌어진 오스만제국과 제2차 전쟁(1787~1792)에서 러시아가 오차코프와 흑해로부터 드네프르 강으로 이어지는 모든 연안지역을 장악하게 됨으로써 러시아는 그들의 오랜 숙원이자 남쪽 국경으로 간주했던 지역을 통치할 수 있었다.

오스만제국과 전쟁은 러시아가 내세운 이른바 '그리스 프로젝트'(Greek Project, Greek Plan)의 과정이었다. 그리스 프로젝트는 1780년대 예카테리나 2세가 추구했던 동방정책의 전략이다. 오스만 제국을 분할하거나 혹은 세력을 약화시켜 콘스탄티노플을 중심으로 새로운 비잔틴제국을 재건하는 것이 그리스 프로젝트의 핵심 목표였다. 예카테리나 2세와 그의 충신이던 포템킨(Potemkin, Gregori Alexandrovich, 1739~1791)이 거대한 계획의 주창자이다.

예카테리나 대제는 자신의 두 번째 손자이자 파벨 1세(Pavel the First, 1796~1801)의 차남을 '콘스탄틴'이라 명하고 그가 새로운 대제국의 황제가 되기를 바랐다. 그리스에 익숙해질 수 있도록 그리스 유모에게 손자를 맡기기도 했으며, 콘스탄티노플 성소피아 성당의 모습을 새긴 메달도 제작하고, 러시아 '차르스코예 셀로'(Tsarskoe selo)에는 콘스탄티노플에 있는 성 소피아 성당의 축소판 성당을 짓기도 했다. 그리스 프로젝트의 목표는 新비잔틴제국을 건설하는 것뿐만 아니라, 흑해를 통해 지중해로 나가 유럽으로 열린 해상 출구를 확보하는 것이었다. 그리고 이 계획은 러시아 단독 계획이라기보다는 오스만제국과 전쟁에 집중

하기 위해 주변 강대국인 오스트리아와 동맹을 통해 오스만제국을 상호 분할하자는 의도가 깔려 있었다.

실제로 1782년 오스트리아 요세프 2세(Joseph the Second, 1765~1790)와 예카테리나 대제 사이에 오간 비밀 서한의 내용을 보면 이 의도가 보다 명확해진다. 1782년 요세프 2세와 예카테리나 2세는 비밀 서신 왕래를 통해 오스만제국을 분할하려는 음모를 꾸미기 시작한다. 예카테리나 2세는 주도권을 가지고 공개적으로 이 구상을 현실화하려고 했다. 그해 전달된 여러 서신을 통해서 알 수 있듯이, 예카테리나 대제는 구체적으로 오스만제국 분할 계획을 논의했다. 1782년 9월 10일 예카테리나 대제는 요세프 2세에게 보낸 마지막 서한에서 이른바 '그리스 프로젝트'를 언급했다. 그리스 프로젝트에는 몰다비아, 왈라키아, 베사라비아 지역을 포함하는 새로운 독립국가 '다키아'(Dacia)를 건설하는 것이었다. 서한에서도 분명하게 언급하고 있지만, 신생국가 다키아는 러시아와 오스트리아 사이에 존재하는 일종의 '중간지대'(Buffer zone)이자 완충지대였다.

오스트리아 요세프 2세는 신생국가 다키아의 초대 군주로 예카테리나 대제의 애인이면서 동시에 러시아의 군인이자 정치가인 포템킨을 앉히려는 계획을 눈치챘다. 다키아 국가 주변에는 또 다른 신생국가로서 콘스탄티노플을 기반으로 하는 新비잔틴제국, 즉 '그리스 제국'(Greek Empire)이 건설될 예정이었다. 그리고 예카테리나 대제의 머리 속에는 그녀의 두 번째 손자인 콘스탄틴을 그리스 제국의 초대 황제로 염두에 두고 있었다. 그녀의 구상은 발칸반도에 거주하는 정교도 기독교인들에 대해 지배권을 갖는 것이었다. 그녀의 구상이 가능했던 이유는 1774년 오스만제국과 체결한 쿠축 카이나르지 조약을 통해 러시아가 오스만제국에 있는 모든 기독교인들을 보호할 권리를 획득했기 때문이다.

요세프 2세는 예카테리나 대제의 구상을 흥미롭게 지켜본 것은 사실이나, 그리 달가워하지는 않았다. 그 이유는 오스트리아가 구상하고 있던 서부 발칸반도 지역에 대한 계획이 예카테리나 대제의 구상으로 인해 상대적으로 평가 절하될 수 있었기 때문이다. 요세프 2세는 당시의 국제정세와 강대국의 군사력을 면밀하게 분석한 이후에 예카테리나 대제의 계획은 실현 가능성이 거의 없는 무모한 허상이라고 결론 맺는다. 두 군주 사이에 오간 서한에서도 그리스 프로젝트는 현실성 낮은 계획이라고 요세프 2세는 무시했다. 단지 요세프 2세는 예카테리나 대제의 계획을 공개적으로 반대하지는 않았고, 1782년 11월 13일 서한에서 그는 그 계획이 현실화된다면 오스트리아 역시 오스만제국으로부터 특정 지역을 획득할 수 있어야 한다는 점만 강조했다.

어찌 됐든, 그리스 프로젝트가 실현된 것은 아니지만, 예카테리나 대제는 1792년 '자시 조약'(The Treaty of Jassy)을 통해 국제사회로부터 흑해 지역에 대한 지배권을 인정받고, 이후 흑해는 러시아의 남부 국경선이 된다. 모스크바, 상트페테르부르크, 콘스탄티노플 등 세 개의 수도를 통해 대제국을 건설하고자 했던 예카테리나 대제의 구상은 성공하지 못했으나, 흑해 지역을 확보해 고대 러시아 문명의 발상지를 회복하고 유럽으로 가는 남부의 수출입 창구를 확보하려는 그녀의 계획은 실현됐다고 하겠다.

　　　　　*　　　*　　　*

　　흑해지역은 러시아 역사의 시발점이자 러시아 문명의 발상지였다. 적극적인 서유럽화 정책을 펼친 표트르 대제가 유럽으로 나가는 창구를 건설하고자 했을 정도로 흑해는 러시아에게 전략적 핵심공간이다. 흔히 상트페테르부르크를 '유럽으로 열려진 창'(A Window to Europe)이라고 부르지만, 유럽으로 진출하고자 러시아가 시도했던 첫 지역은 흑해지역이었다. '발트해-흑해' 교역로를 통해 부를 축적해 고대 역사를 시작한 러시아 입장에서 볼 때, 흑해의 중요성은 결코 가볍게 평가할 수 없었다. 더욱이 키예프 루시 몰락 이후 18세기 말 다시 회복하기까지 러시아가 기울인 국가적 노력을 감안하면 러시아가 얼마나 중요한 곳으로 흑해를 간주하는지 알 수 있다. 물론 2014년 크림반도 사태와 이후 우크라이나 동부지역 갈등을 보면 보다 분명해진다. 2014년 3월 러시아가 크림반도를 병합했을 때, 무력으로 크림반도를 뺐었다고 생각한 러시아인들은 거의 없었다. 단지 그들은 '잃어버린 땅'을 되찾았을 뿐이라고 생각했다.

러시아인의 주거 공간:
공간을 통해 권력과 이념을 읽는다*

코무날카: 공동의 삶과 감시의 공간:

　지금도 우리네 삶과 완전히 동떨어지지 않았지만, 과거 6·25 전쟁의 폐해를 딛고 일어선 1960년대 이후 급속한 산업화와 도시화가 진행될 때, 공장과 산업단지 주변에는 이른바 '벌집촌,' '쪽방촌'들이 존재했다. 오르기도 힘든 가파른 계단을 지나고 바람 하나 통할 곳 없는 골목길에 당장이라도 쓰러질 듯한 을씨년스러운 2층 벽돌 건물이나, 1.5평 정도의 좁은 방에 한여름 살인적인 폭염을 버텨야 하는 쪽방의 모습을 보면 선진국 대열에 들어섰다는 정부의 장밋빛 목소리가 그저 공허한 울림으로만 다가온다. 그리고 산업화의 실제 주역이지 상품 수출의 첨병 역할을 한 구로공단 근로자들이 좁은 공간에서 칼잠을 자던 벌집촌

---

* 황성우, "소비에트식 공동 주거 공간: 코무날카," 『Russia & Russian Federation』, Vol. 5, No. 2 (June 2014), pp. 42-51 내용을 수정 보완함.

을 떠올리면 가슴으로 동일하게 느낄 수는 없지만, 잠시라도 그들이 겪은 삶의 애환을 생각해 보곤 한다.

획일화된 공동주택 현상은 비단 우리나라만의 문제는 아니었다. 산업화와 도시화가 진행되면서 도시로 유입되는 인구의 증가와 산업단지 주변 지역의 인구밀집 현상에 따른 주택 부족을 해소하기 위해 선진국들도 공동주택을 적극적으로 도입한 시절이 있었다. 또한 후발 신흥 공업 국가들도 경제개발을 추진하면서 발생하는 도시 내 주택난을 해결하고 경제발전의 과정과 발달 수준의 향상에 따라 낙후된 공동주택을 재건축하고 쾌적한 주거환경을 조성하기 위해 국가적 차원의 노력을 기울이고 있다.

공동주택의 형태는 아파트, 기숙사, 막사, 빌라 등 여러 종류가 있다. 좁은 택지와 최소한의 공간에서 최대의 거주공간을 확보하는 데 공동주택의 조성 목적이 있음은 당연하다. 급격한 산업화와 도시화를 경험한 국가일수록 이와 같은 공동주택의 필요성을 절감하게 된다.

1917년 10월 인류 최초로 사회주의 혁명을 일으켜 소비에트 체제를 수립한 소련은 1928년 이른바 '제1차 5개년 계획'을 시작으로 본격적인 사회주의 실험에 돌입했다. 각 정파 간 합의에 의한 정권 창출 실패, 재정 고갈과 낙후된 제정러시아의 경제적 유산, 혁명이후 확산된 대외적 反소비에트 분위기 등 결코 대내외적으로 우호적인 분위기에서 출발하지 않은 소비에트 정부가 안고 있던 고민거리 중 하나는 바로 사회주의 사회의 주역들이 삶의 휴식처로서 안주할 수 있는 거주 공간, 즉 주택 확보의 문제였다.

코무날카는 사전적 의미로 '공동주택, 공동아파트'(коммунальная

квартира)의 개념이다. 이 주택은 1917년 10월혁명이 발생한 이후 등장한 개념이다. 코무날카가 등장한 이유는 크게 두 가지로 볼 수 있는데, 첫째, 러시아혁명 이후 도시 지역에서 발생한 주택 위기를 해소하고, 둘째, 사회주의 건설과정에서 '미래에 대한 새로운 집단적 주거 개념'을 현실화하기 위해서이다. 코무날카는 보통 한 집에 두 가족 혹은 많게는 일곱 가족이 함께 거주하는 주거 공간이다. 경우에 따라서는 일곱 가족이 넘을 수도 있었다. 각각의 세대들은 방 하나에서 함께 기거했는데 그 방은 침실, 거실, 간이주방을 겸하고 있고, 복도, 주방, 욕실, 전화는 여러 세대가 공동으로 사용한다.

제한된 공간에서 다수의 사람들이 함께 거주하다 보니 코무날카에서는 구성원들 사이에서 긴장과 갈등, 그리고 협력이라는 인간관계가 성립된다. 그 이유는 코무날카는 집합적 개념으로 공동의 공적 주거공간, 즉 아파트의 형태를 띠고 있지만, 개별적으로 각각의 가족이 거주하는 사적 공간이기 때문이다. 사생활이 완벽하게 보장된 공간은 아니지만, 가족 단위의 사적인 방과 공동시설을 이용하는 공적 공간이 공존하는 공간이 코무날카이다. 구성원들이 만날 수밖에 없는 공유 공간은 상호 인간관계가 규정되는 곳이다.

코무날카의 등장

1917년 2월 혁명과 로마노프 왕조의 붕괴, 10월 혁명과 이후에 발생한 백군과 적군의 내전, 전시공산주의, 신경제정책, 급속한 소비에트식 산업화, 농업집단화 등 1920년대를 전후한 러시아는 가히 격변기라고 할 정도로 급격한 정치적, 경제적, 사회적 변화를 경험했다. 그런 까닭에 이 시기를 대규모 사회적 혼란기라 부를 수 있다. 많은 사람들은 과거 자신이 갖고 있던 직업을 바꿔야 했고, 거주 공간도 달리 해야 했다. 구체제는 전복돼 과거의 가치와 관습들은 필요 없거나 폐기 처분됐다. 천년 이상 러시아인의 의식을 지배하던 러시아정교라는 종교는 미신이라는 미명 아래 비난의 대상으로 전락했고, 구세대들에게 '새로운 시대'의 '새로운 가치'는 혼란만 가중시킬 뿐, 자신들에게 수용될 수 있는 개념과 제도가 아니었다.

물론 젊은 세대들이나 신세대들은 새로운 가치를 적극적이며 열의를 가지고 포용하려고 했다. 구세계를 파괴하고 신세계와 새로운 인간을 창조하는 영웅적인 투쟁의 시기가 도래하리라 선포됐다. 과거 시대와 다른 사회적, 경제적, 문화적 변형을 원하는 지배 권력층은 인간의 희생을 무릅쓰고라도 급격한 변화를 밀어붙였다.

20세기 들어 러시아는 강도 높은 산업화와 도시화의 과정을 겪었다. 혁명 이전 도시와 지방에 거주하던 인구의 약 80%가 산업화된 도시로 이동해 거주했다. 비루한 현실을 피해 이주한 사람도 있었고, 가난 때문에 이주한 사람도 있었으며, 농업집단화의 결과에 따라 도시로 이주한 사람도 있었다. 물론 근대화의 소용돌이 속에서 직업을 찾아 도시로 이주한 사람도 있었다. 이렇게 대규모로 발생한 인구의 도시 유입은 필연적으로 기존의 수용시설을 뛰어넘는 주택 과잉 수요를 초래할 수밖에 없었다. 그 결과 코무날카는 당시 현존하는 주택위기의 유일한 대안으로 떠올랐으며, 많은 공동주택, 호텔, 막사와 같은 도시 내 숙박시설의 대안으로 고려하게 됐다.

레닌은 혁명이 성공한 직후부터 주택문제를 해결하기 위해 공동주택 문제를 심각하게 고려했다. 그가 생각한 것은 기존의 주택을 몰수해 재분배하는 것이었다. 기존의 집주인들은 소유권을 상실해 쫓겨났고, 국가 소유가 된 주택에는 지방에서 올라온 집 없는 사람들과 해당 주택과 아무 상관없는 다른 사람들이 함께 거주할 권리를 얻었다. 이 과정은 혁명 이전 귀족이나 중산계급이 살던 호화 대주택을 공간의 재분배를 통해 많은 사람들에게 할당하는 이른바 '공간의 고응축'(уплотнение, consolidation) 정책을 통해 진행됐다.

이렇듯 레닌의 구상을 현실화시키기 위해 건축가들은 사회주의 혁명에 맞게 주택의 지형도를 새롭게 구축하고 공동주택 건설계획을 구체화하기 시작했다. 공동주택은 하나의 물리적 주거공간에서 다양한 계층의 집단 구성원이 동시에 거주한다는 점에서 가히 혁명적 개념의 결과물이었다. 각 구성원들은 아주 작은 크기의 거주공간을 할당받았고, 배분된 주택은 국가가 소유권을 행사했다.

그러나 레닌이 사망하고 스탈린이 집권한 이후에도 주택 상황은 크게 변하지 않았다. 오히려 1928년 사회주의식 산업화와 농업집단화 정책이 추진되면서 인구의 도시 유입은 더욱 증가했다. 즉 1920년대 말엽과 1930년대 초반 이후 러시아 도시인구는 급격하게 팽창했다. 도시 인구가 증가함에 따라 자연스럽게 주택 부족 문제가 발생했고, 동시에 인구의 과잉 현상이 사회문제로 대두됐다.

특히 '제1차 5개년 계획'(1928~1932) 기간에 1,000만 명이 넘는 농민들이 도시로 몰려와 임금 노동자가 됐고, 그 결과 대규모 농민 이주는 필연적으로 엄청난 도시 내 주택문제를 야기했다. 생필품 부족과 마찬가지로 주택 부족 현상은 소비에트 생활의 전형적인 특징으로 자리잡았다. 대기근 시기에 농촌에서 도시로 몰려드는 농민들의 유입이 통제 불가능한 상황이 되자, 소련 정부는 볼쉐비키 혁명 이후 처음으로 주민 등록증(여권)을 도입했고, '거주자등록증제도'를 시행하게 된다. 자국민들의 이주에 관해 새로운 질서와 통제를 강요하는 거주자등록 제도는 비밀경찰이 주도했고, 이 제도는 오늘날까지도 시행되고 있다.

도시의 인구 증가 사실을 살펴보면, 1926년부터 1933년 사이에 도시 인구는 약 1,500만 명 증가했고, 이후 1939년까지 1,600만 명이 추가로 도시로 유입됐다. 동 기간 모스크바 인구는 200만 명에서 360만 명으로 증가했고, 1991년 9월 상트페테르부르크로 개명된 레닌그라드의 인구도 모스크바와 유사하게 증가했다. 우랄 지역의 스베르들로프스크 (현재 예카테린부르크) 인구는 15만 명에서 약 50만 명으로 세배 넘게 증가하고, 스탈린그라드(현재 볼고그라드), 노보시비르스크 등 공업단지를 끼고 있는 도시의 인구도 급속하게 팽창했다. 소비에트 산업화의 상징으로 불리는 신설 도시 마그니토고르스크나 카라간다와 같은 광산 도시들은 1926년 제로에서 1939년 10만 명 수준으로 인구가 폭발적으로 증가했다.

제1차 5개년계획 기간에는 주택을 건설하는 것이 주요 목표가 아니었기 때문에, 신흥 공업지역을 쫓아 도시로 이주한 대부분의 사람들은 기숙사, 막사, 혹은 심지어 움막 속에서 살았다. 이들에게 코무날카는 오히려 사치품이었을 정도로 신흥 공업도시의 주택난은 처참할 정도로 심각했다.

몰수한 도시 내 건물들은 대부분 국가재산으로 귀속됐다. 주택을 관리하고 배분하는 문제는 市소비에트가 담당했는데, 주택문제 담당자들은 얼마나 많은 사람들을 거주공간에 등록할 수 있는가를 고민하고 이를 결정했다. 모스크바의 경우, 평균 생활공간은 1930년에 1인당 5㎡였다. 1940년에는 이 수치가 4㎡로 오히려 감소했다. 신흥지역의 경우 상황은 더 열악했다. 1933년 기준으로 마그니토고르스크와 이르쿠츠크에서는 거주공간을 1인당 4㎡ 이하로 규정했고, 크라스노야르스크 지역은 1인당 3.4㎡였다.

대조국전쟁(제2차 세계대전 속 독소전쟁, 1941~1945) 이후에도 주택 상황은 크게 변하지 않아 상트페테르부르크(당시 레닌그라드)의 경우, 1951년 아파트 하나에 평균 3.3 가족이 거주했는데, 상트페테르부르크의 상황이 다른 도시에 비해 나쁘지 않고 좋았다는 사실을 감안한다면 러시아 다른 지역의 주택 상황이 어떠했을까는 쉽게 짐작할 수 있다.

코무날카의 삶

코무날카는 기본적으로 두 개의 공간으로 구분된다. 즉 세대 구성원들이 함께 사용하는 '공용 공간'과 개별 가족들이 거주하는 '사적 공간'이다. 각 세대 구성원들은 한 방에서 함께 거주하는 형태이다.

각 세대들은 주방과 욕실, 복도를 함께 사용하지만, 공동 공간에도 개별적인 공간으로 다시 구분된다. 즉 각 세대들은 개별 식탁, 가스버너, 초인종, 전기스위치를 갖고 있다. 예를 들어 욕실의 전구를 켜기 위해서 각각의 세대주들은 가까운 전기스위치를 사용하기보다는 자기 가족에게 할당된 전기스위치를 사용한다. 더욱이 대부분 복도에는 불을 켜지 않는데, 복도에 있는 스위치는 세대별로 배정돼 있어 자신들이 사용할 경우를 제외하고는 특별히 불을 켜지 않았다. 세대별로 욕실과 주방을 사용할 수 있는 시간도 정해져 있다. 주방은 각 세대가 만나 서로 기쁨과 슬픔을 공유할 수 있는 유일한 공간이면서 동시에 책임과 의무가 동반된 장소이다. 함께 사용하는 공간이다 보니 분실을 우려해 수납장을 잠그지 않는 한 요리를 하고 남은 음식을 주방에 그대로 남겨두는 경우는 거의 없다. 화장품이나 세면용품들도 주방에 보관하기도 하는데, 그 이유는 주방과 다르게 욕실에서는 상대적으로 부주의하게 물건을 놓고 나오는 경우가 있기 때문이다. 상대적으로 분실 우려가 적은 세탁물은 주방이나 욕실에 놓는다.

실제로 러시아 혁명 이후 도시에 주택과 거주공간이 부족한 상황에서 코무날카는 유일한 대안이었다. 그곳에 거주하는 사람들은 특별히 함께 거주할 이유가 없는 사람들이었다. 단순히 정부에 의해 함께 살 수밖에 없는 사람들이었다. 동일한 노동을 하는 사람들이나 혹은 공유하는 특성에 따라 함께 거주하는 경우도 있었으나, 대부분 사람들은 정부가 할당해 결정하면 함께하는 구성원일 뿐이었다. 그런 까닭에 보통의 경우 코무날카에 거주하는 사람들은 생활조건이나 다른 세대의 삶에 특별한 관심을 갖지 않았다.

그러나 무작위로 선정돼 함께 살 수밖에 없는 경우라도, 코무날카 구성원들은 책임과 의무를 공동으로 떠맡는 나름의 공간 규칙을 준수해야만 했다. 시설 내 규칙은 주방이나 복도에 공시했다. 예를 들어 공동 주거공간을 청소한다던가, 욕실을 청소해야 한다던가, 쓰레기를 버리는 행위 등 반드시 지켜야 할 규율이 있었다. 시설을 사용하는 시간은 정해져 있었고, 가구별 인원수에 따라 시간의 양도 조금씩 차이가 있었다. 거주하는 방의 순서에 따라 사용시간이 순번제로 이뤄지기도 했다.

이런 상황이다 보니 코무날카에서 일어나는 해프닝들은 말로 다 열거할 수 없을 정도로 많았다. 코무날카 거주자들은 어떤 면에서는 가족과 같았지만, 한편으로 이방인처럼 행동했다. 각각의 거주자들은 어쩔 수 없이 만날 수밖에 없는 상황에서 살고 있기 때문에 서로서로 너무나 잘 알고 있었다. 사적인 생활까지도 모두 다 알고 있는 경우가 많았다. 하루 일과, 직업, 습관, 친척 등 거의 모든 사실을 알고 있었다.

코무날카에서는 일명 스파이 행동을 하는 경우도 많았다. 그런 까닭에 누군가 다른 가족의 방을 엿보든가 혹은 그들의 말을 엿듣는 행위가 결코 낯설지 않았다. 이와 관련된 수많은 포스터와 그림들을 쉽게 찾을 수 있다. 그 결과 코무날카는 비밀경찰 정보원을 길러내는 곳으로도 불렸다. 코무날카 주민들은 이웃을 과감하게 비난하는 경우가 많았고, 심지어 자신의 안전을 보장하거나 혹은 이웃이 사는 방을 빼앗기 위해 이유 없이 이웃을 비난하기도 했다. 흔히 수많은 이민족이 침략한 결과로서 러시아 역사와 문화에는 '제노포비아'(Xenophobia) 정서, 즉 대외혐오증, 외국인 혐오증, 낯선 사람에 대한 공포 등 러시아인들이 갖는 트라우마를 설명하는 경우가 많은데, 1,000회가 넘는 외부 민족의 침략을 받아 형성된 이유도 있지만, 소비에트 시기 코무날카 공간을 통해 형성된 제노포비아 정서도 존재한다. 낯선 자에 대한 공포는 그를 비밀경찰로 오해했을 때 정점에 달했다.

이와 반대로 이웃을 고발하고 비난하는 갈등의 공간임에도 불구하고 코무날카의 생활을 그리워하는 사람도 있었다.

코무날카 생활이 더 좋았어요. 개별주택이 몰려있던 단지에서 사느니 오히려 커다란 집에서, 역사적 유산이 많은 상트페테르부르크 지구에서 함께 사는 삶이 더 좋았지요. 개별주택 단지는 소통이 되질 않았어요. 삶은 지루하기 짝이 없었지요. 하지만 코무날카에도 모든 사람들이 각자 집을 가지고 있었어요. 우리는 커다란 대가족처럼 살았지요. 누군가 고민이 생기면, 우리는 그 고통을 분담해서 함께 떠안았죠. 기쁜 일이 있을 때도 서로 자기 일처럼 좋아했죠. 그곳에서 삶은 아주 좋았답니다.

밀집된 주거조건 하에서 강요된 공동체적 삶과 기본적인 생활시설의 공유, 민족, 연령, 직업, 가족 규모, 출신성분과 배경이 다른 사람들과 동거 등은 코무날카의 생활을 기억하게 만드는 기본 코드다. 게다가 엿듣기, 이웃 간 중상모략, 절도 등은 동일한 공간에서 공동의 기억과 함께 코무날카에서 발생하는 인간관계의 갈등 측면이다.

앞서 언급했듯이, 코무날카가 소비에트 시기 초반 도시가 안고 있던 악성 주택 부족현상을 타개하려는 현실적인 해결책임은 분명하지만, 계급적 차이를 해소하고 사회통제를 강화하려는 소비에트 정부의 이데올로기적 수단으로도 기능했다. 즉 소비에트 정부는 사회주의 건설이라는 객관적 환경에서 부르조아와 개인주의적 삶을 타파하면 사람들 사이에서 동지적 삶과 우애, 즉 집단적 개성을 형성할 수 있다고 생각했다.

이렇듯 공동아파트라는 개념은 집단으로 사회주의적 삶을 현실화하는 이미지를 포함하는 이데올로기적 고리였다. 하지만 현실은 이상과 너무 달랐다. 심지어 이론적으로도 이데올로기의 정당화를 위해 정교한 노력을 기울이지 않았다. 실제로 내전 시기 市 단위 소비에트는 처음으로 고응축 아파트 제도를 시행했다. 이 제도를 추진한 동기 중 하나는 노동자와 부르조아의 생활조건을 평등화하자는 것이었다. 하지만 그와 동시에 혁명세력들은 존경받았던 부르조아 가족들이 공동아파트에서 프롤레타리아의 삶을 살 수밖에 없는 모습을 지켜보면서 종종 희열을 느끼곤 했다.

1930년대 도시 인구가 급속하게 팽창함에도 불구하고 주택건설 사업은 소비재 공업 부문과 마찬가지로 국가의 주요 목표에서 제외됐다. 그런 까닭에 소비에트 시기 주택생활은 흐루시쵸프 시대에 가서야 비로소 조금씩 개선되기 시작한다.

흐루시쵸프 시기였던 1957년 7월 소련 정부는 공산당 중앙위원회와 각료회의 이름으로 '소련에서 주택 건설의 진전에 관해'라는 법령을 발표해 단시일 안에 고질적인 러시아인의 주택 부족 문제를 해결하고 국민들에게 새로운 삶을 제공하는 계획을 제시한다. 이 법령의 결과로 등장한 것이 콘크리트 판넬을 연결해 만든 5층짜리 아파트 '흐루쇼프카'(хрущёвка)이다.

스탈린에 이어 서기장에 오른 흐루시쵸프는 주택 공급부족 해소, 사생활 보장 등 만성적인 러시아의 주택 부족 문제를 해결하기 위해 과감한 주택정책을 추진했다. 즉 그의 주택정책은 보다 편안한 생활조건 보장, '1가족-1주택,' 사생활 보장 확보라는 도시 거주민들의 오랜 바람을 반영한 결과였다. 흐루시쵸프는 안락한 주택을 제공하면, 국민들이 사회주의 체제 건설을 위헤 열의를 가지고 참여할 것이라 생각했고, 개선된 생활조건과 습관 덕분에 생산력이 증가할 것이라 믿었다. 그러나 기대와 달리 새로 건설된 아파트는 질적인 측면을 동시에 강조하기보다는 양적인 측면만 너무 강조한 나머지 공기만 단축시켜 빠르게 건설된 아파트에 불과했다. 그런 까닭에 함께 어울리지 못하는 이웃들, 도로와 대중교통이 확보되지 않은 상태에서 건물만 완공된 사례가 많아 시민들의 일상생활은 더욱 악화되기만 했다. 그 결과 흐루시쵸프가 야심차게 건설한 공동주택은 흐루시쵸프 이름을 빗대어 흐루쇼프카(хрущёвка)라는 용어로 평가절하됐다.

그러나 성냥갑 같은 조립식 아파트라는 비난에도 불구하고, 소비에트 시기 러시아인들이 떠안았던 암울한 주택 위기를 우선적으로 해결하고자 했던 흐루시쵸프는 코무날카와 같은 공동주택에서 비루한 삶을 살았던 국민들에게 그나마 사생활이 보장되는 '흐루쇼프카,' 즉 개별 아파트(отдельная квартира)를 제공함으로써 과거 문제로부터 벗어나고자 했다.

* * *

제정러시아 시대 1880년대 이후 급속하게 진행된 자본주의의 발전과 더불어 농촌 인구의 도시 유입으로 인해 모스크바와 상트페테르부르크 같은 대도시는 만성적인 주택 부족을 경험했다. 더욱이 1917년 10월 볼쉐비키 혁명 이후에 도시로 이주한 노동자들을 위한 거주 공간은 혁명 전과 별반 차이가 없었다. 기존의 악조건에 더해 산업화와 농업집단화의 결과 도시의 주택 부족 현상은 더욱 악화됐을 뿐이다.

이러한 소비에트 시기의 만성적인 주택난을 해소하기 위해 등장한 것이 공동아파트 개념의 코무날카이다. 코무날카는 도시 지역에서 발생한 주택 위기를 해소하고, 사회주의 건설과정에서 구성원들의 공동체 삶을 영위하기 위해 미래에 대한 새로운 집단적 주거 개념으로 등장한 것이다. 귀족들과 중산층 이상이 거주하던 기존의 사적 건물을 국가가 몰수해 사회주의 일꾼들에게 공간의 재배치를 통해 분배하는 방식으로 나타났다.

코무날카는 사적 소유 재산의 몰수와 더불어 사적 생활을 제거해 폐지하고자 했던 사회주의 사회의 목표와 일치된 주거형태였다. 코무날카가 등장하게 된 직접적인 원인은 주택 부족 현상을 타파하기 위해 취해진 현실적 방안이었지만, 코무날카는 사적 공간을 공적 공간으로 전환해 평등한 공동체적 주거공간을 만들고자 했던 소비에트 정부의 이상적 주택정책의 한 단면이라고 볼 수 있다.

코무날카에서는 단지 공간을 공유하는 것이 아니라, 생활의 가장 사적인 순간들—식사, 목욕, 화장실 사용, 가족 간의 대화—까지도 '타인의 시선' 아래 놓이게 된다. 이와 같이 코무날카는 단순히 불편함을 넘어서, 감시와 긴장의 일상화, 그리고 국가의 간접적 통제가 가능해지는 사회적 메커니즘 속 공간을 의미했다. 이웃과 관계는 종종 친밀함을 넘어서 고발과 밀고로 이어지기도 했으며, 이런 장면은 '함께 살아야 하는 체제의 강제'라는 소비에트식 공동체주의의 이면을 드러낸다.

그러나 동시에 코무날카는 가장 평범한 사람들의 생존과 연대의 공간이기도 했다. 좁은 주방에서 음식을 나누고, 공동 복도에서 담소를 나누며, 아플 때 서로 약을 건네던 기억 속에서 소비에트적 공동체 윤리가 뿌리내렸다. 이러한 양면성은 코무날카를 단순히 '불편한 공동 공간'이 아닌, 소비에트 사회의 정치성과 인간성을 동시에 담은 상징적 장소로 만들어주었다.

오늘날 코무날카는 대부분 사라졌지만, 모스크바와 상트페테르부르크의 일부 지역에서는 여전히 남아 있다. 이 유산은 러시아인이 기억하는 소련 시절의 일상, 즉 '공동의 삶과 통제된 삶'이라는 모순된 체험을 가장 선명하게 증언해주는 문화적 흔적이라 할 수 있다.

스탈린카(Сталинка): 위엄과 이상이 깃든 공간

소련의 '스탈린카(сталинка)'는 단순한 주거 건축이 아니었다. 그것은 1930년대 중반부터 1950년대 중반까지 약 20여 년간, 국가가 이념을 주입하고 위계를 시각화하며 사회주의 이상을 물질적으로 구현하고자 한 건축적 실험장이자 정치적 무대였다. 스탈린카는 외형적으로 고전주의 양식을 재현한 대형 주거 건물로, 대리석 기둥, 높은 천장, 석조 마감과 풍부한 장식성이 특징이었다. 그 규모와 장엄함은 개인의 삶을 넘어 '국가의 위엄'을 담아내려는 의도를 분명히 보여준다.

스탈린카는 도시 중심가의 대로변을 따라 배치됐으며, 사회적 위계에 따라 분배됐다. 고위 간부, 당원, 과학자 등 '노동 귀족' 계층이 우선 배정됐고, 일반 노동자는 여전히 열악한 집단 공동 주거 공간, 즉 코무날카에 머물렀다. 이로써 '계급 없는 사회'를 표방했던 소련은 역설적으로 주거 공간을 통해 새로운 권력 위계를 시각화하게 된 것이다. 스탈린카는 이념의 형식과 생활의 실재 사이의 괴리를 가장 구체적으로 드러내는 공간적 표상이었다.

그 대표적인 상징이 바로 '모스크바의 7자매'(Семь сёстер)로 불리는 스탈린 양식의 고층건물들이다. 이들 건물은 모스크바 시내에 거대한 실루엣으로 솟아올라, 국가 권력의 영속성과 사회주의 문명의 위대함을 건축적으로 형상화한 대표작이다. 모스크바 국립대학교 본관, 외교부 청사, 우크라이나 호텔(현 라디슨 호텔), 레닌그라드 호텔, 코텔니체스카야 강변아파트 건물, '붉은 문' 행정 청사, 쿠드린 광장 아파트 등 7개 건물은 단지 기능적 구조물이 아니라 국가가 시민을 내려다보는 시선의 제도화 그 자체였다. 이로써 스탈린카는 단독 주거 공간뿐 아니라, 도시 전체를 국가 권력의 장엄한 공간으로 조직하고자 했던 거대한 시도의 일부가 된다.[60]

이 시기의 건축은 단순한 기능이나 효율보다 상징성과 장엄함을 강조했다. 스탈린주의 건축양식은 '소련식 아르 데코,' 또는 '사회주의 고전주의'라 불리며, 고대 로마·그리스 양식의 부활을 통해 '영원한 질서'와 '국가의 통일성'을 상징하려 했다.[61] 그 안에 거주하는 사람들은 단지 국가가 제공하는 편의시설을 누리는 것이 아니라, 그 자체로 국가의 품 속에 사는 존재로 자리매김됐다.

결국 스탈린카는 하나의 공간이라기보다 하나의 상징이었다. 그것은 노동자 국가의 이상이 실현됐다는 증표이자, 시민의 삶마저 국가에 의해 설계되는 시대의 거울이었다. 비록 효율성과 접근성에서는 비판을

---

60) Katherine Zubovich, *Moscow Monumental: Soviet Skyscrapers and Urban Life in Stalin's Capital* (Princeton: Princeton University Press, 2020), pp. 51–78.

61) Vladimir Paperny, *Architecture in the Age of Stalin: Culture Two*, trans. *John Hill and Roann Barris* (Cambridge: Cambridge University Press, 2002), pp. 41–59.

받았지만, 건축은 언제나 당대 권력의 심성 구조를 반영한다. 스탈린카는 바로 그런 의미에서 사회주의적 근대가 꿈꾸던 '위엄 있는 공동체'의 흔적이자, 공간을 통한 정치의 구현이었다.[62]

흐루쇼프카(Хрущёвка): 평등과 기능의 탈이념적 공간

흐루쇼프카는 니키타 흐루시쵸프 시기(1953-1964)에 등장한 대표적인 주거 유형으로, 스탈린 시대의 장중한 위계적 공간과 전혀 다른 성격을 지닌다. 흐루시쵸프는 1954년부터 대규모 주택 건설 계획을 통해 극심한 소련의 주거난을 해결하고, 보다 실용적이고 평등한 생활 환경을 조성하고자 했다. 이때 건설된 다층 아파트 단지가 바로 '흐루쇼프카'(хрущёвка)로, '흐루시쵸프 시대의 아파트'를 뜻하는 일종의 비공식 용어이다.

이들 건물은 일반적으로 4~5층 규모의 조립식 구조였으며, 얇은 벽체, 낮은 층고, 표준화된 설계가 특징이다. 화려한 외장재나 장식은 사라졌고, 건축 시간과 비용을 최소화하는 방향으로 설계됐다. 스탈린카가 '국가의 위엄'을 공간에 새겨넣었다면, 흐루쇼프카는 '개인의 일상'이 중심이 되는 공간이었다. 대규모 아파트 단지에 다수의 일반 시민들

---

62) Richard Anderson, "The Architecture of Command: Communism and the Politics of Design," *Journal of the Society of Architectural Historians*, Vol. 76, No. 4 (2017), pp. 447–466.

이 입주하면서 주거의 보편화가 가능해졌고, '한 가족, 한 주거 공간'이라는 개념이 실현되기 시작했다.63)

이러한 흐루쇼프카는 그 자체로 탈스탈린화의 산물이었다. 흐루시쵸프는 1956년 제20차 당 대회 연설에서 스탈린 체제를 강하게 비판하며, '과도한 위엄'보다 '실용과 평등'을 강조하는 새로운 사회주의를 지향했다.64) 흐루쇼프카는 바로 이 전환기의 건축적 상징물로, 사적 공간의 확대와 동시에 국가의 공간 지배력 약화라는 이중적 의미를 지닌다. 권위주의적 시선이 압도하던 스탈린카와 달리, 흐루쇼프카는 훨씬 더 수평적이고, 균질화된 생활공간을 제공했기 때문이다.

하지만 흐루쇼프카는 시간이 지나며 여러 비판에도 직면했다. 조립식 건물의 내구성 부족, 단조로운 미관, 소음과 추위, 공간 협소 등의 문제는 이후 브레즈네프카로 전환을 촉진시키는 요인이 됐다. 그럼에도 불구하고 흐루쇼프카는 사회주의적 평등의 일상적 구현이라는 점에서, 단순한 주거 정책을 넘어 정치적 이상이 일상 속으로 스며든 공간이었다.

---

63) Mark B. Smith, *Property of Communists: The Urban Housing Program from Stalin to Khrushchev* (DeKalb: Northern Illinois University Press, 2010), pp. 115–141.
64) Stephen V. Bittner, *The Many Lives of Khrushchev's Thaw: Experience and Memory in Moscow's Arbat* (Ithaca: Cornell University Press, 2008), pp. 73–76.

브레즈네프카(Брежневка):
정체된 복지국가의 평면적 얼굴

브레즈네프카(Брежневка)는 1964년부터 1982년까지 지속된 레오니드 브레즈네프 시대에 대량으로 공급된 주거형태로서, 흐루쇼프카의 연장선상에 있으면서도 시대의 특성과 정서가 고스란히 반영된 공간이다. 흐루쇼프카가 주거의 양적 확대와 기능적 실용성을 추구한 결과물이었다면, 브레즈네프카는 그 체계를 거의 변화 없이 관성적으로 반복한 공간이었다.

형태적으로 여전히 5~9층 규모의 저층 아파트가 주를 이루며, 조립식 콘크리트 판넬(패널카, панелька) 방식이 계속 사용됐다. 일부 설계에서는 흐루쇼프카보다 다소 넓은 면적과 분리된 욕실·화장실 구조를 도입했지만, 본질적인 건축 패러다임의 전환은 없었다. 오히려 그 단조로움과 표준화는 더욱 심화됐고, 사회주의 복지국가의 일상화된 무표정을 공간적으로 드러내는 결과를 낳았다.[65]

1970년대 중반 이후에는 기술 발전과 도시 인구 증가에 대응해 브레즈네프카의 규모도 점차 확대됐으며, 15층 이상 고층 아파트 시리즈가 등장하게 됐다. 이 시기의 건물들은 기존의 흐루쇼프카와 달리 엘리베이터, 중앙 쓰레기 수직통, 강화된 내구성을 갖춘 조립식 구조로 설계됐고, 이 모습은 '표준화된 복지국가의 고도화된 평면성'을 더욱 강화

---

[65] Vadim Bass, "Soviet Mass Housing in the Era of Stagnation," in *Architecture and the Ideology of the Soviet Everyday,* ed. James West (London: Routledge, 2018), pp. 88–107.

시키는 공간적 전환이었다.

브레즈네프 시기의 가장 두드러진 정치적 특징은 '안정'과 '정체'였다. 이 시기 소련은 외부적으로 미국과 데탕트를 시도했지만, 내부적으로 이념의 생명력과 정치적 활력이 정체된 시대였다. 브레즈네프카는 이러한 시대정신을 고스란히 공간적으로 반영한 건물이다. 더 이상 주거공간은 미래 사회주의의 이상을 실현하는 '혁명적 실험실'이 아니라, 국가 복지 시스템에 편입된 반복적 일상의 매개체가 됐다.

이런 점에서 브레즈네프카는 건축의 정치성을 거의 상실한 공간이었으며, 사회주의 체제가 '안정된 생활'을 유지하는 데에만 몰두한 흔적으로 볼 수 있다. 표준화된 삶, 획일화된 설계, 뚜렷한 상징성의 부재는 곧 공간의 이념적 무색성을 의미했다. 그러나 바로 이러한 무색성은 체제 내부의 활력 고갈과 장기적인 정체성을 반영하는 공간의 침묵으로 읽을 수 있다.

그럼에도 브레즈네프카는 여전히 다수의 러시아 시민에게는 자기 삶의 무대였다. 결혼, 출산, 이웃과 교류, 일상적 투쟁과 즐거움은 이 회색 콘크리트 벽 안에서 펼쳐졌고, 그 안에서 형성된 기억과 관계들은 지금도 러시아 사회의 심리적 기반을 이루고 있다.

푸틴카(Путинка): 신자유주의적 환상의 공간

푸틴카(Путинка)라는 말은 공식 건축 용어가 아니라, 푸틴 시대(2000년대 이후) 등장한 새로운 도시 주거 유형에 붙여진 사회문화적 별칭이다. 이 용어는 스탈린카, 흐루쇼프카, 브레즈네프카처럼 특정 시대의 정치지도자 이름에 접미어 '-카(ка)'를 붙인 방식으로, 시대정신이 녹아든 주거 공간의 문화적 기호로 작용한다.

2000년대 이후 러시아는 시장경제 체제로 전환을 사실상 마무리하고, 국가 주도 성장과 원유 수출의 호황 속에서 새로운 중산층의 부상과 소비문화의 확산을 경험하게 된다. 푸틴카는 바로 이 시기 등장한 신축 고급 아파트, 개인주택, 교외형 타운하우스 등으로 대표되는 새로운 주거 공간을 의미한다.[66]

이들 공간은 이전 시기의 집단 주거형 아파트와 달리, 개인 공간의 확대, 프라이버시의 강화, 소비의 가시화를 특징으로 하며, 종종 보안 시스템과 전용 주차장, 고급 인테리어와 시설, 외부인을 차단하는 '게이티드 커뮤니티'(Gated Community) 등의 형태로 구현됐다. 이 모습은 소비에트 시절의 평등 지향적 공간 구성과 달리, 자산의 축적, 계층화된 주거, 라이프스타일의 차별화를 공간적으로 반영한 것이다.[67]

특히 푸틴카는 단순한 신축 아파트의 개념을 넘어서, 푸틴 시대 권력 엘리트와 신흥 재벌 계층이 향유하는 초호화 공간으로서 위상을 지닌다. 모스크바의 '골든 마일'(Golden Mile)로 대표되는 고급 주택 단지에는 전용 엘리베이터, 고급 보안 시스템, 프라이빗 정원, 펜트하우스와 루프탑 헬기장까지 갖춘 복합 주거공간이 집중돼 있다. 이들 공간은

---

66) Alexei Yurchak, *Everything Was Forever, Until It Was No More: The Last Soviet Generation* (Princeton: Princeton University Press, 2005), pp. 232–235.
67) Robert Argenbright, "Gated Moscow: Security and Insecurity in a Residential Community," *Cities,* Vol. 37 (2014), pp. 35–42.

'거주'를 넘어, 정치적 충성과 사회적 지위의 보상으로 제공되는 자산화된 특권이자, 푸틴 체제 하에서 권력과 자본의 결합이 생산한 가시적 상징물로 작동한다.[68]

푸틴카의 등장은 러시아 사회의 신자유주의적 전환과 신중산층의 탄생을 상징한다. 2000년대 들어 푸틴 정부는 국가의 안정과 경제 성장을 강조하면서도, 시민들에게는 '정치적 침묵과 경제적 보상'이라는 사회적 계약을 제공했다. 푸틴카는 이 계약의 가시적 산물이자, '정치적 충성에 대한 대가로 주어진 개인화된 안락함의 공간'이라고도 볼 수 있다.

그러나 푸틴카는 환상적인 소비와 실제 불평등 사이의 간극을 동시에 품고 있다. 고급 주택 단지가 늘어나는 동안, 지방의 낙후 지역과 소련 시절 건축된 주택에 거주하는 인구도 여전히 많다. 즉 푸틴카는 모든 국민의 주거 공간이라기보다는, 권력과 자본에 가까운 특정 계층이 향유하는 상징적 공간이다. 이 점에서 푸틴카는 푸틴 시대의 경제적 양극화와 사회적 단절을 공간적으로 표출한다.

小 결론: 공간은 권력의 거울이다

리시아 현내사는 단지 정치제도의 변화나 지도자의 교체로만 설명되지 않는다. 그것은 사람들이 실제로 살아온 공간의 구조, 그 공간이

---

68) Stephen Hutchings and Natalia Rulyova, *Television and Culture in Putin's Russia: Remote Control* (London: Routledge, 2009), pp. 121–124.

품고 있던 질서와 이상이 어떻게 구성돼 왔는지를 살펴보는 것에서 비로소 입체적으로 드러난다. 스탈린카는 국가의 위엄과 질서를, 흐루쇼프카는 평등과 실용을, 브레즈네프카는 복지국가의 관성과 안정성을, 그리고 푸틴카는 신자유주의적 분화와 계층화를 각각 공간의 형식으로 구현해냈다.

이러한 주거 형태의 변화는 단지 건축양식의 변천을 의미하지 않는다. 그것은 시민과 국가, 개인과 사회, 평등과 특권 사이의 관계가 어떻게 구성되고 붕괴되며, 재구성되는지를 보여주는 일종의 정치적 지층(地層)이다. 주택은 곧 체제의 가치가 물질화된 형식이며, 공간은 체제가 바라는 인간형의 일상적 훈련장이기도 하다.

따라서 스탈린카에서 푸틴카로 이어지는 러시아의 주거공간 변천사는 곧 러시아 국가의 이상과 실패, 균열과 기획의 역사를 공간적으로 번역해주는 사회적 언어이자, 이념과 권력이 어떻게 일상을 점유하는가를 보여주는 탁월한 창(窓)이다.

크렘린과 수도원: 팽창과 방어 기지

동유럽 평원: 러시아인의 초기 생활무대

초기 역사부터 러시아인의 주된 활동무대가 된 지리적 공간은 드네프르(Днепр) 강과 볼가 강을 중심으로 하는 광활한 동유럽평원이다. 이곳은 동쪽으로 우랄산맥, 남서쪽으로 카르파티아 산맥(Карпатские Горы), 남쪽으로 카스피해와 흑해, 북쪽으로 발트해 등 네 곳의 안쪽으로 구성된 약 400만㎢에 달하는 지역으로 남·북한을 합친 한반도 전체 영토의 약 20배에 이르는 거대한 지리적 공간이다. 그러나 동유럽평원이 탁 트인 넓은 지역임에도 불구하고, 그곳에 높은 산이나, 큰 강 등 외부의 침략을 막아줄 수 있는 자연적 방어선이 없었던 이유로 러시아인들은 주변의 호전적 민족의 침략에 수없이 시달릴 수밖에 없었다.

한편 동유럽평원을 가로지르는 강들은 러시아인들이 외부와 소통하는 핵심적인 고리 역할을 담당했다. 드네프르 강과 볼가 강을 비롯해 수많은 강과 호수들은 러시아인들이 수로를 통해 교역을 할 수 있는 매개 역할을 했으며, 그 결과 동유럽평원을 가로질러 흐르는 강들은 러시아 전체 역사를 통해 주변지역과 상호 교류와 상품 교역로로서 동맥과 같은 역할을 담당했다. 北드비나(Сев. Двина) 강과 페초라(Печора)

강은 북극해로 흘러 들어가고 네바(Нева) 강은 발트해로 흘러 들어가며, 이외에 대부분의 강은 남쪽으로 흘러간다. 드네스트르(Днестр) 강, 부그(Буг) 강, 드네프르 강, 돈(Дон) 강은 흑해와 아조프 해(Азовское Море)로 흘러가고, 미국의 미시시피 강과 견줄만한 '러시아 강의 어머니'라고 할 수 있는 볼가 강은 카스피해로 흘러 들어간다. 이러한 강과 그 지류들 덕분에 고대시기부터 수로를 통한 교역체계가 러시아에서 구축될 수 있었다.

그리고 시간이 흐르면서 하천과 수로체계는 러시아인이 수행한 경제 활동의 주된 통로가 됐으며, 공국, 왕국, 제국으로 확대되는 공간 팽창의 첨병 역할도 하게 됐다. 특히 이 중에 '발트해-흑해'로 이어지는 교역로는 러시아의 저명한 역사가 클류체프스키(В. О. Ключевский)가 주장하듯이 교역로로서 중요성과 더불어 고대 동슬라인의 정치, 경제, 문화생활의 심장부 역할도 담당했다.

러시아 초기 역사에 수로와 수로를 통한 이동네트워크의 정점은 비잔틴제국의 수도 콘스탄티노플이었다. 8세기에서 13세기까지 유럽에서 가장 규모가 크고 중요한 도시는 콘스탄티노플이었다. 당시 유럽에서 가장 중요한 교역로 중의 하나가 바로 발트해와 흑해를 남북으로 잇는 교역로였고, 이 교역로에 콘스탄티노플이 위치해 있었기 때문이다.

러시아인들은 발트해와 흑해를 잇는 무역을 통해 부를 축적했다. 바둑판처럼 이어진 강과 강을 연결하는 연수육지에는 배를 끌고 가기 위한 수송기지(волок, переволок)가 있었는데, 보통 목조요새(острог)로 만들어진 수송기지는 전략적으로 매우 중요한 곳이었다. 수송기지를 장악하는 것이 곧 교역로를 확보하는 것이기 때문이다. 발트해와 일리멘 호수를 거쳐 드네프르 강과 흑해에 이르는 교역로를 따라 노브고로드, 스몰렌스크, 체르니고프, 키예프 같은 고대 도시들이 크게 번성했으며, 이 도시들은 비잔틴제국을 비롯해 불가리아, 그리스, 이슬람 국가 등 주변의 여러 국가들과 교역을 통해 세력을 키워나가 결국 서양의 봉건 국가와 유사한 도시국가, 혹은 지역 국가의 형태를 띠며 발전했다.

크렘린: 목조 요새의 발전 형태

초창기 러시아의 수로체계는 '발트해-흑해 교역로'를 개척한 고트족이, 그리고 바이킹들이, 그 후 노브고로드 공국과 키예프 루시가, 마지막으로 모스크바 공국이 지배권을 장악하면서 볼가 강, 드네프르 강, 酉드비나 강, 로바치 강 등 여러 강들의 유역에 있는 자원들을 활용할 수 있었다. 앞서 언급했듯이, 강들을 지배한다는 것은 곧 강과 강 사이의 연수육지를 점령하고 관리하는 것이었다. 당시의 지배력은 수로체계와 수로 사이의 연수육지에 위치한 목조요새, 혹은 요새화된 수도원을 점령했을 때 의미가 있었다. 당시 대표적인 목조요새들이 위치한 곳은 스몰렌스크, 토르조크(Торжок), 토로페트(Торопец), 모스크바 등이었다. 이들 보다 전략적 가치가 조금 떨어지지만 중요한 목조요새가 설치된 다른 지역은 볼로콜람스크(Волоколамск), 트베리, 브이쉬니 볼로체크(Вышний Волочёк), 르이빈스크(Рыбинск), 수라쥐(Сураж), 그뇨즈도보(Гнёздово) 등이다.[69]

이후 목조요새는 규모와 크기, 그리고 관할지역이 확대된 요새, 즉 크렘린으로 발전했는데, 지역에 따라 노브고로드와 같은 북서부 지역은 '데티네츠'(детинец)의 명칭으로 사용되다가, 14C 이후 크렘린이라는 명칭으로 통합됐다. 크렘린은 고대 중요한 도시 어디에서나 구축됐으며, 위치는 요새의 한 면 혹은 두 면 이상 강에 인접한 곳이었다. 강과 직접적으로 연결되지 않은 요새의 성벽 쪽에는 해자(垓字)를 구축해 외부의 침입으로부터 보호할 수 있는 방어 장치를 마련했다. 목조요새는 14세기 이후 석조요새로 점차 변경됐고, 이후 크렘린의 모습은 대부분 석조 요새의 형태를 띠고 있다. 목조요새가 구축되고, 다시 확대된 형태인 크렘린으로 발전했다는 사실은 지배 공간이 팽창됐다는 것과 비례한다. 즉 목조요새의 발전적 형태인 크렘린은 팽창과 방어의 이중적 기능을 담당했던 것이다.

중요한 사실은 목조요새와 크렘린이 산발적으로 존재한 경우도 있었지만, 러시아인들은 외부의 적으로부터 국가와 민족을 보호하기 위해 공동 방어선의 일환으로 체계적으로 구축했다는 것이다. 이와 같은 요새 방어선 중에 러시아 내에서 가장 대표적인 것이 '大아바티스 방어선'(большая засечная черта, Great Abatis Line/Great Abatis Border)이다.

이 방어선은 주로 모스크바 공국 시기에 구축된 요새 방어선을 말한다. 大아바티스 방어선은 크림한국 타타르족의 침략으로부터 모스크바 공국을 방어하기 위해 구축됐다. 1783년 예카테리나 2세가 크림한

---

69) 오늘날에도 존재하는 모스크바 주변 '볼로콜람스크'의 지명은 '라마 강에 있는 볼로크'라는 의미이며, 트베르 주에 위치한 브이쉬니 볼로체크는 '볼로크의 상류 지역'이라는 의미이다. 도시 명칭에 과거의 지명이 반영된 것은 예전에 중요했던 연수육지를 중심으로 삶의 공간이 확대됐다는 사실을 의미한다.

국을 병합하기 전까지 크림한국 타타르 족들은 크림반도와 모스크바 지역을 잇는 '무랍스키 교역로'(Муравский шлях)을 따라 급속하게 이동하면서 러시아의 남부지역을 약탈·유린했다. 그런 까닭에 러시아는 크림한국의 침략을 막기 위해 크렘린을 중심으로 하는 요새 방어선을 구축했고, 이 방어선은 모스크바 공국과 크림한국 및 스텝지역 유목민들 사이에 맺어진 묵시적인 국경선 역할을 담당했다. 요새 방어선은 수백 km에 달하는 거대한 라인을 형성하고 있는데, 예를 들어 중국의 만리장성(Great Wall of China)과 로마 방어선(Roman Limes), 프랑스의 마지노선, 제2차 세계대전 중에 구축한 독일의 '대서양 방어선'(Atlantic Wall)[70], 철의 장막(Iron Curtain)과 비교가 가능한 인공 방어선이라고 할 수 있다.

'아바티스' 용어는 벌목된/절단된 나무로 만들어진 요새를 표현할 때 사용하는 군사 용어다. 방어라인은 벌목된 나무로 형성된 차단막으로 건설됐다. 요새는 다양한 구조물로 구성됐으며, 그 넓이는 수백 m에 달하기도 한다. 군사적으로나 전략상 매우 중요한 곳에는 서너 개의 요새가 함께 구축되기도 한다. 요새에 만들어진 작은 문, 혹은 정문은 통과하는 보행자를 확인하는 기능과 역할을 위해 만들어졌다. 요새 주변에 거주하는 농민들은 함부로 나무를 절단해서도 안됐다. 일정 기간 요새 정비 작업이나 증축 과정 등에 부역해야만 했다. 방어선 밖에 위

---

70) '대서양 방어선'은 제2차 세계대전이 한창이던 1942년부터 1944년 사이에 나치 독일이 영국과 연합국의 공격을 막아내기 위해 대서양에 인접한 프랑스 서쪽 해안으로부터 스칸디나비아 반도의 노르웨이 해안까지 구축한 방어선을 지칭한다. 대서양 방어선은 1942년 히틀러의 지시에 의해 건설되기 시작했고, 당시 독일 점령 하 프랑스인 부역자들이 백만 명 넘게 동원됐다.

치하는 초원에는 외부 적들의 침략에 방어하기 위해 가을에 불을 놓는다. 도시에 위치한 목조 및 석조 요새들은 당연히 아바티스 방어선 안쪽에 있다. 예를 들어 러시아 중세 시기에 大아바티스 방어선 내부 안쪽에 속한 지역은 세르푸호프(Серпухов), 콜롬나(Коломна), 툴라(Тула), 랴잔(Рязань), 칼루가(Калуга), 코젤스크(Козельск), 무롬(Муром) 등이다. 이 지역의 크렘린과 수도원들은 초기시기에는 팽창, 중세 이후에는 방어적 목적으로 구축됐다. 이 방어선 안에 있는 다른 요새들은 작은 목조요새들에 불과하다.

러시아 역사에는 수많은 요새 방어선들이 존재한다. 물론 방어선에 대해 정확한 정보를 얻기는 쉽지 않다. 요새 방어선은 러시아 국가의 영토가 확장되면서 자연스럽게 남쪽으로 이동했다. 처음으로 요새 방어선 이야기가 나온 시점은 1137년에서 1139년 노브고로드 연대기에 언급됐을 때이다. 요새 방어선은 13세기 러시아의 남부 지역에서 처음으로 등장했다고 한다.

大아바티스 방어선, 즉 대규모 요새 방어선은 브랸스크(Брянск)에서 메쉐라(Мещера)까지 확대됐다. 완성 시점은 대략 1566년으로 보고 있다. 16세기 후반에는 약 35,000명에 달하는 지역 부대에 의해 방어선이 보호됐다. 방어선 안에는 이동부대 사령부가 존재했다.

아바티스 요새 방어선 중에는 역사무대에 제법 이름을 날린 곳도 있었다. 이들 중에서 가장 오래된 요새 방어선은 1563년부터 1566년까지 건설된 것인데, 오카 강을 따라 니주니노브고로드부터 코젤스크까지 연결됐다. 이반 4세에 의해 마지막 부분이 완성됐다. 다른 하나는 그 뒤에 구축된 남쪽의 방어선인데, 주로 알라티르(Алатырь)~오룔

(Орёл)~노브고로드-세베르스키(Новгород-Северский)~푸티블(Путивль)까지 연결됐다. 이반 4세의 아들인 표도르 1세 시기에는 리브니(Ливны)~쿠르스크(Курск)~보로네쥐(Воронеж)~벨고로드(Белгород)를 잇는 방어선이 구축됐다. 심비르스크(Симбирск) 방어선은 1640년경에 구축됐는데, 볼가 강을 따라 구축된 벨고로드 방어선으로도 불리며, 탐보프(Тамбов)로부터 심비르스크까지 연결됐다. 18세기 1736년부터 사마라-오렌부르크 방어선(Самаро-Оренбургской линии)이 형성됐는데, 외곽으로 바쉬키르(Башкиры)까지 확대·구축됐다. 이렇듯 크렘린을 중심으로 구축된 요새 방어선은 러시아 민족과 국가의 생활권을 확대·보호하는 기능을 담당했고, 그 기능의 또 다른 축은 수도원이었다.

수도원: 영토 팽창의 전진 및 방어 기지

988년 기독교를 수용한 러시아에 교회와 수도원이 건립된 이후 수도원은 신앙생활을 위한 구체적 장소뿐만 아니라, 소재지를 방어하는 군사기지 역할도 담당했다. 이 점은 수도원 성벽 상층부에 아래 방향으로 화살과 총을 사용할 수 있도록 설비된 모양을 통해 쉽게 알 수 있다. 그러나 무엇보다도 수도원의 또 다른 기능은 실제로 의도하지 않았지만 영토 팽창의 척후병 역할이었다.

왕국을 거쳐 제국으로 팽창하기 위해 러시아인들이 진출했던 곳은 우랄산맥 너머 광활한 시베리아 지역이었다. 러시아인들이 유럽과 아시아의 지리적 경계인 우랄산맥에 정착한 시기는 1517년으로 거슬러 올라간다. 당시 부유한 가문이었던 스트로가노프 집안은 바실리 3세로부터 철광광산과 소금광산의 운영허가를 받고 그 지역에 진출했다. 그 후 1580년대 토볼 강 유역에 요새를 구축해 지역 지배권을 구축한 스트로가노프 가문은 예르마크를 고용해 시베리아 진출을 시도했다. 이것이 러시아가 시베리아로 영토 확장을 시도한 첫 사례이다.

러시아가 아시아, 즉 시베리아로 팽창하려고 한 이유는 천연자원과 농토의 필요성, 상업적 목적, 안보와 방어에 대한 고려, 그리고 단순한 제국주의적 확장 등을 들 수 있는데, 그중 무엇보다 중요한 진출 의도는 유럽시장에서 인기가 많은 모피를 구하기 위한 상업적 목적이었다.

이 목적을 달성하기 위해 러시아가 취했던 첫 번째 행동은 16세기 중반, 이반 4세 때 발생했다. 당시 모스크바 공국은 주변공국들에 대해 확고한 지배권과 통제권을 가지고 있었고, 이를 통해 근본적으로 새로운 국가의 지리적 심장부로 자리 잡아가고 있었다. 이후 거의 3세기 반에 걸친 영토 확장 과정이 끝났을 때, 러시아 제국의 영토는 동쪽으로 알래스카와 중국의 만주 지역, 그리고 한국, 몽골과 국경을 접했으며, 남쪽으로 페르시아, 터키와 국경을 접할 수 있었다. 러시아의 아시아제국은 고도로 복합적인 과정의 결과물로서 탄생한 것이다.

제국으로 영토적 확장을 추구하던 러시아 팽창정책의 실제 행동 역할은 수로체계의 수송기지 기능을 담당했던 연수육지와 그곳에 세워진 목조요새, 크렘린, 그리고 수도원이 맡았다. 16세기 이후 러시아가 우랄산맥을 넘어 시베리아로 진출하면서 이 지역에는 수많은 요새와 수도원들이 건립됐다. 그들은 실질적인 팽창의 주역이었다. 특히 수도원이 건립됐다는 것은 곧이어 농민들과 행정관리, 군인들이 뒤따라 거주해 그곳이 제국의 영토에 편입됐다는 것을 의미했다.

수도원이 실질적인 팽창정책의 전초기지가 됐다는 사실은 몽골의 지배시기에 교회와 몽골의 관계가 긴밀하게 연결돼 상대적으로 교회의 영향력이 증가했다는 점에서 알 수 있다. 240년간 몽골의 지배를 받는 동안 러시아인의 외교관 역할을 담당했던 교회의 지도자와 그들의 역량으로 인해 교회는 본의 아니게 국민과 수도승들에게 이중플레이 혹은 도덕적으로 불미스러운 외교 전략을 취할 수밖에 없었다. 그 결과 주교들의 도덕적 위상은 추락하고, 교회 조직은 부정적 평가를 받게 됐다.

그런 까닭에 신실한 수도생활을 원하던 많은 성직자 및 수도승들은 교회의 현실 정치 참여에 반감을 갖기 시작했고, 만연한 유혹으로부터 정신적, 도덕적 탈출구를 찾고자 했다. 결국 순수한 신앙생활을 위해 14세기부터 17세기에 이르기까지 수백 개에 달하는 새로운 수도원들이 깊고 울창한 숲 속에 건설됐다. 이 당시 설립된 수도원들은 주로 성 세르게이의 제자들 또는 그의 추종자들에 의해 만들어진 것이다. 대규모 수도원 이주의 결과는 크게 세 가지로 요약할 수 있다.

첫째, 북극 지역과 북극 지역 주변에 거주하던 핀 족과 시베리아에 거주하던 투르크족 및 몽골족들은 공간을 확장하던 수도원의 영향으로 기독교로 개종했다. 둘째, 도덕적, 정신적 가치를 추구하던 농민과 추종자들이 수도승들을 따라 이동해, 수도원 근처 숲속 빈터에 거주지를 형성하고 그곳에 정착했다. 셋째, 농민들이 수도원 주변에 정착하지 수도승들이 더욱 외지고 깊은 숲 속으로 이동했고, 다시 농민들이 그들을 따라 이동하자, 수도승들은 더 멀리 이동하는 선순환 과정이 되풀이됐다. 그리고 농민들이 정착한 곳에는 뒤이어 관리들이 도착했고, 그다음 군인들이 주둔했다. 군인들이 파견돼 주둔한 지역은 공식적으로 러시아의 영토로 병합됐다. 이러한 반복된 행위와 현상은 러시아 영토 팽창정책의 한 단면이 됐으며, 그 결과 은둔 수도승들은 본의 아니게 러시아 팽창정책의 대리인 혹은 첨병이 됐던 것이다.

그리고 수도승과 농민의 선순환적 반복 행위가 가능했던 것은 수도원의 기능 중 하나 때문이었다. 당시 수도원에서 행했던 노동 중에서 가장 성스러운 작업은 서적 복사였다. 당시 복사라는 것은 손으로 직접 옮겨 적는 필사본을 생산하는 행위였기 때문에, 11세기부터 서적 복사는 개별 수도승뿐만 아니라, 모든 수도원들이 떠안아야 하는 가장 중요한 업무였다. 원래 수도원은 도시로부터 일정한 거리를 두고 세워졌다. 몽골-타타르 지배시기에 수도원은 깊숙한 숲 속, 또는 외진 북부지방에 세워졌지만, 아무리 외진 곳에 수도원이 건설됐다 하더라도 전체 수도원들은 서로 연락이 가능했으며, 그래서 서적 복사를 위한 필사본 교환이 가능했다. 이와 같이 전체 수도원의 연락체계가 수립돼 있었기 때문에 수도승들이 아무리 외진 곳으로 이동한다고 해도 농민들과 군인들, 관리들의 추가 이동이 가능했던 것이다.

*　*　*

러시아 국가와 민족의 생활권이 확대된 과정은 수로와 하천의 지배로부터 출발해 대양으로 향한 출구를 확보해 제국을 형성한 공간적 인과관계 속에서 찾을 수 있다. 그 중심은 강과 수로체계였다. 즉 드네프르 강과 오카 강, 볼가 강을 중심으로 하는 수로체계가 팽창의 객관적 조건이 됐으며, 연수육지, 목조요새, 크렘린, 그리고 수도원들이 팽창의 주관적 조건이자 원심력으로 작용했다.

동유럽 평원을 가로지르는 여러 강들은 국가형성 이전부터 육로와 수로를 연결하는 해상교통로의 역할을 담당했다. 강을 통한 수로체계로 인해 러시아인들은 발트해, 흑해, 카스피해, 북극해 등 해양으로 나아갈 수 있었고, 우랄산맥을 넘어 시베리아와 태평양으로 진출할 수 있었다.

수로를 통해 생활권이 확대되고 생활권의 중심지 역할을 했던 크렘린과 수도원은 팽창 기능과 더불어 외부의 침략을 방어하는 요새로서 군사적 기지 역할까지 담당했다. 역사 시기에 따라 비중과 역할의 차이는 있다 하더라도 두 가지 기능을 병행한 사실은 러시아 역사에서 흔히 볼 수 있는 사례라 하겠다.

성(聖)과 속(俗)의 공간:
러시아의 가정*

　일반적으로 러시아인들의 가정은 기독교가 수용되기 전에도 민간신앙에 따라 의식과 축제가 진행됐던 성스러운 장소였다. 그곳에서는 중매(сватовтсво)와 혼담이 오가며 결혼식이 거행됐고, 망자(亡者)에 대한 장례식도 거행됐다. 물론 개인의 통과의례와 같은 의식들은 집에서만 거행된 것은 아니었고, 마을이나 지역주민들이 모두 모이는 넓은 광장에서 거행되기도 했다. 새해 초에 행하는 점치는 행위(гадание)와 한 해의 풍성한 수확을 바라는 의식이 집안에서 시작됐을 뿐 아니라, 신년 초 마을을 돌며 가족과 마을 사람들의 건강을 기원하는 '콜라드카'(колядка)를 부르거나 가장무도회에 참석하는 행사도 집안에서 거행됐다.

　겨울을 보내고 봄을 맞이하는 축제인 마슬레니차 기간에 거행되는 성대한 블린 축제와 게오르기의 날에 시작되는 첫 번째 방목제(放牧祭)와 같은 여러 의식들이 모두 각각의 가정에서 시작됐다. 그 결과 집안의 家長(Большак)은 神官의 역할을 맡아 모든 의식을 주관했던 것이다.

---

* 황성우, "성(聖)과 속(俗)의 공간: 러시아의 가정," 『Russia & Russian Federation』, Vol. 3, No. 4 (Dec 2012), pp. 41-44 내용을 수정 보완함.

엄격한 금욕생활을 강조하며 중세시기 노브고로드 지역을 중심으로 활동했던 스트리골니키(стригольники)들이 '우리 집이 곧 우리의 교회다'(Дом мой-Храм мой)는 점을 강조한 것을 보아도 성스러운 의미로 집이 차지하는 종교적 중요성을 알 수 있다.[71] 각각의 집(изба)에서 가정 단위의 의식이 끝나면, 두 번째 단계로 마을 전체 구성원이 참석하는 공동체 모임(Мирский Сход)에서 의식이 거행됐다. 그런 까닭에 집은 모든 의식들이 시작되는 장소이면서 동시에 마무리되는 장소였다.

가정이라는 의미를 가진 러시아어의 'домашний очаг'에서 볼 수 있듯이, 모든 의식은 가정으로부터, 특히 '집안의 난롯가'를 중심으로 시작됐다는 사실을 알 수 있다. 만일 어느 한 가족이 이사를 해야 할 경우에는 살고 있던 집의 난로에서 불씨를 화로에 담아 새 집에서 바로 사용할 수 있게 불을 소중히 여겼다. 이주할 집이 멀리 떨어져 있는 경우에는 난로에서 사용하던 삽과 불 지피는 도구만 가지고 갔다고 한다. 우리네 정서와 유사하게 불에 대한 러시아인의 신실한 숭배의식을 엿볼 수 있다.

성스러운 장소로서 집이 갖는 이미지는 기독교가 수용된 이후에도 변하지 않았고, 단지 성소(聖所)로서 기능은 유지하면서 민간신앙의 성

---

71) 소련의 민속학자들은 중세 러시아인의 주거지 연구를 통해 민간신앙의 의식들과 그에 대한 믿음을 확인할 수 있었는데, 슬라브인들이 집과 의복을 주술적인 무늬로 채울 정도로 정령숭배는 슬라브인들 사이에서 보편적으로 널리 퍼져 있었다. 예를 들어 건축물과 의복에 우리의 부적과 같은 것을 장식할 때 일관된 한 가지 원칙이 있었다. 즉 온갖 부정한 악귀가 인간에게 침투할 수 있는 곳이면 어디든지, 예를 들어 외부로 통하는 모든 문이나 유리창에 부적 문양으로 장식했다.

소였던 집이 기독교의 교회로 새롭게 자리매김했을 뿐이었다. 이러한 현상은 민간신앙의 성소들이 세워졌던 자리에 고등종교로서 기독교의 교회가 세워지는 현상과 동일하다고 할 수 있다.

이렇듯 러시아인들에게 집은 하나의 작은 교회와 같은 곳이었다. 농민들의 집은 흔히 농민들의 생활 중심지이자 전례의식을 위한 성스러운 장소라고 말하고 있다. 농민들의 집에는 반드시 성상화가 걸려 있고, 그곳은 탄생과 결혼 그리고 죽음과 관련된 의식들이 거행되는 의식의 장소였기 때문이다.

러시아 농촌가옥의 구조에서 공간 배치는 전통적으로 엄격했다. 러시아인의 주택구조는 벽난로가 놓여 있는 주방, 이콘(성상화)이 걸려 있으면서 손님을 맞이하고 가족들이 식사를 하는 성스러운 장소, 그리고 침실이라는 세 가지 공간형태를 가진다. 여기서 성소의 개념으로 사용되는 장소는 바로 이콘이 걸려 있는 곳이었다. 이곳은 흔히 '중요한 곳'(Красный Угол), 신성한 곳(Святой Угол)이라 불리는 성소인데, 보통 벽난로와 대각선 구조를 이루고 있다. 집안에 들어오는 손님들은 현관 앞에서 성소를 보고 모자를 벗은 다음, 세 번 성호를 긋고 이콘에 인사를 했다. 그런 후에야 주인과 인사를 나누었다고 한다. 이곳은 오늘날 교회 안에 설치된 이콘화벽의 내부, 즉 지성소(至聖所)와 같은 장소라고 할 수 있다.

고대 러시아의 집안에서 성상과 제단을 갖춘 '성스러운 장소'는 각각의 가정에서 보여지는 종교적이면서 정신적인 생활의 중심지였다. 이러한 역할과 관련된 사실은 16세기 실베스테르(Сильвестр)의 『도모스트로이』(Домострой) 제8장에도 잘 언급돼 있다.

"어떻게 자신의 집을 성상으로 장식하고 집을 정결하게 할 것인가?" 모든 기독교인들은 자신의 집에, 모든 건축물에 온갖 장식과 램프를 갖춘 화려한 장소를 만든 다음, 성상이 그려진 성스럽고 정결한 형상을 벽에 모셔야 할 것이다. 하느님을 찬미할 때는 성상 앞에 초를 밝힐 것이며, 찬송을 마치면 초를 꺼야 하고, 청결하게 하기 위해, 또한 먼지를 막기 위해, 단정하고 소중하게 하기 위해, 막으로 덮어야 하며, 항상 깨끗한 날개로 쓸어내고 부드러운 입술로 닦을 것이며, 언제나 사원을 청결하게 유지할 것이고, 기품 있게 순결한 양심으로 성상을 다룰 것이고, 하느님을 찬미할 때나 찬송가를 부르거나 기도를 올릴 때에는 촛불을 밝히고 향기로운 향을 피우며 기도를 올릴 때나 자지 않고 있을 때, 절을 할 때나 하느님께 찬송을 드릴 때 항상 성상을 경배하라. 눈물로써 통곡으로써 비탄에 빠진 마음의 죄의 용서를 빌며 참회하라.

이렇게 볼 때, 집이 가지고 있는 성소로서 기능은 기독교 수용이전과 기독교가 수용된 이후에도 변함없이 유지돼 왔음을 알 수 있다. 여기서 민간신앙의 성소가 그 기능은 그대로 유지한 채 기독교의 성소로 전환되는 과정을 엿볼 수 있다.

이와 반대로 집이 가지는 성스러운 의미와 다르게 부정적으로 전개되는 현상도 있었다. 그 예로 목욕탕(Баня)을 들 수 있다. 목욕탕과 헛간, 마굿간[72]과 같은 장소가 기독교의 세계에서 차지하는 의미를 보면, 또 다른 기독교와 민간신앙의 융합 현상을 볼 수 있다. 즉 기호학자 우

---

[72] 추운 날 농민들은 말들을 마굿간에서 기르기도 했는데, 이곳에는 말을 지키는 수호신으로 알려진 플로라와 라브르를 의미하는 성상화가 걸려 있거나, 혹은 '말의 수호신'이라고 불리는 구멍뚫린 돌들이 벽에 걸려 있기도 했다.

스펜스키는 목욕탕이 기독교에서 부정한 장소로서 존속할 수 있었던 이유를 기독교 수용 이전에 東슬라브인의 생활에서 목욕탕이 가졌던 성스러운 의미에서 찾을 수 있다고 했다.73) 즉 기독교가 수용되기 전에 목욕탕은 집안의 성소로서 기능을 가지고 있었는데, 기독교가 수용된 이후에도 그 기능은 계속 유지했다는 것이다. 달라진 점은 집의 이미지와 같이 성소의 개념으로 바뀐 것이 아니라, 악마 힘이 존재하는 부정한 장소로서, 이곳에는 십자가의 힘이 미치지 못한다는 사실이었다. 그런 까닭에 러시아인들은 목욕탕인 바냐를 사악한 정령과 마녀들, 그리고 사자(死者)들이 모이는 장소로 인식해 바냐에는 이콘을 걸지 않았고, 목욕하기 전에 십자가를 풀어 놓았다. 그리고 목욕이 끝난 뒤에도 러시아인들은 이곳의 정령인 반니크(Ванник)와 그의 아내 반나야(Ванная)를 위해 물을 남겨 놓았다고 한다.

이렇게 집과 목욕탕이 가지고 있던 신성한 장소과 불결한 장소의 이미지는 집의 정령인 도모보이(Домовой)와 다른 정령들과 관계에서도 찾아볼 수 있다. 도모보이는 기독교 수용 이전에 러시아인들이 믿고 있었던 조상숭배에 기원을 두고 있어서 도모보이가 과거의 家長을 의미한다고 전해진다.

도모보이는 주로 집안의 벽난로 근처와 문지방 아래, 또는 다락방에 거주했고, 간혹 가축우리나 마굿간에 살기도 했다. 그의 활동 범위는 주로 집안으로 국한됐으며, 집 마당까지 확대되지 않았다.74) 집안에서

---

73) 러시아인들은 바냐에서 병을 쫓아내고, 이 바냐가 바로 모든 병을 고칠 수 있다고 믿고 있다.

74) 19C 말엽에 이 도모보이에 악마의 요소가 가미돼 탐보프(Тамбов) 지역의 사람들은 도모보이가 특정한 시점에 신의 저주를 받아 땅에 묻힐 수 없었던 조상이

도모보이의 역할은 대략 네 가지로 구분할 수 있다. 첫째, 앞일을 예측하는 역할을 포함해 집 구성원과 관련된 역할, 둘째, 가축과 관련된 역할, 셋째, 새집으로 이동할 때 도모보이와 관계, 네 번째, 도모보이와 다른 정령들과 관계이다.

농민들이 농사일을 게을리하거나 해야 할 일을 잊어버렸을 경우, 도모보이는 벽을 긁어 소리를 내서 농민들에게 자신의 존재를 알린다. 새로운 가축을 집안으로 들여올 때, 먼저 농민들이 도모보이에게 이 사실을 알리는 것은 모두 도모보이의 환심을 사고자 하는 의도에서 나온 것이라고 할 수 있다. 또한 새로운 집으로 이동할 때, 집주인은 이콘과 빵, 소금을 들고 도모보이에게 동행할 것을 요청하기도 한다. 이렇게 볼 때, 일종의 가택신이라고 할 수 있는 도모보이는 자신이 살고 있는 집의 구성원들에게 호의적이라고 볼 수 있다. 즉 집안일을 도와주는 친절한 존재로서, 가족들이 게으르거나 태만할 경우에만 벌을 주고, 교회의 물건들과도 친밀하게 지내는 도모보이의 이미지는 집이 가지고 있는 성소적 역할을 더욱더 보완해준다고 할 수 있다.

집의 정령인 도모보이가 가지고 있는 우호적인 측면과 반대로 마당의 정령인 드보로보이와 헛간의 정령이라고 할 수 있는 오빈니크는 인간들에게 해를 끼치는 존재였다. 드보로보이는 오빈니크처럼 매우 악의적인 존재로 등장하지는 않지만, 밤에 자는 사람을 방문해 그를 속이거나, 갓 태어난 가축들에게 해를 끼친다고 전해진다. 그러나 무엇보다도

라고 믿었다. 불결하게 죽은 사람과 도모보이가 연결됨으로써 도모보이가 가지고 있던 선한 이미지는 실추됐지만, 일반적으로 도모보이는 인간들에게 우호적인 존재로 남아 있었다.

인간들에게 커다란 해를 끼치는 존재는 오빈니크였다. 오빈니크는 집 주위에 거주하는 정령들 중에서 가장 사악한 존재로 등장하는데, 농민들이 특정한 날에 불을 피우지 못하게 하고, 이를 어길 경우 오빈니크는 헛간을 불태우거나 심지어 집주인까지 불에 태워버렸다고 전해진다.

이렇게 볼 때, 집안에 거주하는 도모보이의 선한 이미지와 이와 대비되는 집밖의 드보로보이, 오빈니크, 반니크의 악한 이미지는 '신과 악마'라는 대비되는 개념으로 발전돼 교회에 의해 수용됐고, 그래서 집과 교회는 성스러운 장소로서 '안팎의 장소'와 동일하게 대비됐다고 볼 수 있다.

그리스 프로젝트:
예카테리나 2세의 원대한 꿈

18세기 후반 오스만제국과 치른 두 번째 전쟁은 어찌 보면 러시아가 내세운 이른바 '그리스 프로젝트'의 과정이었다. 그리스 프로젝트는 1780년대 러시아 예카테리나 2세가 추구했던 동방정책의 전략이다. 오스만제국을 분할하거나 혹은 세력을 약화시켜 콘스탄티노플을 중심으로 새로운 비잔틴제국을 재건하는 것이 그리스 프로젝트의 핵심 목표이다. 예카테리나 2세와 그의 충신이던 포템킨(Potemkin, Gregori Alexandrovich, 1739~1791)[75] 장군이 이 계획의 주창자이다.

역사가들은 예카테리나 2세가 오스만제국을 해체하고 그 자리에 새

---

* 황성우, "예카테리나 2세의 '그리스 프로젝트,'"『동유럽발칸학』, Vol. 40, No. 1 (2016.2), pp. 177-203 내용을 수정 보완함.

[75] 1783년 러시아가 크림반도를 점령한 이후, 포템킨은 러시아로 편입된 크림반도를 발전시키기 위해 사람들을 이주시키고, '세바스토폴' 도시를 건설해 흑해 함대를 배치했다. 1787년 영국, 프랑스, 오스트리아 대사들을 초빙한 자리에서 포템킨은 크림반도의 발전상을 보여주기 위해 마을을 꾸미고 정답게 노니는 농민들의 모습을 그들에게 보여주었는데, 이 모든 장면들이 남에게 보여주기 위한 연출이었다고 전해진다. 그 결과 실제 사람이 살지 않는 '거짓 마을,' '유령 마을' 의미의 '포템킨의 마을'(Потёмкинские деревни)이라는 용어가 생겨났다.

로운 그리스 제국을 재건하고자 했던 사실에 대해 지속적으로 논쟁을 벌이곤 했다. 앞서 언급했듯이, 그녀는 그리스 프로젝트를 진정으로 추진하기 위해 차르스코예 셀로에 있던 그녀의 여름궁전에 투르크풍의 궁전과 소피아 성당을 모방한 교회를 짓기도 했고, 그녀의 둘째 손자이자, 파벨 1세의 차남인 콘스탄틴에게는 러시아어를 배우기도 전에 그리스어를 가르치기도 했다. 또한 예카테리나 2세는 콘스탄틴의 탄생을 기념해 성소피아 성당을 새긴 메달을 제작하기도 했다. 예카테리나 2세 시기에 발표된 오페라 중 하나인 '올레그 공후의 통치'(Begining of Oleg's reign)에서도 콘스탄티노플을 장악하려는 여제의 계획이 등장한다. 이러한 예들은 예카테리나 2세는 현실적으로 그리스 프로젝트를 추진해 오스만제국 위에 새로운 비잔틴제국을 건설하려고 시도했다는 것을 반영한다.

하지만 이와 반대의 생각을 갖고 있는 학자들은 예카테리나 2세가 추진한 그리스 프로젝트가 표트르 대제 시대부터 대대로 전수된 러시아의 '문화적 이상'(Cultural Ideals)의 유물이라고 설명한다. 즉 역사의 기록에 따르면, 표트르 대제는 죽기 전에 유훈으로 세 가지를 남기는데, 그것은 첫째, 콘스탄티노플을 정복하고, 둘째, 이교도들인 투르크인과 타타르인들을 유럽에서 쫓아내며, 셋째, 그 결과로서 그리스 국가를 재건하는 것이었다[76] 다시 말해서 그리스 프로젝트는 예카테리나 2세

---

[76] 당시의 유럽 열강들은 러시아를 의심의 눈으로 볼 수밖에 없었다. 왜냐하면 표트르 대제 이후로 러시아가 서유럽화 정책을 추진하고, 그 결과 유럽의 열강 중 하나로 부상하자 유럽의 열강들은 러시아가 취하는 모든 정치적 행동들을 팽창정책의 일환으로 해석했기 때문이다. 그리스 프로젝트 추진 배경의 진실성 여부를 떠나 표트르 대제의 계승자를 자처한 예카테리나 2세는 표트르 대제가 이루지

의 독창적인 계획이 아니라, 표트르 대제의 유훈에 따른 후속 정책이라는 것이다.

어찌 됐든, 그리스 프로젝트가 현실화된 것은 아니지만, 예카테리나 대제는 1792년 '자시 조약'(The Treaty of Jassy)을 통해 흑해 지역에 대한 지배권을 국제사회로부터 인정받고, 동시에 이후 흑해는 러시아의 남부 국경선으로 인정받게 된다. 모스크바, 상트페테르부르크, 콘스탄티노플 등 세 개의 수도를 통해 대제국을 건설하고자 했던 그녀의 '매머드급' 구상은 성공을 거두지 못했으나, 흑해 지역을 확보해 고대 러시아 문명 발상지를 회복하고 유럽으로 가는 러시아의 남쪽 수출입 창구를 확보하려는 그녀의 '작은' 계획은 실현됐다고 하겠다.

흑해지역은 러시아 역사의 시발점이자 러시아 문명의 발상지였다. 흑해는 고대 러시아의 중심부 역할을 했던 '발트해-흑해' 교역로의 한 축을 담당하며 러시아인들이 비잔틴제국으로 다가가는 통로였다. 교역을 통해 부를 축적한 키예프 루시의 운명도 발트해-흑해 교역로의 흥망성쇠와 맥을 같이 했다. 더욱이 1240년 키예프 루시가 몽골 군대에 의해 몰락한 이후에 흑해의 주인은 러시아가 아닌 몽골인과 그 후계자들이 세운 국가였다. 1480년 러시아가 몽골의 멍에로부터 벗어나고, 1550년대 이반 4세가 크림한국과 아스트라 한국을 점령했을 때도 흑해는 여전히 크림한국의 관할 하에 놓여 있었다.

낙후된 러시아를 근대화시키기 위해 적극적으로 서유럽화 정책을 펼친 표트르 대제가 유럽으로 나가는 창구를 염두에 두고 이곳에 우선적

못한 그의 꿈을 자신의 권력으로 현실화함으로써 그녀의 위대함을 만천하에 알리고자 했을지도 모른다.

으로 수도를 건설하고자 했을 정도로 흑해는 러시아에게 중요한 전략적 핵심공간이다. 흔히 상트페테르부르크를 '유럽으로 열린 창'이라고 부르지만, 표트르 대제가 유럽으로 나가는 출구를 만들려고 제일 먼저 고려했던 지역은 흑해였다. '발트해-흑해' 교역로를 통해 부를 축적해 역사를 시작한 러시아 입장에서 흑해의 중요성은 결코 가볍게 평가할 수 없었기 때문이다. 더욱이 키예프 루시 몰락 이후 다시 회복하기까지 이곳에 기울인 국가적 노력을 감안하더라도 러시아가 흑해를 얼마나 중요한 공간으로 간주하는 지 알 수 있다.

표트르 대제도 성공하지 못한 흑해 점령은 그의 후계자를 자처한 예카테리나 2세의 몫이었다. 표트르 대제와 유사하게 '강대국 러시아'를 표방하며 영토 확장에 관심을 기울인 예카테리나 2세는 동, 서, 남 세 방향으로 러시아의 공간을 확대시켰고, 특히 서쪽으로 진출해 폴란드를 러시아 영토로 편입하고, 남쪽으로 진출해 두 차례의 전쟁을 통해 오스만제국의 세력을 무력화시키며 흑해 지역을 점령했다. 폴란드와 흑해 및 크림반도 지역을 본인이 러시아로 가져온 혼수품이라고 말할 정도로 영토 확장에 자부심을 가진 예카테리나 2세는 유럽과 아시아를 아우르는 대제국을 건설하고자 했으며, 그녀의 손자들이 새로이 건설된 제국의 지도자가 되기를 원했다고 볼 수 있다.

이렇듯 그리스 프로젝트는 러시아의 오랜 숙원이었던 흑해 지역을 차지하고 그녀의 원대한 꿈을 현실화시키기 위해 예카테리나 2세가 야심차게 준비한 계획이었다. 물론 앞 부분에서 설명했듯이, 이 계획과 구상이 예카테리나 2세와 측근인 포템킨의 독창적인 생각에서 출발했다고 볼 수만은 없다. 용어 자체는 독창적으로 생성됐다 할지라도 그리스 프로젝트의 내용과 목표는 표트르 대제 이후 러시아의 지도자가 꿈꿔왔던 남쪽 국경 흑해에 대한 정서적 동경과 이것을 현실에 구현하기 위해 예카테리나가 추진한 계획이 서로 맞물리며 가시화됐다고 볼 수 있다. 그녀는 앞선 러시아의 지도자들로부터 전수받은 역사적 임무를 현실 정치에 적용해 완수하고, 성공한 정책을 통해 자신의 위대함을 널리 알리고자 그리스 프로젝트라는 초대형 프로젝트를 추진했다고 할 수 있다.

* * *

예카테리나 대제가 구상했던 그리스 프로젝트를 통해 크림반도와 흑해에 대해 러시아인들이 품고 있는 주관적 정서를 파악할 수 있다. 2014년 3월 러시아의 크림반도 합병으로 인해 국제사회에 '新냉전'이 본격적으로 도래하고 2022년 2월 러시아와 우크라이나 간 전쟁이 발발한 상황에서 과거의 기억에서 소환된 그리스 프로젝트는 러시아인들이 크림반도에 애착을 가질 수밖에 없는 이유를 설명해주고 있다.

2014년 크림반도 합병은 우크라이나인과 서방세계 사람에게는 절대로 이해될 수 없는 러시아의 돌출 행동으로 보이겠지만, 러시아인들에게 흑해와 크림반도는 자신들이 살아온 삶의 자취를 간직한 '구체적 장소'인 것이다. 역사를 '집단적 기억의 보관자'라고도 한다. 흑해와 크림반도는 러시아인들이 집단적으로 기억을 공유하고 있는 역사의 공간이다. 이곳을 러시아인으로부터 빼앗은 경우도 합당한 절차에 의한 것은 아니었다. 소련이라는 울타리 안에서는 행정구역상 어디에 속하더라도 별반 중요하지 않았던 크림반도 지역이 페레야슬라블 조약 300년을 기념해 1954년 러시아 공화국에서 우크라이나 공화국으로 행정구역이 변경됐다가 그 상태에서 소련 해체가 발생했다. 러시아인들은 이 모든 상황을 그저 바라볼 수밖에 없었다.

소련 해체 후 우크라이나에 속한 크림반도에 거주하는 러시아인들이 러시아로 귀속되기를 원해도, 주권을 가진 우크라이나 입장에서 크림반도의 러시아 귀속은 절대 허용할 수 없는 문제였다. 크림반도에 주둔한 러시아 흑해함대의 관리 문제도 마찬가지였다. 러시아는 흑해함대를 운영하기 위해 우크라이나 땅을 임차해야 했다. 예전에 같이 살았던 가족의 땅을 사용하기 위해 가족과 계약을 체결해야 하는 상황이었다. 예상하지 못한 갑작스런 소련의 해체가 가져온 결과물들이다. 누군가에게 크림반도는 비잔틴제국의 황녀와 결혼하기 위해 제국의 황제 바실리 2세를 압박한 현장일 수 있으며, 병자를 위해 나이팅게일이 활약한 구체적 장소일 수 있고, 톨스토이가 참전한 크림전쟁 속 세바스타폴 전투의 장면일 수 있고, 2013년 11월 유로마이단 사태와 2014년 3월 크림반도 병합 사건을 소환하는 무대일 수 있다. 크림반도는 일방적으로 누구 하나에게, 혹은 특정 민족에게 점유된 공간은 아니다.

제4부

음식의 세계사,
음식으로 보는 문화

감자:
전염병의 소굴에서 제2의 주식으로*

　인류의 역사를 뒤바꾼 음식 중에서 빼놓을 수가 없는 것이 바로 감자다. 안데스산맥 지역이 원산지인 감자가 유럽과 전 세계 사람들에게 사랑받기 시작한 시점은 생각보다 그리 오래되지 않았다. 모두가 알고 있듯이, 감자가 원산지를 넘어 전 세계에 알려진 것은 잉카 제국의 황금을 찾기 위해 몰려든 스페인 사람들 덕분이었다. 우스개 소리로 들릴 수 있지만, 스페인 사람들이 고지대에서 황금을 찾는데 몰두하지 않았다면 감자는 지금까지도 전 세계에 보급되지 않았을지 모른다. 감자가 아메리카 대륙이 아닌 대서양을 건너 유럽에 전해진 사실이 처음으로 정확하게 기록돼 있는 시점은 1565년 아메리카 원정대들이 스페인 국왕 펠리페 2세에게 감자를 헌상했을 때이다.

　지금이야 전 세계 사람들에게 사랑받고, 다양한 요리법이 개발돼 없

---

* 황성우, "전염병의 소굴에서 제2의 주식으로: 감자 이야기,"『Russia & Russian Federation』, Vol. 2, No. 3 (Sept. 2011), pp. 81-82 ; 황성우, "러시아 감자 이야기,"『Russia·CIS Focus』, No. 135 (2011.10.31.) 내용을 수정 보완함.

어서는 안 되는 음식으로 자리 잡았지만, 유럽에 소개된 초기에 감자는 전혀 인기가 없었다. 그 당시 감자가 보급되지 못한 가장 큰 이유는 먼저 그 생김새에 있었다. 지금이야 개량종이 나오면서 둥글고 표면도 매끄러워 보기만 해도 입맛을 당기지만, 처음 감자를 본 사람들은 생김새도 이상했거니와 자른 표면이 검게 변하는 것을 보고 괴사 피부를 연상했다고 한다. 그런 까닭에 감자를 먹으면 흔히 나병, 문둥병이라고 부르던 한센병에 걸린다고 믿었기 때문에 감자 먹기를 거부했다.

또한 『레위기』와 같이 음식에 대한 금기를 기록한 경전과 마찬가지로, 스코틀랜드의 한 성직자는 성서에 감자가 언급되지 않는다는 사실을 지적하면서 금단의 열매인 감자를 먹어서는 안 된다고 설교했다. 그의 설교 때문에 감자 보급이 늦어졌다고 말하는 사람도 있다.

이렇게 초기에 인기를 끌지 못했던 감자를 유럽인의 식탁에 올리는 데 기여한 사람은 두 명이다. 그중 한 명은 우리가 잘 알고 있는 프로이센의 프리드리히 대왕, 즉 프리드리히 2세다. 1914년 제1차 세계대전이 발발하기 전까지 유럽의 '마지막 국제전'이라고 부르기도 하지만, 흔히 '감자전쟁'으로 더 잘 알려진 '7년 전쟁'(1756~1763)과 1770년과 1772년 사이에 발생한 식량 위기에서 프리드리히 2세는 감자 재배를 적극 장려했을 뿐만 아니라, 감자의 효용에 대해서도 일반인들에게 널리 알리고자 했다.

또 한 명의 공헌자는 프랑스의 농학자였던 앙투안 파르망티에 (Antinoie-Augustin Parmentier, 1737~1813)다. 7년 전쟁 때 프로이센의 포로로 잡혀있던 파르망티에는 약 1년 간 포로생활을 하는 동안 감자의 효용을 직접 확인하고 프랑스에 보급하기 위해 감자 전도사가 됐다. 파르망티에는 영양가 높은 감자의 가치를 알리고, 감자의 대중화 및 식용화를 위해 다양한 방법을 사용했다고 알려졌다.

당시 감자 보급이 증가한 이유는 감자에 영양분이 풍부하다는 사실을 깨달았기 때문이기도 하지만, 무엇보다도 감자가 땅 속에서 자라기 때문에 전쟁의 피해를 상대적으로 덜 입는다는 것이었다. 과거에는 자연재해뿐만 아니라, 전쟁이라는 '인공 기근'이 항상 농민들을 괴롭혔는데, 새로 소개된 감자는 전쟁의 약탈에 상대적으로 노출되지 않았기 때문이다. 당시 알자스-로렌 지역의 문서에는 이와 같은 감자의 장점을 기록한 문서까지 등장했다. 어찌 됐든 이후 독일과 북부 유럽을 중심으로 감자 재배가 증가했고, 감자는 독일을 비롯한 북부 유럽의 농민을 만성 기아상태에서 해방시켰다. 그 결과 출생률이 높아져 자연스레 인구가 증가했고, 감자 재배가 증가함으로써 돼지 사육 또한 증가해 유럽인의 식탁이 풍부해졌다. 이후 감자로 인해 민족 갈등이 발생하기도 했으나,77) 감자는 제2의 주식으로 유럽과 전 세계인들의 사랑을 여전히 받고 있다.

감자의 명칭과 관련해서는 재미있는 이야기가 있는데, 16세기까지 대부분의 유럽인들은 땅 속에서 얻어지는 음식은 모두 '트뤼프'(truffe,

---

77) 1845년 감자 단일경작을 하던 아일랜드 감자밭에서 입고병이라는 전염병이 발생해 2년여 동안 대기근이 발생했는데, 프로테스탄트 성공회교도였던 앵글로색슨계 아일랜드인들은 켈트족 후손의 가톨릭교도 아일랜드인에게 적절한 대처를 하지 않아 민족차별이라는 오해를 받았고, 그 결과 많은 수의 아일랜드인들이 잉글랜드, 미국, 호주, 캐나다, 뉴질랜드 등 외지로 이주했다. 1922년 아일랜드가 독립한 이후에도 잉글랜드의 일부로 남겨진 북부 얼스터에서 북아일랜드 공화국(IRA)이 활동했는데, 조직이 발생한 근본적인 이유는 19세기 중반 감자 재배 실패로 발생한 대기근 때문이었다.

송로버섯)'라고 생각했는지, 새로 들어온 감자를 트뤼프의 일종이면서 빵과 같은 존재로 인식해 '하얀 트뤼프'라고 표현했다. 이탈리아어로 트뤼프를 타르투포(tartuffo)라고 하는데, 독일어로 감자를 뜻하는 카르토펠(kartoffel)은 이 말에서 파생됐고, 러시아어의 감자 역시 이 말에서 파생됐다.

감자가 러시아에 처음 소개된 때는 1697년~1698년 사절단을 이끌고 서유럽 탐방에 나섰던 표트르 대제 시기였다. 하지만 다른 유럽국가에서 그랬듯이, 편견으로 인해 초창기 러시아인들에게 감자는 인기가 없었다. 1765년 예카테리나 대제가 직접 감자 재배를 지시했음에도 불구하고 감자는 러시아인의 식탁에 올라가지 못했다. 1765년 러시아 원로원은 감자를 장려하는 조치를 취했는데, 당시 작성된 보고서에 따르면, 러시아, 특히 상트페테르부르크나 도시의 궁전 뜰, 혹은 그 주변지역과 시장에서 감자가 재배되고 있지만, 그때까지도 일반 농민들은 감자를 거의 경작하지 않았다고 한다. 러시아 구교도들 역시 감자를 '악마의 식물'이라 주장해 감자에 대해 강한 거부감을 표현했었다고 한다.

19세기 접어들어 1830년대에도 제정러시아 정부가 감자 재배를 적극적으로 장려했음에도 불구하고 감자 생산은 좀처럼 증가하지 않았다. 오히려 농민들은 감자를 불신하고 있었다. 예를 들어 1830년대와 1840년대에 걸쳐 러시아 지역 내 볼가강 중류, 우랄지방, 서시베리아 등지에서 이른바 '감자 폭동'이라 불리는 대규모 농민 봉기가 자주 발생했다.

감자를 둘러싼 농민의 불신은 단순한 식습관의 문제가 아니었다. 그때까지도 러시아 농민들은 감자가 낯설고 위험한 작물이라 여겼으며, 일부 성직자들은 성경에 언급되지 않는 감자를 '악마의 열매'로 규정하기도 했다. 더욱이 국가가 농민 공동체의 동의 없이 재배를 강제하고, 씨앗을 나누어주며 의무 경작을 요구하는 방식이 농민들의 분노를 자극했다. 19세기 러시아의 감자 폭동은 이러한 국가적 동원과 공동체적 자율성 간 노골적인 긴장이 적나라하게 드러난 사건이었다. 농민들의 봉기는 제정러시아 군대의 강경 진압으로 종결됐다. 수 많은 농민들이 체포당하거나 유배됐고, 국가의 권위는 다시 확인됐다.

봉기는 진압됐지만, 시간이 흐르면서 감자는 러시아 농촌에서 점차 받아들여졌고, 19세기 말에는 '제2의 빵'이라 불릴 만큼 농민 식단의 핵심 요소가 됐다. 폭동으로 저항했던 작물이 결국 러시아 민중의 일상 속에 깊숙이 뿌리내린 역설은 국가와 민중, 근대화와 과거의 전통이 맺어지는 복잡한 관계를 잘 보여준다.

감자 폭동은 단순한 식품 거부 운동이 아니라, 국가 주도의 근대화가 농민 사회와 어떻게 충돌하고, 동시에 어떤 방식으로 흡수되는지를 보여주는 사례라 할 수 있다. 이 사건은 러시아 역사의 맥락 속에서 국가와 민중의 상호작용을 이해하는 중요한 창으로 작동한다.

이렇듯 러시아에서 감자의 진가를 알게 된 시점은 19세기 후반 1891년 대기근을 겪고 난 이후였다. 그제서야 러시아인들은 구황식품으로서 감자의 효용을 인식하기 시작했다. 잘 알려진 비의 같이 大조국 전쟁(1941~1945) 시기에 소련 사람들은 오직 감자에 의존해 연명했으며, 900일 동안 독일군에 의해 레닌그라드가 봉쇄됐을 때, 도시 인구의 2/3이 먹을 것이 없어 아사했지만, 그나마 감자 덕분에 피해를 줄일 수 있었다. 이러한 역사를 거치며 감자는 러시아인에게 없어서는 안될 제2의 빵이 된 것이다.

러시아의 국민주, 보드카*

2010년 무렵 러시아는 세 가지 전쟁을 치르고 있었다. 첫째, 체첸 공화국 분리주의자들, 이슬람 극단주의 세력들과 벌이는 '테러와 전쟁,' 둘째, 사회 전반에 만연한 '부패와 전쟁,' 셋째, '술과 전쟁'이다. 우리 역시 지난 시대에 '범죄와 전쟁'을 치른 적이 있어 '~와(과) 전쟁'이라는 용어의 낯섦은 그리 중요하게 다가오지 않는다. 단지 '술과의 전쟁'이라는 러시아 정부의 구호가 왠지 러시아에는 어울릴 것 같다는 느낌이다.

2010년 1월을 기해 당시 메드베데프 대통령은 '술과의 전쟁'을 선포했다. 보드카 가격을 인상하고 판매 시간을 제한해 술 소비를 줄이겠다는 취지로 단행된 이 조치는 국민 1인당 연간 알코올 소비량이 18L에 달하고, 20세에서 60세까지 러시아 남성의 사망 원인 중 절반가량이 술 때문으로 추정되는 상황에서 어찌 보면 불가피한 조치였는지 모른다. 단지 금주령을 내렸던 과거의 러시아 지도자들이 금주령과 더불어 인기가 하락하고 결과적으로 술 소비가 감소하지 않았다는 사실을

---

78) 황성우, "러시아의 국민주, 보드카," 『Russia & Russian Federation』, Vol. 2, No. 2 (June 2011), pp. 89-91 내용을 수정 보완함.

감안해 보면 술과의 전쟁이 승리로 끝날지는 아무도 예측할 수 없었다. 그런데 그때도 마찬가지였다. 정책은 실패했다.

모두가 알고 있듯이, 러시아를 대표하는 술은 '보드카'(водка)다. 보드카는 어원적으로 '물'을 의미하는 러시아어 'вода'에서 파생됐다. 하지만 보드카의 물은 단순한 의미의 물이 아니라, 라틴어 'Aqua vitae,' 즉 '생명의 물'(water of life)을 의미한다. 오늘날에는 러시아 남성의 평균 수명을 단축하는 주범이지만, 과거에는 치료제로도 사용돼 생명을 구하기도 했다.

보드카가 러시아에 고유한 술이라고 알고 있는 사람들이 많지만, 사실 보드카를 즐기는 문화는 '보드카 벨트'를 이루며 북유럽부터 베링해협에 이르기까지 유라시아 대륙의 북부 지역에서 다양하게 향유된다. 워낙 다양한 지역에서 보드카가 사랑받다 보니 보드카를 생산하는 국가마다 자신들이 보드카의 원조국이라고 주장해, 보드카의 브랜드를 두고 국가 간 격한 논쟁이 벌어지기도 했다.

가장 유명한 '보드카 전쟁'은 1977년 가을에 보드카 명칭 사용을 둘러싸고 벌어진 소련과 폴란드의 전쟁이다. 요약하면 폴란드는 자신들이 밀, 보리, 호밀, 옥수수 등 곡류를 재료로 사용하는 증류 보드카를 처음으로 생산한 국가이기에 당시 소련의 보드카를 독점 판매하고 있던 '소유즈플로딤포르트'(Союзплодимпорт)는 보드카라는 명칭을 사용해서는 안 된다는 것이었다. 폴란드는 리투아니아와 연합국가(Polish-Lithuania Commonwealth, 1569~1795)를 이루고 있을 때 모스크바 공국보다도 먼저 보드카를 제조했다는 것이다. 폴란드의 이의제기에 별다른 반응을 보이지 않았던 소련은 주변국들의 압박이 강해지자, 이에 대한 대응으로 보드카 연구에 박차를 가해 지금까지도 이 분야 최고의 성과물로 평가받는 『보드카의 역사』(История водки, 1991)를 발표했다. 책의 저자인 소비에트 역사학자 포흘료프킨(Похлёбкин, Вильям Васильевич)은 자신의 저서에서 1430년 모스크바 크렘린 내 추도프 수도원의 수도승 이시도르(Исидор)가 곡류를 재료로 한 보드카를 처음으로 제조했다고 주장해, 증거자료를 제시하지 못한 폴란드에 승리하게 된다.

지금은 56°까지 알코올이 포함된 보드카가 생산되기도 하지만, 보드카의 알코올 도수가 40°로 정해진 데는 유명한 화학자 멘델레예프 (Дмитрий Менделеев)의 역할이 크다. 그는 인간의 몸에 해롭지 않으면서도 적당한 취기를 느낄 수 있는 알코올 도수를 연구해, 1865년 40°가 가장 적절하다는 결론(실제로는 40도에 약간 못미친 39.8°라고 발표)을 내렸다. 그 이후 보드카의 알코올 도수는 일반적으로 40°를 유지하게 됐다. 이에 대한 반론도 있지만, 재미를 위해 학문적 논의는 제외하려고 한다. 여기서 잠깐, '숫자 40'과 관련된 러시아 이야기를 덧붙인다. "40도의 술은 독한 술이 아니고, 영하 40도의 추위는 추위라 할 수 없으며, 40km의 거리는 멀다고 하면 안된다."

러시아에는 술과 관련된 속담들이 많다. 이 중 몇 가지만 소개하면 다음과 같다. "술을 남긴 채 테이블에 잔을 내려놓으면 안 된다." "술을 한번 마시면, 취할 때까지 마셔야 한다." "늦게 온 사람은 보드카를 컵으로 마셔야 한다." "집에 가려는 사람은 반드시 '마지막 잔' (на посошок)을 들어야 한다." 여기서 '마지막 잔,' 즉 포소쇼크(посошок)

는 원래 길을 떠날 때 가져가는 '지팡이'(посох)를 뜻한다. 술 먹고 집에 갈 때 지팡이에 의존해 가라는 의미로서 포소쇼크는 술자리를 정리하는 마지막 한마디로 반드시 필요하다. 하지만 실상은 우리네 해장술의 개념으로 사용된다. 지금은 젊은 러시아인들이 보드카보다 포도주를 좋아하는 경우도 많아서 보드카만 고집할 수 없지만, 중장년층 러시아인들에게 보드카는 여전히 매력적인 술이다.

우리나라 정서에도 있지만, 어느 나라에서나 마찬가지로 술을 마시면서 인간관계를 구축하는 분위기는 누군가에게 필요할 수 있다. 혹여 러시아인과 만나 상거래를 하기 위해 술자리를 갖는다면, 러시아 문화를 이해한다는 차원에서 거하게 취한 상태에서 술자리가 거의 끝나는 마무리 무렵에 마지막 잔을 들어 포소쇼크를 외쳐보면 어떨까. 거래는 반드시 성사될 것이다. 자 모두 외쳐보자. "Давай дружок на посошок." (다바이 드루죡 나 파사쇽!)

러시아의 서민 음식, 블린*

고대로부터 현재에 이르기까지 러시아인들이 즐겨 먹은 전통음식 중에 '블린'이 있다. 보통 블린은 팬케익으로 번역되기도 하지만, 우리네 서민들이 즐겨 먹는 빈대떡 혹은 부침개와 쓰임새가 유사하다고 보는 것이 더 설득력 있다고 생각한다. 빈대떡은 빈자들을 위한 음식에서 유래됐다. 조선시대에 흉년이 들면 당시의 세도가에서 빈대떡을 만들어 남대문 밖에 모인 유랑민들에게 "어느 집의 적선이오" 하면서 던져주었다고 전해지듯이, 러시아인들은 블린을 집안 잔치나 축제 때 주로 먹었지만, 가난한 자들을 위해 블린을 만들거나 집을 방문한 손님들에게 가장 먼저 블린을 대접했다.

부침개와 빈대떡은 쌀, 찹쌀, 밀가루, 수수가루, 옥수수가루 등 곡물가루를 묽게 반죽하고 파, 마늘, 고기 야채 등 덧감을 넣어 기름에 얇게 지져낸 것을 지칭하고, 다른 말로 지짐, 전병이라고도 하지만, 러시아의 블린에는 특별한 덧감을 사용하지 않는다. 블린을 만들 때 다른 덧감을 섞지 않고, 만들어진 블린을 보통 꿀이나 버터, 혹은 '이크라'

---

* 황성우, "러시아의 서민 음식, 블린," 『Russia & Russian Federation』, Vol. 3, No. 1 (March 2012), pp. 74-75 내용을 수정 보완함.

(икра)라고 부르는 캐비어, 연어알과 함께 먹는다.

블린은 러시아어 '빻다'(молоть)에서 파생된 명사 '블린'의 변형이라고 알려져 있고, 겨울을 보내고 봄을 맞이하는 마슬레니짜 축제 때 먹었던 대표적인 음식이라고 전해진다. 또한 블린은 러시아인들이 기독교 수용 이전 민간신앙을 믿고 있을 때부터 종교의식에 사용하던 음식으로서 역사학자 쿠프린(А. Куприн)이 기술했듯이, 블린은 "태양과 좋은 날, 풍성한 수확과 행복한 결혼, 건강한 아이들의 상징이다." 마슬레니짜 기간에 손님으로 접대를 받았을 경우, 블린을 맛있게 먹어야 하며, 일하는 중간에 성의 없이 블린을 먹으면 안된다. 마슬레니짜에 블린이 없으면 마슬레니짜가 아니라고 말할 정도로 블린은 마슬레니짜 축제를 대표하는 음식이다.

고대에서 내려오는 전통에 따라 처음으로 만든 블린은 거지에게 주거나 또는 죽은 조상의 영혼을 회상하고 추모한다는 의미에서 창문에 놓아두었고, 간혹 그 집안에 시집갈 처녀가 있다면 처음 구운 블린은 그녀가 먹었다고 한다. 우리네 정서에 만두를 잘 빚으면 이쁜 딸을 낳는다는 말이 있듯이, 러시아인들도 블린을 잘 만들면 이쁜 딸을 낳는다고 믿었다. 그런 까닭에 가정마다 독특한 비법이 집안 대대로 전해졌다고 한다.

블린은 고대 러시아인들이 가지고 있던 세계관도 반영하고 있다. "충분하게 잘 구워진 블린은 태양처럼 붉고 뜨겁다. 블린에 버터를 바르는 것은 신들에게 블린을 제물로 바쳤기 때문이다." 지금은 마슬레니짜의 기간이 부활절 8주 전에 시작해 일주일 동안 진행되지만, 과거에는 춘분 무렵이었다는 사실을 고려하면 블린의 의미에는 결국 농사에 가장 절대적인 영향을 미친 태양에 힘을 부여해 한해 풍성한 수확을 기대한다는 농민들의 바람이 담겨져 있다고 볼 수 있다.

과거 러시아 농민들은 태양이 '재탄생'하는 동지를 새해의 시작으로 보았다. 낮이 길이가 가장 짧은 동지는 태양의 힘이 가장 약한 날이었다. 낮의 길이가 가장 긴 하지를 정점으로 태양의 힘이 점점 약해져 동지에 이르면 소멸했던 태양이 다시 일어난다는 생각으로 '탄생' 개념을 날짜에 투영했다. 우리 선조들도 마찬가지였겠지만, 그들에게 일 년은 동지와 하지를 축으로 전개되는 시간의 합체였다. 그 기준은 태양이었다. 그래서 동지 축제가 탄생의 축제로 인식됐는데, 겨울철인 동지에는 농사를 시작할 수 없었기 때문에, 실질적으로 농사일이 시작되는 춘분 때 축제가 풍성해졌다고 볼 수 있다. 농사에 가장 중요한 태양에게 힘을 주려는 블린의 탄생 이유 중 하나이지 않을까 생각해 본다.

빵과 소금: 손님 환대*

식사 전후에 빵과 소금을 먹으면 행운이 찾아온다.
В начале и в конце обеда съесть кусочек хлеба с
солью - к счастью.

러시아 TV나 영화에 자주 등장하는 볼거리 중 하나는 러시아 사람들이 외국이나 타지에서 오는 손님을 맞이할 때 빵과 소금을 들고 그들을 기다리는 모습이다. 대통령이나 고위 인사, 혹은 외국 공식사절이 러시아를 방문했을 때 한 무리의 여인들이 민속의상을 입고 빵과 소금을 들고 있는 광경을 흔히 볼 수 있다. 이때 방문객은 빵을 손으로 조금 뜯어 소금을 찍어 먹음으로써 접대에 응하는 행동을 한다.

우리나라에서 '제독의 연인'이란 제목으로 2009년 개봉한 러시아 영화에서도 내전 시기 백군으로 활동한 콜차크 장군이 옴스크에 입성할 때 그곳 주민들이 빵과 소금으로 그를 맞이하는 장면이 등장한다. 또한

---

* 황성우, "빵과 소금: 손님 환대," 『Russia & Russian Federation』, Vol. 3, No. 4 (Dec 2012), pp. 73-75 내용을 수정 보완함.

모스크바나 대도시에 있는 레스토랑에 가면 테이블 위에 얇게 썰어 가지런히 놓인 빵과 그 옆에 놓인 소금을 종종 볼 수 있다. 이처럼 빵과 소금은 러시아에서 손님을 환대한다는 의미로 소환된다.

'빵과 소금'(хлебосольство)이 손님 환대를 의미하는 것은 러시아에 국한되지 않는다. 영어의 '빵과 소금'(Bread and salt) 역시 손님 환대를 의미한다. '빵'은 원래 라틴어 '파니스'(panis)에서 유래했다. 빵을 뜻하는 이탈리아어 '파네'(pane), 스페인어 '판'(pan), 프랑스어 팽(pain) 모두 라틴어에서 유래된 말이다. 빵을 뜻하는 영어의 '브레드'(bread)는 원래 한 조각, 또는 작은 조각을 뜻하는 말이지만, 영어에도 라틴어 빵의 의미를 가지고 있는 단어가 있다. 동료나 친구를 의미하는 '컴패니언'(companion)이나 회사를 의미하는 '컴패니'(company)가 '함께 빵을 먹다'라는 의미이다. 1066년 영국을 정복한 윌리엄 1세(William the Conqueror, 1028~1087) 이후 프랑스어가 영어 속으로 침투해 영국 귀족의 공용어가 될 때 프랑스어의 영어화된 표현으로 이 단어들이 등장했다.

빵과 소금은 어떻게 손님 환대의 상징이 됐을까? 그 대답은 빵과 소금이 인간이 삶을 영위하는 데 반드시 필요한 주식이자 가장 귀중한 음식이라는 사실에서 찾을 수 있다. 영어 'bread'에 빵이라는 뜻 이외에 '생계'라는 뜻이 있고, 흔히 '버터 바른 빵'이라는 뜻의 'bread and butter'도 '생계를 위한'이라는 형용사로도 쓰인다. 러시아어의 경우에도 빵을 뜻하는 'хлеб'는 생계의 의미를 담고 있다.

고대로부터 현재에 이르기까지 인간이 먹고 살기 위해서는 자연으로부터 무언가를 '획득'해야만 했다. 즉 자연의 산물을 직접 찾아 먹는

'채집 생활'과 도구와 토기를 사용한 '경작 생활'이 먹거리를 위해 인간이 행하던 기본적인 경제활동이었다. 경작과 채집 중 어느 것이 인간에게 더 유리한가는 다소 논란의 여지가 있다. 신석기 혁명으로 정착과 경작이 가능해 인구가 증가함으로써 인류의 발전이 가속화됐다는 데는 이론의 여지가 없다.

그러나 단조로운 식사에 의존해 영양이 부족하고 신체도 허약해지는 단점이 있는 '경작'과 자연과 더불어 살면서 자연이 준 다양한 선물을 효율적으로 이용하는 '채집' 중 인간이 더 건강하고 풍족하게 먹을 수 있는 것이 무언인지는 좀 더 고민해 봐야 한다. 채집과 사냥으로 생활했던 구석기 시대 사람들이 정착해 농사를 짓고 살던 신석기 시대 사람들보다 더 건강했다는 사실을 그들의 유골을 통해 알 수 있다는 이야기도 전해지기 때문이다. 오늘날 현대인이 먹는 음식에 적용해 판단한다고 해도 쉽게 결정할 수 없을 것이다. 과거에 비해 평균 수명이 길다거나 신체가 커졌다는 단순 외형 비교가 아니라 비만과 성인병 같은 건강까지 고려한다면 더욱 어려운 일이다.

여기서 중요한 점은 빵과 소금이 경작과 채집을 상징하는 음식이라는 것이다. 즉 경작과 채집을 통해 생산한 가장 귀중한 음식인 빵과 소금을 다른 사람들에게 제공함으로써, 이 음식이 타인을 환대한다는 의미로 변형됐다고 할 수 있다. 러시아 문헌에도 자주 등장하지만, 러시아인들은 집을 나선 때 종종 문을 잠그지 않고 식탁 위에 빵과 소금을 두고 가는데, 그 이유는 외출 중에 누군가 집에 들어와 무언가를 먹을 수 있도록 배려하기 때문이다. "빵과 소금은 거절하지 않는다"(От хлеба-соли не отказываются, и царь не отказывается)는 말은 러시아 사람들 중에 그 누구도 환대를 거부하는 사람이 없다는 뜻이며, 반대로 "빵과 소금을 잊는다"(Забыть хлеб-соль)는 말은 '은혜를 저버린다,' '손님을 환대하지 않는다'는 말이다.

러시아인들은 손님을 맞이할 때 "만일 식사를 하기 전에 빵과 소금을 먹어버린다면 그가 몹시 배가 고프다는 뜻이고, 식사 이후에도 빵과 소금을 먹는다면 식사가 충분하지 않았다"(если можешь перед обедом хлеб с солью съесть - значит, голоден; а если и после обеда можешь - значит, не переел)고 믿었다. 주인은 빵과 소금을 통해 자신의 접대가 충분했는지를 가늠했다는 것이고, 반대로 손님의 입장에서는 빵과 소금을 통해 주인의 접대에 대한 자신의 감정을 표현했다고도 볼 수 있는 대목이다.

'빵과 소금'은 환대를 뜻하는 용어일 뿐만 아니라, 고대 러시아인들이 믿고 있는 주술적인 의미도 담고 있다. 러시아 사람들은 소금이 사악한 기운으로부터 인간을 보호해줄 뿐만 아니라, 신의 선물인 빵과 함께 먹을 경우 건강에 좋다고 믿었다.

소금의 어원은 태양과 관련이 있는데, 태양(солнце)을 의미하는 고대 슬라브어는 '솔론'(солонь)[78]이었다. 'идти посолонь'은 'идти по Солнцу,' 즉 '태양을 향해 가다. 태양의 진행 방향(동쪽에서 서쪽으로)으로 가다'라는 의미이다. 빛처럼 섬광처럼 환히 드러나는 백색 황금인 소금의 광채는 식물의 생장력을 관장하는 태양의 기능과

---

78) 오늘날 마케도니아에 위치한 옛 그리스의 항구도시 테살로니키는 '태양의 도시'라는 뜻이다.

유사하게 생명의 영속성을 의미하는 상징이라 할 수 있다. 어머니 대지가 품고 만들어낸 빵, 하늘이 준 선물 소금. 신이 인간에게 내려준 두 가지 선물을 타인과 함께 나눔으로써 신의 섭리에 따른다는 인간의 본성을 빵과 소금을 통해 표현한 것이 아닌가 싶다.

1648년 모스크바 소금 봉기*

　　조선 15대 임금 광해군이 어렸을 때, 그의 아버지 선조는 "최고의 반찬감이 무엇이냐"고 그에게 물은 적이 있다. 이때 광해군은 소금이라고 답하면서 소금이 없으면 백 가지 음식 맛을 내기 어렵다고 덧붙였다. 선조와 광해군의 대화 내용을 소개한 것은 소금의 중요성을 강조하는 것이 아니다. 오히려 광해군의 답변을 들으면, 우리에게 잘 알려진 폭군의 이미지와 달리 그가 어릴 적 매우 총명하고 학식이 높았다는 사실을 강조한 것이다.

　　소금은 러시아인뿐만 아니라, 인간에게 없어서는 안 될 필수품이다. 손님환대를 뜻하는 러시아어 '빵과 소금'에서도 알 수 있듯이, 소금은 인간이 생존을 위해 행하는 '경작과 채집'이라는 태생적 경제활동에서 채집을 대표하는 음식이자 식재료이다.

　　러시아에서도 소금과 관련된 이야기나 속담이 너무 많지만, 이글에서는 17세기 러시아의 수도 모스크바에서 발생한 소금 관련 사건 하나를 소개하고자 한다. 소금을 포함해 음식과 관련된 사건은 인류 역사에

---

* 황성우, "1648년 모스크바 소금 봉기," 『Russia & Russian Federation』, Vol. 4, No. 4 (Dec 2013), pp. 70-73 내용을 수정 보완함.

서 흔히 등장하는 이야기이다. 18세기 초 보스턴의 빵 시위, 18세기 후반 보스턴의 차 시위, 19세기 전반 뉴욕의 밀가루 시위, 19세기 러시아 감자 시위, 20세기 초 일본의 쌀 시위 등 헤아릴 수 없을 정도로 많다. 이 사건들의 공통점은 관련된 음식의 가격 인상이 직접적 원인으로 작용하지만, 사건의 본질은 관리들의 압제와 폭압, 부패에 따른 국민들의 비참한 삶을 해결하지 못했기 때문에 발생했다는 것이다.

러시아 역사에서 1648년 '모스크바 폭동'(Московское восстание 1648)으로 알려진 '소금 봉기'(Соляной бунт)는 정부가 내린 조세 정책의 변화 때문에 발생했다. 러시아 최초의 왕조인 류리크 왕조가 1598년 표도르 1세를 마지막으로 붕괴하자, 러시아는 '혼란의 시기'(Смутное время, 1598~1613)를 경험한다. 이때 폴란드의 간섭을 받기도 한 러시아는 미하일 로마노프(1613~1645)를 차르로 추대하면서 새로운 로마노프 왕조를 출범시킨다. 새로 등장한 로마노프 왕조는 국가 발생 초기에 극심한 재정적 압박을 받고 있었다. 소금 봉기의 직접적 원인은 고갈된 국가 재정을 충당하기 위해 세금 가격을 인상했기 때문이다. 바뀐 조세 정책으로 소금세가 올라 소금 가격이 덩달아 폭등하자, 모스크바 시민들은 백성들을 갈취한 탐관오리들을 살해하는 등 물리적 폭력을 행사하며 거세게 저항했다. 시위에 참여한 시민들 중에는 수공업자, 농노들, 근위병들도 있었다.

사건의 직접적인 발단은 세금 인상으로 국민들의 불만이 폭발했기 때문이다. 그러나 이전부터 국민들의 불만은 쌓여있었다. 로마노프 왕조의 두 번째 통치자인 차르 '알렉세이 미하일로비치'(1645~1676) 치세 초기에 모로조프와 그의 장인인 밀로슬라프스키(Илья Данилович

Милославский, ? ~1668)는 차르 알렉세이의 최측근임에도 불구하고 정사는 돌보지 않고 개인의 사리사욕에 눈이 멀었다. 그래서 이들에 대한 국민의 증오감은 극에 달하고 있었다.

1648년 6월 1일 키예프 삼위일체 수도원에서 모스크바로 돌아온 차르 알렉세이에게 국민들은 비루한 자신들의 삶을 해결해줄 것을 탄원하지만, 차르의 근위대들은 시위 군중들을 강제로 해산했다. 격노한 모스크바 시민들은 다음날 크렘린 궁으로 몰려가 부패한 관리들의 처벌을 요구했다. 이들이 원하는 처벌대상 관리들은 모스크바 시장 플레쉐예프(Леонтий Степанович Плещеев), 조세정책 발안자 치스토이(Назар Чистой), 차르 알렉세이의 일급 참모 보리스 모로조프(Борис Морозов), 모로조프의 참모이자 폭정의 행동대장 트라하니오토프(Пётр Тихонович Траханиотов, ?~1648) 등이었다. 고조된 시민들의 불만을 잠재울 수 없었던 차르 알렉세이는 플레쉐예프와 트라하니오토프를 처형했다. 이 와중에 시민들의 불만이 가장 컸던 플레쉐예프의 경우에는 공식적인 처형이 이루어지지도 전에 시민들에 의해 무참히 살해됐다. 그의 시신은 참혹하게 찢겨져 거리에 팽개쳐지기도 했다. 차르 알렉세이의 참모이자 부패의 몸통이었던 모로조프는 권력 무대에서 퇴장해 볼로그다 근처의 키릴로프 수도원으로 추방됐다.

여기에 그치지 않고 성난 군중들은 크렘린 주변의 키타이고로드와 벨르이고로드로 몰려가 방화를 일삼아 약 20,000채의 가옥이 화재로 파손되고 약 1,800명이 목숨을 잃었다. 급료 인상, 책임자 처벌 요구가 부분적으로 받아들여지고, 차르가 모로조프를 시베리아 수도원으로 추방하기로 약속했으며, 공정한 법 제도의 구축을 위해 의회 기능을 하던

'젬스키 소보르'의 개최를 알리자, 시위의 강도는 점차 누그러지면서 해결 국면으로 접어드는 듯했다.

하지만 사태의 해결을 위해 모인 젬스키 소보르에서 시민들의 불만과 요구를 해결하기보다는 기득권 세력들은 자신들의 권리를 재확인하는 과정만 진행했다. 그리고 오히려 봉기의 주동자들이 체포되는 상황이 발생하면서 봉기는 실패한다. 그리고 농민들의 삶을 더욱 옭아매는 울로줴니예(Уложение) 법전이 1649년 제정됐다. 이 법전으로 인해 러시아에서 농노제가 고착되는 계기가 됐다.

한 가지 덧붙이면, 소금 봉기가 발생한 당시에 소금에 절인 생선은 러시아인의 주된 음식 중 하나였다. 기독교 수용 이후 교회가 육식금지 기간을 설정해 육류 섭취를 금지했을 때, 생선은 고기의 대체음식으로 러시아인들에게 사랑받았다. 더욱이 러시아가 영토를 확장하면서 러시아인의 생활권이 확대돼 발트해와 카스피해 등지로 진출이 가능해지자, 생선은 러시아인의 식탁에 자주 등장했다.

고기의 대리품, 생선 이야기*

마크 쿨란스키(Mark Kurlansky)가 저술한 책 『세계를 바꾼 어느 물고기의 역사』를 보면, 인간의 식생활뿐만 아니라, 긍정적이든 부정적이든 인류 역사에 중대한 영향을 미친 물고기 중 '대구' 이야기가 나온다. 대구가 인류의 삶 속에서 얼마나 중요한 변수로 작용했고, 그 결과 역사가 어떻게 전개됐는지 이 책에는 다양한 사례와 함께 상세히 기술돼 있다.

인간이 거주하는 공간이나 주변의 자연환경에 따라 쉽게 접하는 경우도 있지만, 생선은 누구나 쉽게 먹을 수 있는 음식은 아니었다. 그런 까닭에 생선은 육질의 고기 다음으로 귀족들이 음미했던 고급 음식이었다. 해안이나 바닷가에 거주하는 사람들이야 생선이 주된 음식이었겠지만, 내륙에서 신선한 생선을 먹기는 거의 불가능했기 때문이다. 지금이야 저장과 수송 방식이 발달해 보존 처리돼 생선이 일반 음식이 됐다 하더라도, 신선한 생선은 여전히 사치품으로 분류된다.

사람들의 배를 충분히 채워주는 배부른 음식이 아니라는 인식 때문

---

* 황성우, "고기의 대리품, 생선 이야기," 『Russia & Russian Federation』, Vol. 3, No. 3 (Sept. 2012), pp. 87-88 내용을 수정 보완함.

인지 생선이 고기를 제치고 '부의 상징'으로 자리잡기는 어려웠다. 그래서 생선은 단순히 고기의 대리품이라는 말이 등장하기도 했다. "고기는 권력층의 음식이지만, 생선은 어쩔 수 없이 먹는다"는 서양의 속담처럼 고기를 대신하는 음식으로서 생선의 위상을 알 수 있다.

생선이 고기의 대용품이 된 이유를 종교적 이유에서 찾을 수도 있다. 육식금지 규정은 초기 기독교 역사에서 유래한다. 성직자, 수도사, 운둔자를 포함해 신앙생활을 위해 공동체의 규칙에서 출발한 육식금지 조항은 이후 교회의 지침에 따라 전 사회로 확산됐다. 처음에는 일주일 중 수요일과 금요일이 육식금지 요일이었으나, 나중에는 금요일에만 금지됐다. 특정 요일뿐만 아니라, 교회 축일에 맞춰 금지기간이 정해지기도 했는데, 러시아의 경우에도 일년 중 약 200일 정도가 육식금지 기간이었다. 일반인들에게 엄격하게 적용된 것은 아니지만, 성직자들은 반드시 준수해야 했다.

과거에 육식금지 기간이 설정된 이유 중 하나는 고기를 먹는 행위가 민간신앙에 바탕을 둔 非기독교적 행위라는 기독교의 인식이 팽배했기 때문이다. 즉 육식을 함으로써 성욕이 증진되고, 내면의 공격적 성향이 발달해, 결국 고기 섭취는 수행에 방해가 된다는 것이고, 반대로 고기를 먹지 않는 채식주의자들은 평화주의자란 인식이 보편적인 동의를 얻었기 때문이다. 그 결과 육류의 금식은 기독교 역사의 초기단계부터 도덕적 핵심 주제로서 참회를 위한 주된 덕목이었다. 그런 까닭에 자연스럽게 야채, 치즈, 계란, 특히 생선이 대체 음식으로 등장한 것이다. 물론 초기에는 고기와 유사하다고 생각해 생선 섭취도 금지했으나, 9~10세기 이후 살이 많은 고래나 돌고래 등을 제외하고 일반적인 생선 섭취는 인정됐다. 서양에서 '때 맞춰 찾아온다'는 말을 할 때 "사순절의 생선처럼 찾아온다"고 한다. 고기를 먹지 못하는 사순절에 생선을 먹듯, 제때에 찾아온 경우에 이와 같은 표현을 사용한다. 이렇듯 고기와 생선은 상반되면서도 상호보완적 관계를 유지한다. 서양에서 생선장수나 고기 장수를 동일 직종으로 분류했던 것도 같은 맥락이다.

러시아에서 생선이 사랑을 받게 된 이유도 크게 다르지 않다. 생선이 러시아인의 식탁에 자주 오르게 된 이유는 두 가지로 설명할 수 있다. 첫째, 기독교가 수용된 이후 교회가 육식금지 기간을 설정해 고기를 먹지 못하게 하자, 이를 대신해 생선을 찾았기 때문이다. 서양의 사순절에 해당하는 러시아 육식금식기간은 겨울을 보내고 봄을 맞이하는 마슬레니짜 축제가 끝나자마자 시작되는 '大금식기간'(Великий Пост)이다. 이 기간이 40일이며, 연중 200일에 해당되는 육식금지 기간 중 가장 길다. 둘째, 러시아인의 생활공간이 확대되면서 생선을 접하기 쉬워졌기 때문이다. 즉 국가 영토가 팽창해 생활공간이 확장되자, 넓어진 공간을 통해 바다로 접근이 가능해지고 그 덕분에 생선이 식탁에 오를 수 있었다. 대표적으로 발트해로 진출하면서 북대서양과 발트해가 산지인 청어가 러시아 식탁에 등장했고, 카스피해로 진출하면서 흑해와 카스피해가 산지인 철갑상어와 이크라(캐비어)가 러시아인의 사랑을 받게 됐다.

러시아에서 전채요리로 인기 있는 청어는 러시아인들이 소금에 절여 샐러드와 함께 먹는 대표적인 생선이다. 우리네 사람들은 가시가 많은 청어를 꺼려하는 습성이 있지만, 회나 회무침으로 인기 있는 청어는 러시아에서 암울한 역사의 한 면을 보여주는 생선으로도 유명하다. 월터 쉬체크(Walter J. Ciszek)가 쓴 책 『러시아에서 그분과 함께』(with God in Russia)에는 수용소에서 강제노동에 시달리는 수감자들이 빵 한 조각과 소금에 절인 청어를 먹는 모습이 기술돼 있다. 아프리카에서 팔려 온 노예들이 서인도제도와 남아메리카 대륙 사탕수수 농장에서 허기를 채우기 위해 썩은 대구를 먹으며 연명했듯이, 청어는 소련 시기 강제수용소 노동자들의 유일한 단백질 공급원이었다.

카샤: 결혼과 동맹을 의미하는 음식*

우리나라의 볶음밥이나 걸죽한 죽과 유사한 러시아 음식 중에 카샤 (Каша)가 있다. "카샤가 어머니라면, 흑빵은 아버지다"는 러시아 속담에서 알 수 있듯이, 러시아인의 식탁에서 빵만큼이나 중요한 음식인 카샤는 '곡식을 으깨어 만든 음식'이라는 뜻이다. 카샤의 명칭은 산스크리트語의 '으깨다, 문지르다'의 뜻을 가진 'Краш'(러시아어로 Тереть의 의미)에서 파생된 것으로 알려져 있으며, 카샤는 흔히 농사와 수확의 神에게 제물로 바치는 제례용 음식으로 러시아 역사와 문화 속에서 자주 등장한다. 또한 러시아인들이 크리스마스 축제기간에 흔히 먹던 대표적인 음식 중 하나이며, 탄생과 죽음 같은 통과의례의 제의 음식으로도 널리 애용됐다고 전해진다.

보다 눈여겨 볼 점은 카샤가 단순한 음식의 범위를 넘어 문화사적 측면에서 중요한 두 가지 의미를 갖고 있는데, 첫째, 카샤는 결혼식 때 먹는 음식을 뜻하기도 하지만, 결혼식 피로연 자체를 의미하기도 한다. 그 이유는 결혼식에서 카샤를 반드시 먹었기 때문이다. 고대 문

---

* 황성우, "결혼과 동맹을 의미하는 음식, 카샤"『Russia & Russian Federation』, Vol. 4, No. 4 (Dec 2011), pp. 81-82 내용을 수정 보완함.

헌에서도 이와 관련한 자료들을 쉽게 찾을 수 있다. 노브고로드의 첫 번째 연대기 속 기록을 보면, 1239년 알렉산드르 네프스키 공후가 토로페츠(Торопец)에서 폴로츠크 공국(Полоцкое княжество) 브랴치슬라프 바실코비치 공후(Брячислав Василкович)의 딸과 결혼할 때, 카샤를 먹었다는 이야기가 전해진다. 결혼식에 먹는 음식이었기 때문에 자연스럽게 결혼식 피로연을 뜻하는 단어로 연결됐다고 볼 수 있다.

젊은 사람들이 결혼식에서 카샤를 함께 먹었다는 내용은 고대 문헌에 자주 등장하며, 16세기와 17세기 궁정에서 결혼식이 열릴 때 젊은 사람들이 바냐(목욕탕)에서 카샤를 먹었다는 기록도 나와 있다. 과거 볼리나 현(縣, Волинская Губерния)에서는 농민들이 크리스마스 전날에 카샤를 먹고 마지막으로 먹은 숟가락을 천정에 던졌다고 하는데, 천정에 카샤가 많이 묻으면 묻을수록 다음 해 양봉일이 잘 될 것이라고 믿었다고 한다.

둘째, 카샤는 '동맹, 혈맹' 등과 같은 '관계'의 의미를 가지고 있다. 고대 문헌에서 경쟁관계에 있던 부족이나 집단이 서로 동맹관계를 맺을 때, '카샤를 함께 먹는다'는 기록이 나오는데, 여기에는 카샤를 함께 먹음으로써 두 집단이 갈등을 해소하고 평화를 지키겠다는 약속과 맹세의 의미가 담겨 있다.

소비에트 시기에도 카샤와 관련된 내용이 나온다. 집단농장에서 함께 일하는 농장원들은 카샤를 같이 먹음으로써 서로의 공동체 의식을 공유하고, 모두가 공동체의 일원임을 확인하며, 이를 통해 화합과 결의를 다졌다고 한다. 그 결과 당시에 카샤는 러시아어 '협동조합'(Артель)과 동일한 의미로 사용되기도 했다.

러시아어에서도 이와 같이 카샤와 관련된 표현들이 자주 등장한다. "Где каша, там и наши"(카샤가 있는 곳에 우리가 있다), "Каши не сваришь с ним." (그와는 카샤를 같이 끓일 수 없다. 그와는 같이 일할 수 없다.), "С кашей съем." (카샤랑 함께 먹겠다. 용서하지 않겠다, [협박의 의미로] 손을 좀 봐야겠다), "Он мало каши ел." (그는 카샤를 조금 먹었다. 그는 아직 일이 서툴다, 그는 철이 없다). "Он мой однокашник." (그는 나와 동급생이다. 그는 나와 한솥밥을 먹은 사이다) 등 단순히 음식(카샤)과 관련된 문장에도, 단어가 가지고 있는 문화적 의미의 표현들이 살아 있음을 알 수 있다.

쿠티야: 풍성한 수확을 꿈꾸는 음식*

러시아 전통 음식 중에 정월 대보름에 먹는 우리네 오곡밥과 같이 한 해의 시작과 농사철이 다가왔음을 알리는 음식으로 쿠티야(Кутья)가 있다. 쿠티야는 죽과 일종의 수프와 같은 음식으로 주로 크리스마스와 신년 계절 축제인 스뱌트키 기간에 먹는 음식이다. 스뱌트키 기간이 크리스마스(동지) 전날 시작해 주현절 전날까지 이어져 신년 축제라 부르듯이, 스뱌트키는 우리의 정월 대보름 명절과 기능과 역할 면에서 매우 유사하다.

크리스마스 전날에 먹는 음식으로 알려진 쿠티야는 크리스마스 바로 전날 금식할 때와 주현절에 먹는 쿠티야(Постная Кутья), 금식과 상관 없이 설날 즈음에 먹는 쿠티야(Скоромная Кутья)로 구분하기도 한다.

쿠티야는 고대 시절부터 러시아인들이 즐겨 먹던 음식이다. 키예프 동굴수도원 수도승 네스토르가 저술한 『러시아 원초연대기』에도 쿠티야에 대한 설명이 나오는데, 1103년 항목에 따르면, "러시아 공후들과 장수들이 모두 신에게 기도하며 신과 자신의 어머니에게 맹세했다. 어

---

* 황성우, "풍성한 수확을 꿈꾸는 음식, 쿠티야," 『Russia & Russian Federation』, Vol. 3, No. 2 (June 2012), pp. 75-76 내용을 수정 보완함.

떤 이들은 빈자들에게 자비를 베풀며 쿠티야를 나눠줬고, 어떤 이들은 수도원에 기부하기도 했다"고 한다.

쿠티야는 밀을 비롯해 온갖 곡식들과 꿀물을 섞어 만들었다고 하는데, 주로 곡식의 낱알들을 사용하고, 후에는 우유를 섞기도 했다. 신년 축제 때 쿠티야를 먹을 때는 주로 사자(死者)를 추모했다고 하는데, 축일 기간 교회의식과 별개로 각각의 집안에서 별도로 사자를 추모하기 위해 블린과 함께 쿠티야를 먹었다고 전해진다.

쿠티야는 단지 추모음식은 아니다. 저명한 러시아 민속학자 프로프 (B. Пропп)는 신년 축제 기간에 먹었던 쿠티야는 온갖 곡식을 섞어 만들기 때문에, 새로운 생활을 담아내는 열매로서 종자(Семя)의 의미를 더욱 강조하는 음식이라고 지적하고 있다. 즉 종자가 자라서 식물이 되고, 그 식물이 다시 종자를 만들어내는 구조는 결국 인간이 가진 삶의 영원함을 보여주는 순환구조와 동일하다는 것이다.[79] 쿠티야가 이런 의미를 띠고 있어서 그런지 구체적인 증거는 없지만, 기독교인들에게는 부활을 의미하는 음식으로 기억된다고 기록돼 있는 문헌도 있다.

또한 쿠티야가 내포하는 상징은 풍성한 수확을 기대하는 농민들의 바람 속에 나타난다. 우리네 정월 대보름 때는 벼, 보리, 밀, 옥수수, 콩, 목화 등의 이삭 모양을 만들어 짚단에 꽂아 긴 장대 끝에 묶어 집 옆에 세우거나 마구간 옆 거름더미에 꽂아놓는데, 이 낱가리는 그해 오곡이 낱가리처럼 풍성하게 여물어줄 것을 바라면서 즐긴다는 상징적 행위의 모습이었다. 우리네 오곡밥에도 한 해의 농사를 예측하는 기원과 바람이 들어있지만, 러시아인들도 쿠티야를 만드는 곡식의 종자들을 보

---

[79] Пропп, *Русские Аграрные Праздники* (СПБ.: Азбука, 1995), стр. 25-26.

고 한 해의 농사를 예측했다. 종자는 식물 생장의 원천이니까 종자가 좋아야 수확이 많을 것이라 생각한 것이다.

먼 과거부터 오늘에 이르기까지 러시아 역사 속에 기록된 음식들은 모두 농민들의 일상적인 삶과 농경생활에 관련된 것이다. 동지가 포함된 신년축제 때 먹는 쿠티야는 한 해의 시작을 알리면서 동시에 농사를 시작하며 길흉을 점치던 일종의 기복(祈福) 음식이었다.

키셀: 러시아인을 구한 음식*

의식주는 인간의 생존에 절대적으로 필요한 기본요소이며, 특히 음식은 인간의 삶과 결코 분리될 수 없다. 그래서 음식 그 자체에 대한 연구도 중요하지만, 음식 속에 녹아 있는 역사적, 문화적, 사회적 배경을 읽어내는 것이 음식과 음식문화를 이해하는데 보다 중요한 설득력을 가진다.

예를 들어, 사과라는 과일을 묘사할 때, 물체에 관련된 외형적, 객관적 사실에 치중에 묘사한다면, 원산지, 주요 산지, 크기, 색깔, 영양가, 칼로리 등 사실적 묘사를 벗기면 아무것도 남지 않지만, 사과에 담긴 정치적, 경제적, 사회적, 문화적 의미를 파악하고자 한자면 의미는 완전히 달라진다. 예를 들어, '트로이 전쟁의 사과,' '뉴턴의 사과,' '윌리엄 텔의 사과,' '백설공주의 사과' 등 역사적 층위에 배여 있는 사과를 분석하면, 여러 겹으로 층층이 쌓인 두꺼운 의미의 층위를 벗기기 위해 사과에 대한 상징적 해석이 필요하게 된다. 즉 음식에 대한 '두껍게 읽기'(thick description)를 통해 보다 심층적인 해석이 가능하게

---

* 황성우, "러시아를 구한 음식, 키셀," 『Russia & Russian Federation』, Vol. 2, No. 1 (March 2011), pp. 86-87 내용을 수정 보완함.

되는 것이다.

오늘날 러시아인들이 즐겨 먹는 음식 중 하나가 키셀(Кисель)이다. 우리에게 익숙한 '푸딩'의 일종으로 주로 식사 후에 디저트로서 즐겨 먹는 키셀에 관해서는 러시아에서 가장 오래된 역사서인 '러시아 원초 연대기'(Повесть временных лет) 997년 항목에 재미있는 일화가 있다.

> … 이미 페체네그인들은 키예프의 블라디미르(Владимир Святославич, 980-1015) 공후가 벨그라드(Белград)에 없다는 사실을 알고 있었다. 그래서 그들은 벨그라드에 도착하자마자 성을 포위하고 주변에 진지를 구축해 성 밖으로 아무도 나오지 못하게 했다. 반면에 성안에 있는 러시아인들은 굶주림에 지쳐 있었다. 블라디미르 공후에게 도움을 요청할 상황도 아니었고, 그 역시 군사들을 충분히 모으지 못했기 때문에 쉽게 부대를 이동할 수도 없었다.
>
> 페체네그인들의 포위는 계속됐고, 그들의 포위망 속에서 러시아 인들은 굶주림으로 아사자가 계속해서 늘어만 갔다. 러시아인들은 성안에서 회의를 열었다. "우리들은 거의 굶어 죽어가고 있다. 공후 가 우리를 도와줄 상황도 아니다. 죽는 편이 더 나을까? 페체네그인 들에게 항복하면 몇몇 사람들은 생명을 건질 수 있지만, 목숨을 구 하기 어려운 사람들도 있다. 이대로 버틴다 해도 어차피 우리는 굶 어 죽는다." 회의끝에 사람들은 항복하기로 결정했다.
>
> 이때 회의에 참석하지 않았던 한 노인이 사람들에게 회의를 개 최한 이유를 물었고, 사람들은 다음날 페체네그인들에게 항복하기로 회의에서 결정했다는 사실을 그에게 말해주었다. 이 사실을 전해들 은 노인은 회의에 참석했던 지도자들에게 "여러분들이 페체네그인들

에게 항복한다는 소식을 들었습니다"고 말하자, 지도자들은 "사람들이 배고픔 때문에 더 이상 버틸 수가 없습니다"고 답변했다. 그러자 이 노인은 "이 늙은이의 말을 들어주세요. 3일 동안만이라도 항복하는 것을 연기해주세요. 그리고 제가 이야기하는 대로 시행해주세요." 뾰족한 수가 없었던 지도자들은 노인의 말대로 하기로 했다. 노인은 성안의 모든 사람들에게 한 주먹씩 귀리와 밀, 왕겨를 가져오라고 했고, 사람들은 노인이 시키는 대로 했다. 그다음 노인은 여자들에게 집에서 키셀 만든 것을 한데 모아 섞으라고 말했다. 그리고 노인은 우물을 파서 그 안에 커다란 통을 넣어 섞어놓은 혼합물을 그곳에 넣으라고 주문했다. 노인은 두 번째 우물을 파서 그 안에 다시 커다란 통을 놓으라고 주문한 후, 사람들에게 꿀을 구하라고 시켰다. 사람들은 블라디미르 공후의 창고에 보관돼 있던 한 통의 꿀을 구해왔다. 그러자 노인은 꿀에 물을 섞어 묽게 만들고, 그것을 잘 저어 두 번째 통 안에 넣으라고 시켰다. 다음 날 아침 노인은 페체네그인들을 불러달라고 했다.

사람들은 페체네그인들에게 가서 자신들이 볼모로 남아있을 테니, 그들 중 10명 정도가 성안으로 들어가 안에서 무슨 일이 일어났는지 알아보라고 요청했다. 아무 것도 모르는 페체네그인들은 성안에 있는 러시아인들이 곧 항복할 것이라 생각하면서, 러시아인을 볼모로 잡고 들뜬 마음으로 성안에 들어갈 사람들을 선발했다. 선발된 페체네그인들은 성안으로 들어가 안에서 무슨 일이 일어나고 있는지 살펴보았다. 성안에서 페체네그인을 기다리고 있던 러시아인들은 그들에게 왜 스스로 자멸하려고 하는지, 그냥 물러날 수 없는지 물어보았다. "당신들[페체네그인]이 십년동안 이곳에 머무른다 해도 무엇을 할 것 같습니까? 우리에게는 땅에서 나오는 충분한 양식이 있습니다. 믿지 못하겠다면 여러분들이 직접 눈으로 확인해 보세요." 러시아인들은 페체네그인들을 우물로 데리고 가서 음식을 보여주었고, 조금 꺼내 팬에 부어 그들 앞에서 직접 요리해 보였다. 이렇게 러시아인들은 키셀을 요리했고, 그것을 가지고 다른 우물로 가서 꿀을 섞은 물을 보여주었다. 먼저 러시아인들이 맛을 보고, 그다음 페체네그인들이 맛을 보았다. 페체네그인들은 놀라움을 금치 못하면서 "우리 공후께서는 직접 먹어보지 않고서는 이것을 믿지 못할 겁니다"고 말했다. 러시아인들은 술잔에 전분 섞은 것과 우물에서 퍼온 꿀물을 담아 페체네그인에게 주었다. 페체네그인들은 자기 진영으로 돌아가 성안에서 보았던 모든 것을 자신들의 우두머리에게 전했다. 페체네그 족장은 음식 맛을 본 후 놀라지 않을 수 없었다. 결국 성을 함락할 수 없다는 사실을 깨달은 페체네그인들은 러시아인 볼모들을 풀어주고, 자신들 역시 포위를 풀고 퇴각해 본거지로 돌아갔다.

이렇듯 연대기 내용을 읽어보면, 단순한 음식인 키셀은 고대 슬라브인과 러시아인의 지혜와 생존력을 상징하는 키워드로 등장한다. 블라디미르 키예프 공후의 통치가 단순한 군사력뿐만 아니라, 상징적이고 문화적 자원에 의해 지탱됐음을 보여줄 수 있는 사례이다. 연대기 작가의 의도에 의해 만들어진 신화인지는 정확히 알 수 없으나, 러시아인의 집단 정체성 형성에 기여할 수 있는 텍스트라고 볼 수 있다. 러시아 민족은 지혜와 기지로 위기를 극복하고 국난을 해결할 수 있다는 메시지를 후대에 전하는 서사적 장치로 해석할 수 있기 때문이다.

흑빵: 러시아인의 삶과 애환*

러시아인의 음식문화에 영향을 끼친 사건이나 시대를 구분해 설명해 보면, 먼저 18세기 초 표트르 대제의 서유럽화 정책을 통해 서양의 음식이 러시아인의 식탁에 등장했다는 점이고, 두 번째로는 10세기 기독교 수용 이후 교회에 의해 육식금지 기간과 단식 기간이 정해져 러시아인의 식단이 변한 사실을 들 수 있다. 혹은 13세기부터 15세기까지 약 240년 간 러시아를 지배했던 몽골-타타르 시기에 도입된 꼬치구이 샤슬릭과 소금에 절이는 조리 방법 등 몽골과 중앙아시아의 식문화가 러시아인에게 영향을 미친 경우를 들 수 있다.

그 이전, 즉 초기 거주시대부터 기독교가 수용되기 이전까지 러시아인들이 먹거리로 즐겨 먹었던 음식들은 호밀로 만든 흑빵, 각종 곡물로 만든 카샤, 앞선 음식문화에서 소개한 젤리 모양의 키셀, 호밀과 보리를 발효시켜 만든 음료 크바스, 꿀 술, 육류와 야채를 섞어 끓여 먹는 국물 요리 우하(yxa)가 있다. 이중 흑빵이 러시아인의 주식이었음은 당연하다.

---

* 황성우, "러시아인의 삶과 애환이 담긴 흑빵," 『Russia & Russian Federation』, Vol. 4, No. 1 (March 2013), pp. 89-91 내용을 수정 보완함.

농민들이 먹는 빵은 주로 흑빵이었다. 흰 밀로 빚은 빵도 있지만 농민들에게 흰 빵은 일종의 사치품이었고, 중요한 행사나 축일 때 제례용 음식으로나 먹을 수 있었다. 보드카로 심신을 달랠 때, 농민들이 그나마 안주거리로 삼을 수 있는 것이 흑빵이었다. 그것마저도 없을 경우에는 영화에서 가끔씩 등장하듯이, 자기 암내나 땀에 젖은 옷 냄새를 맡았다.

러시아인의 속담에서도 "빵은 모든 것의 으뜸이요," "식탁에 빵이 없으면 초라한 식사," "빵과 물은 농민들의 식사," "빵이 있는 식탁은 차르의 식탁이고, 빵이 없으면 나무판자에 불과하다"고 하듯이, 빵은 러시아인의 삶에서 결코 분리할 수 없는 주요 음식이었다. 성경에도 나오듯이, "인간은 빵만으로 살 수 없다"는 의미는 물질이 아닌 정신적 양식이 인간에게 필요하다는 말이지만, 다른 한 편으로 보면 결국 빵은 인간에게 없어서는 안 될 기본 음식이라는 사실을 암시한다.

러시아뿐만 아니라, 서구 사회에서도 빵이 주식인 경우가 많아 영어에서 빵과 얽힌 단어들이 많다. 몇 가지만 예를 들자면, 칼로 자르기 전에 덩어리로서 빵을 로프(loaf)라고 하는데, 영어의 로드(load)는 주인, 지배자, 귀족을 의미하며, 로드의 부인인 레이디(lady)는 빵을 만드는 사람, 빵을 지키는 사람이라는 뜻이다. 문장에서 가끔 사용되는 'on the bread line' 역시 실업자들이 빵을 배급받기 위해 길게 줄을 서 기다린다는 의미에서 파생됐다.

러시아인에게 빵은 손님을 환대하고 가족의 건강을 기원하며, 신랑 신부의 첫 출발을 축복하는 음식이다. 얇고 가지런히 빵을 자르는 행위는 가장만이 가지는 신성한 의무이자 권리였다. 과거 시절에는 음식을 잘하는 여인네들이 존경받았듯이, 러시아에서도 빵을 맛있게 굽는 여인들이 집안에서 존경받는 경우가 많았다.

러시아어 문헌에 보면, 전쟁 중 러시아 병사들은 배급받은 흑빵을 우리네 방석처럼 사용했다거나 잠을 잘 때 베개로 사용했다는 내용도 찾을 수 있다. 소비에트 시기 1928년 제1차 5개년계획이 시작되면서 공장노동자들의 식량 공급을 위해 곳곳에 빵 공장이 세워졌다. 그곳에서 대량 생산된 빵을 배급받거나, 혹은 이후 소비에트 시절 가게에서 빵을 사기 위해 길게 줄을 서서 '어디가 끝인가요?'(Кто последний)라고 물어보는 도시노동자와 시민들의 모습은 이제 기억 속에 사라지는 역사의 한 장면이었다. 또한 1917년 제1차 세계대전의 와중에 후방에서 물자를 공급하던 러시아 여인들이 어린 아이들에게 먹일 음식이 없어 물에 적힌 빵 한 조각을 우는 아이 입에 물리고 출근한 암울했던 시절에도 빵은 그나마 러시아인의 유일한 버팀목이었다. 물론 그 여인들이 참다못해 1917년 2월 23일(신력 3월 8일) 여성의 날에 봉기해, '영광의 5일'(2월 26일~3월 2일)을 거쳐 결국 로마노프 왕조가 붕괴됐지만 말이다. 그때 시위에 참여한 여인들이 바라던 세상은 어떤 세상이었을까 궁금하다. 그들이 원하던 세상이 만들어졌을까? 1917년 2월혁명과 10월혁명을 여성노동자들의 눈으로 본다면, 어떤 해석이 가능할지 러시아 역사를 공부하면서 늘 궁금했다.

문화 속 러시아인의 삶

러시아인과 러시아 정교*

러시아는 기독교 국가다. 그리고 러시아인들이 믿고 있는 종교는 러시아 정교다. 엄밀하게 구분한다면, 988년 수용 이후 1054년 동서 교회가 분리되기 이전까지는 '그리스도교'라 불러야 하고, 분리된 이후부터 1589년까지는 '그리스정교,' 1589년 러시아에 총대주교(patriarch) 관구가 설립된 이후에는 '러시아 정교'라 부르는 것이 맞다. 10세기 후반에 국교가 된 후 러시아 정교는 천년이 넘는 시간 동안 러시아와 결코 분리될 수 없는 러시아인의 삶 그 자체라고 해야 한다.

러시아 역사에서 흔히 '혼란의 시기'(1598~1613)라고 불리는 시절이 있다. 그 시기는 왕조가 단절되고, 국민들의 경제적 삶은 무너졌으며 주변의 강대국인 폴란드가 침략해 그들의 지배를 받았던 고난의 시대였다. 스스로 왕이라고 주장하는 참칭자들이 창궐하던 그때, 러시아인들을 하나로 뭉칠 수 있게 해준 연결고리는 러시아 징교회었다. 교회의 헌신적인 노력과 국민들의 자발적인 참여 덕분에 러시아는 폴란드군을 모스크바에서 몰아내고 새로운 왕조를 건설할 수 있었다. 이때 국민들에게

---

* 황성우, "러시아 정교회와 러시아인," 『성서와 문화』, Vol. 83 (2021 봄), pp. 8-9 내용을 수정 보완함.

존경받는 가문 중에서 새로운 군주를 선출했는데, 이 과정에 교회가 적극적으로 개입했다. 러시아의 두 번째 왕조인 로마노프 왕조를 시작한 군주는 미하일 로마노프라고 알려졌지만, 실제로 그를 왕으로 추대하는 데 결정적인 역할을 한 사람은 그의 아버지였다. 후에 교회의 최고 자리에 오른 필라레트 총대주교는 권력으로부터 소외돼 수도원으로 유배 됐다가 새로운 삶을 시작해 교회 지도자의 자리에 올랐던 인물이다. 우리 역사로 말하자면 아들을 임금으로 만든 흥선대원군과 어떤 면에서 유사하다.

교회가 국민들의 신망을 얻게 된 계기는 몽골의 지배시기였다. 전 세계를 호령하던 몽골 군대가 러시아를 침략해 1240년부터 1480년까지 240년간 지배할 때에 러시아 귀족들은 충성 경쟁하듯 몽골 칸의 환심을 사는데 급급했다. 그때 러시아 정교회는 국민들이 유일하게 의지하고 쉴 수 있는 정신적 지주이자 안식처 역할을 했다. 이렇게 된 이유 중 하나는 14세기 중반 당시 러시아 정교회의 최고 성직자였던 수좌대주교(Mitropolitan) 알렉시이가 3년동안 고생하고 있던 몽골 칸의 황후 '타이둘라'(Taidula)의 눈병을 치료해줌으로써, 몽골 칸이 교회에 대해 호의적인 태도를 가진 덕분이었다. 몽골 칸의 배려로 러시아 정교회는 면세특권이 있는 토지를 소유할 수 있었다. 그런 까닭에 교회는 러시아인들 속에서 경제중심지 역할을 하게 됐고 교회와 수도원의 궂은 일들을 돕는 사람들이 많아지면서 교회와 수도원은 러시아 국민의 삶에 없어서는 안될 존재가 됐다.

기본적으로 수도원은 수도승들이 수행에 전념할 때 비로소 존재 가치를 인정받는다. 그런데 혹여 수도원 주변에 사람들이 너무 많이 모여 수도승들이 수행에 방해를 받으면 그들은 더 멀리 떨어진 외지에 수도원을 새로 마련한다. 이렇게 신설된 수도원 주변에 사람들이 모이면 다시 외지로 옮겨가는 일이 반복됐다. 이러다 보니 본의 아니게 수도원이 러시아 영토 팽창정책의 첨병 역할을 하게 됐다고 말하는 학자들도 있다. 확장된 교회의 땅은 16세기 초반 이반 3세(1462~1505)가 통치할 무렵에 러시아 전체 영토의 1/4을 차지할 정도였다.

몽골의 지배로부터 벗어나 강력한 중앙집권국가를 건설하고자 했던 러시아 군주 이반 3세는 교회 소유의 토지에 관심을 두기 시작했다. 그러자 교회 내부에서도 분열이 발생하기 시작했다. 흔히 러시아 종교사에서 '소유파와 비소유파 논쟁'이라고 불리는 갈등은 교회의 토지 소유 여부에서 비롯됐다. '소유파'들은 교회가 교육과 자선사업, 빈민구제사업 등과 같은 사회적 봉사활동을 하기 위해서는 재원이 있어야 하며 그런 까닭에 토지를 소유하는 것이 적절하다고 주장했지만, '비소유파'들은 신앙생활을 위해서 교회는 물질적 소유를 최대한 억제하고 오로지 영적인 수행에 전념해야 한다고 강조했다.

비소유파들은 생계를 위한 노동은 모든 사람들에게 필수라는 생각을 갖고 있었다. 교회 땅을 갖고 싶던 이반 3세의 입장에서 볼 때는 비소유파의 손을 들어주며 교회 소유 토지를 본인의 영지로 만들고 싶어했을 듯한데, 비소유파는 군주라 할지라도 교회의 업무에 개입하면 안 되고 교권과 속권은 엄격하게 분리돼야 하며 성서만이 유일한 구속력을 갖는다고 주장했다. 반대로 소유파는 토지 소유를 주장했지만, 교회와 교회가 가진 특권을 지지하는 수호자 역할을 군주가 해야 한다는 믿음을 갖고 있었다. 상반된 입장을 취하는 두 집단들 중 이반 3세가 손을 들어준 쪽은 소유파였다.

　이렇듯 '소유파-비소유파' 논쟁에서 소유파가 승리한 시점부터 러시아정교회와 국가는 상호 동반자 역할을 하기 시작했다고 말한다. 군주와 국가는 교회의 수호자 역할을 하고, 교회는 국가와 군주에게 사상적 이념적 도구와 통치 이데올로기를 제공하는 것이다. 이와 같은 교회와 국가의 밀월 관계는 정도의 차이는 있지만, 이후 러시아 역사 내내 목격된다. 더욱이 17세기 후반 교회분열 사건을 거치며 러시아 정교회는 국가교회의 이미지로부터 벗어나지 못한다. 서유럽에서 발생한 가톨릭교와 개신교 사이의 종교개혁과 다르게 러시아에서는 '라스콜리니키'라고 불리는 구교도들이 군주의 지원을 받은 총대주교가 추진한 종교개혁에 저항하는 현상이 발생했다. 신학적 교리적 차원에서 발생한 교회분열이라기보다 옛 전통을 지키려는 성직자와 국민들이 반발한 것이다. 예컨대 할렐루야를 세 번 외쳐야 한다거나 두 손가락으로 긋던 성호를 세 손가락으로 해야 한다는 교회의 새로운 지침에 저항했다. 러시아인들에게는 부모로부터 전해 내려온 '옛것'이 더 중요했던 것이다. 두 손가락으로 성호를 그으며 신념을 굽히지 않는 신도들의 모습은 러시아 회화를 통해서도 종종 볼 수 있다.

　18세기 초 러시아를 서유럽과 같은 발전된 국가로 만들기 위해 머리부터 발끝까지 러시아의 모든 것을 바꾸려 했던 표트르 대제는 교회 내 최고지도자인 총대주교가 사망하자 종교 문제를 관할하는 신성종무원(Holy Synod)을 만들어 비성직자를 책임자로 임명했다. 그 결과 러시아 정교회는 하부 행정부서와 다름없는 국가기구로 전락하게 된다. 20세기 초 총대주교가 새로 선출되기 전까지 이런 현상은 지속됐다.

러시아 역사 속에서 최고의 군주로 평가받는 표트르 대제지만, 그가 교회의 세속화를 추진하고 교회 내 종을 녹여 대포로 만들었다는 비난을 피해가지는 못한다.

러시아혁명 이후에 탄생한 소비에트 정부에서 알려진 바와 같이 종교는 공식적으로 인정받지 못했다. 제2차 세계대전 중 히틀러가 소련을 침략한 독소전쟁, 러시아에서 대조국전쟁이라고 말하는 시기에 소비에트 정부가 교회의 협력을 요청하기도 했지만, 기본적으로 소비에트 74년의 경험 속에 종교는 사회악으로 치부됐다. 그후 교회가 다시 국민들 마음 속에 들어온 시점은 소련이 해체되고 새롭게 러시아가 탄생한 때다. 사회주의에서 자본주의라는 체제 이행의 시기에 혹독한 시련을 겪은 러시아인들이 의지할 곳은 과거 16세기 말엽과 17세기 초반 '혼란의 시기'와 마찬가지로 정서적 보금자리 역할을 한 러시아 정교회였다. 교회야말로 정치적 경제적 혼란 속에서 유일한 구원자 역할을 담당했다.

한 가지만 덧붙여 말하면, 19세기까지 유럽 사람들은 스스로 기독교인이라고 자처하는 러시아인들이 정작 기독교를 믿지 않고 민간신앙을 믿고 있다고 생각했다. 그들은 성경에 대해 아무것도 모르면서 그저 교회만 다닌다고 조롱했다. 러시아인들의 종교를 '형식만 기독교, 내용은 민간신앙'이라는 '이중신앙'(Dual Faith)이라고 폄하하기까지 했다. 그러니 기독교인으로 불리는 것을 선호했던 러시아인들이 감히 하나님 앞에서 앉아 예배드릴 수 없다는 생각에 교회 내부에 의자를 두지 않았다는 사실을 아는 사람들이라면 러시아인들의 신실함을 부정할 수 없을 것이다. 신실함의 척도는 지식이 아닌 삶 자체다. 초기 그리스도교의 모습을 간직한 교회는 가톨릭교나 개신교가 아니라, 정교회라고 말할 수 있는 근거이기도 한다.

공간 속의 공간: 마트료쉬카*

러시아에 조금이라도 관심이 있는 사람들에게 러시아 하면 떠오르는 것이 무엇이냐고 묻는다면 아마도 그들은 목각인형 마트료쉬카 (матрёшка)의 이름을 떠올릴 것이다. 문호가 개방돼 누구나 러시아에 갈 수 있던 시절 길거리 어디를 가더라도 마트료쉬카가 진열된 상점이나 가판대를 봤던 기억을 떠올리는 사람도 많을 것이다. 필자의 경우에도, 러시아 유학길에 올랐던 90년대 중반 길거리에 진열된 인형을 보고 호기심에 구경이라도 하면 상인들이 인형에 얽힌 유래와 전설을 구수한 어투로 설명하면서 하나라도 팔려고 애쓰던 모습이 떠오른다. 도착한지 3일째 되던 날 모스크바대학 뒤편 모스크바 강쪽의 '참새의 언덕'을 산책하면서 익숙하지 않았던 러시아어의 낯섦보다 100달러를 부르던 12개짜리 마트료쉬카를 25달러에 구입한 뿌듯함에 마냥 좋아했던 기억도 아직까지 생생하다. 나중에야 그 가격도 비싸다는 것을 알았지만.

러시아인들은 마트료쉬카를 '가정의 수호신'이라고 믿고 있다. 그래서 부부 침대 위에 인형을 올려놓곤 하는데, 그러면 태어날 아이가 여

---

* 황성우, "공간 속의 공간: 마트료쉬카 이야기," 『Russia & Russian Federation』, Vol. 4, No. 2 (June 2013), pp. 38-45 내용을 수정 보완함.

자일 경우 성인이 된 후에 그녀의 일손이 줄어든다고 믿었다. 불임여성에게는 마트료쉬카가 임신할 수 있게 도와준다고 믿었다. 크기는 작지만 동일한 형태의 인형이 계속해서 안에 들어있기 때문에, 예로부터 다산과 풍성한 수확을 기원하는 상징물로 인식되기도 한다. 인형의 명칭은 '마트료나'라는 이름에서 유래했는데, 이 이름은 19세기 러시아 여성에게 흔한 이름이었다. 마트료나가 어머니를 뜻하는 이름이기도 했기 때문에, 마트료쉬카는 대지의 신, 즉 지모신(地母神)으로도 알려져 있다. 또한 인형에 색칠된 붉은색, 노란색, 파란색, 그리고 초록색은 각각 붉은 피와 태양, 잘 익은 밀, 하늘과 물, 꽃들과 화려한 식물들의 색깔을 나타내고 있다고 전해지며 인형의 태생적 토속성과 역사성을 반영한다.

하지만 신화적 상상력이 가미된 풍성한 이야깃거리와 다르게 마트료쉬카의 실제 나이는 그리 많지 않다. 이제 겨우 120년이 조금 넘었을 뿐이다. 잘 알려진 바대로 마트료쉬카는 러시아가 만든 토속 상품이 아니라, 1890년대 초반 일본에서 러시아로 유입된 인형을 모델로 새로 만든 것이다.

일본에서 유래한 마트료쉬카

전해지는 이야기로는 누군가가 이 인형을 마몬토프(Mamontov) 가문에 가져왔다고 한다. 마몬토프 가문은 러시아 산업자본가 집안으로 러시아 예술과 문화에 깊은 관심을 갖고 있던 가문이었다. 러시아에 소개된 일본 인형은 가운데 부분이 두 개로 갈라져서 그 안에 작은 것이

들어가 있는 모양을 띠고 있었는데, 마트료쉬카처럼 계속해서 인형이 속 안에 들어있는 것이 아니라, 하나의 인형 안에 다섯 개의 동일한 작은 인형이 들어 있었다. 일본 인형의 이름은 우리에게는 '달마 대사'로 알려진 '다루마'(Daruma)였다. 일본 사람들은 이 인형을 '행운의 神' 혹은 '칠복신'(七福神)이라고 불렀다. 인형의 모델이 된 다루마는 일본에서 '산타클로스'로도 불리는데, 다가올 한해의 성공을 위해 일본의 신년 파티에서 빠지지 않는 인물이다. 불교 성인이었던 다루마는 수행을 위해 동굴에서 움직이지 않고 9년을 지내며 수행에 방해되는 잠을 쫓기 위해 눈썹을 잘랐다. 시간이 흐르는 동안 그의 팔과 다리는 썩어갔고, 그런 까닭에 다루마 인형에 나타난 그의 얼굴이 무섭고 엄한 모습을 띠고 있는 것이다. 러시아에 유입된 이후 이 인형은 러시아적 풍토에 맞게 재탄생하게 된다.

러시아 마트료쉬카의 아버지, 즈베즈도츠킨

우리가 알고 있는 마트료쉬카를 이야기할 때 빼놓을 수 없는 사람 중 한 명이 러시아에서 '마드료쉬기의 아버지'라 불리는 즈베즈도츠킨(Звездочкин, Василий Петрович)과 인형에 러시아의 신화적 상상력을 부여한 말류틴(Малютин, С. В.)이다. 즈베즈도츠킨은 1876년 포돌스키 군(уезд) 쉬비노(Шубино) 마을에서 평범한 농부의 아들로 태어났다. 그곳에서 '교구학교'(церковно-приходская школа)를 졸업한 그는 배움을 계속하고 싶었지만, 장남인 이유로 집안 일을 도와야 했다. 그의 나이 22살이 되던 해, 즈베즈도츠킨의 아버지는 성인이 된 아들을 취업시키기 위해 모스크바로 보냈고, 즈베즈도츠킨은 모스크바에서 목공일을 배우기 시작했다. 모스크바 근교 '아브람체보'(Абрамцево)에서 목공일을 하던 즈베즈도츠킨은 그곳에서 당대의 유명 예술가인 바스네쵸프(Васнецов В. М.), 폴레노프(Поленов В. Д.), 레핀(Репин И. Е.) 등을 만나며 러시아 전통문화에 관심을 갖게 됐다. 슬라브주의자인 악사코프의 영지였던 아브람체보는 상인 출신 자본가 마몬토프(Савва Мамонтов)가 인수한 뒤 러시아 예술문화의 중심지 역할을 하고 있었다. 아브람체보에 모인 예술가들은 러시아의 자연을 화폭에 담는 일뿐만 아니라, 러시아 전역을 돌며 희귀한 예술품들을 수집하고 있었다.

이때 누군가에 의해 일본 목각인형이 마몬토프 가문에 전달됐다. 누구에 의해서 어떤 경로를 거쳐 전해졌는지 아직까지 밝혀지지 않고 있다. 2005년 러시아 신문에 게재된 즈베즈도츠킨의 딸 '베라 바실리예브나'(Вера Васильевна)의 과거 인터뷰 기사에도 그녀 역시 어떤 경로로 일본 인형이 전달됐는지 아버지에게 들은 바 없다고 말했다. 마몬토프 가문에 전달된 일본 인형은 하나의 인형 안에 몇 개의 가족 구성원 인형이 들어가 있는 형태였다. 당시 아브람체보에 있는 러시아 예술가들은 여러 개의 인형이 한 곳에 들어가 있는 아이디어에 호기심을 갖게 됐고, 그런 까닭에 그들은 일본 인형의 모습과 유사하지만, 러시아적 요소가 가미된 새로운 인형을 만들고 싶어 했다. 새로운 창작 과정에는 즈베즈도츠킨과 말류틴이 관여했다. 말류틴은 러시아 민담 속에 회자되던 '이반 왕자'(Иван Царевич) 이야기 속에 등장하는 '상자 속 오리' 개념에 착안해 인형 안에 또 다른 인형이 들어가는 새로운 상품을 만들었다. 신라를 창건한 박혁거세의 일화처럼 우리 민족의 탄생신화에도 많이 등장하는 '탁란(托卵) 신화'와 같이 말류틴은 러시아 민담에 나오는 이야기를 모티브로 새로운 상품을 개발한 것이다.

이와 관련한 내용이 19세기 러시아 시인 쥬코프스키(Жуковский В. А., 1783~1852)의 작품에 등장한다.

Сказка об Иване-царевиче и Сером Волке

(на море на Окияне)

На острове великом на Буяне

Есть старый дуб; под этим старым дубом

Зарыт сундук, окованный железом;

В том сундуке лежит пушистый заяц;

В том зайце утка серая сидит;

А в утке той яйцо; в яйце же смерть

Кощеева.

(Жуковский В. А., 1783-1852)

이반 왕자와 회색 늑대 이야기

옛날 부얀 지역에 넓고 큰 섬이 있었습니다.
그 섬에는 오래된 참나무 한 그루가 있었지요.
참나무 아래에는 철로 만든 상자 하나가 묻혀 있습니다.
상자 안에는 털이 복슬복슬한 토끼가 있지요.
그 토끼 속에 회색 오리가 앉아 있고,
그 오리 속에도 또 알이 있습니다.
알 속에는 코쉐예프가 죽어 있어요.

쥬코프스키 V. A. (1783~1852)

즈베즈도츠킨과 말류틴이 처음으로 만든 인형은 러시아 여인의 모습 안에 어린 소녀, 소년, 갓난아기의 모습이 차례로 담긴 인형이었다. 1892년에 만들어진 이 인형은 처음에는 4개가 한 세트로 제작됐고, 인형의 개수도 홀수가 아닌 짝수였지만, 이후에 정해진 개수 없이 인형이 제작됐다. 오늘날에는 보통 5개가 한 세트인 인형이 많지만, 정해진 인형의 개수는 없다.

러시아 인형 마트료쉬카의 탄생

그럼 어떻게 해서 이 인형이 러시아의 토속인형으로 세상에 알려지게 됐을까? 마트료쉬카 인형이 공식적으로 러시아에 첫 선을 보인 시기는 모스크바에서 '유아교육용'으로 생산됐을 때이며, 그 목적은 당시 러시아 제국 내 여러 지역에 거주하고 있는 다양한 민족들의 고유 민속의상을 입은 인형을 제작하기 위해서였다. 일본으로부터 건너온 이 인형이 러시아 토양에 여과되면서 가늘고 좁은 눈이 앞을 응시하는 모습과 홍조 띤 얼굴, 그리고 금빛 머리로 바뀌게 된 것이다. 그리고 마트료쉬카가 제작된 지 약 10년이 지난 시점에 프랑스 파리에서 개최된 제1회 세계박람회(EXPO)에서 대상인 에펠탑에 이어 마트료쉬카가 영예의 금상을 수상하고, 그 이후에 마트료쉬카는 러시아 토착인형이라는 세계적인 명성을 얻었다.

1900년 세계박람회 이후 인형을 제작해달라는 주문이 쇄도하자, 과거에 성상화 중심지로 유명한 모스크바 근교의 세르게예프 포사드(옛 자고르스크)에 많은 마트료쉬카 생산공장이 세워졌다. 노동의 분업에 따라, 여자들은 주로 인형에 옷을 입히고, 남자들은 얼굴을 그렸는데, 그 이유는 과거로부터 오로지 남자들만 성인의 모습을 그렸던 교회의 전통 때문이며, 그런 까닭에 세르게예프 포사드에서 제작된 초기 마트료쉬카의 얼굴이 성인의 얼굴처럼 무표정한 모습을 띠게 된 것이다.

마트료쉬카에 새겨진 그림들도 농민 출신 어린아이들의 일상적인 모습에서 시작해 러시아 민속이나 역사 속에서 러시아적 특성을 간직한 어른들의 모습으로 변화하게 됐다. 역사적 사건들을 모델로 만든 인형들도 대중들의 인기를 얻었는데, 특히 1812년 러시아 원정길에 올랐던 나폴레옹과 그의 참모들이나 당시 러시아군을 지휘했던 쿠투조프 장군과 참모들이 인형의 모델로 자주 등장하곤 했다.

1917년 러시아혁명 이후에는 마트료쉬카에 어떤 변화가 일어났을까? 1917년 10월 러시아혁명이 일어나고 난 후부터 이데올로기 요소가 인형 제작에 영향을 미치기 시작했다. 당시 만들어서는 안 되는 블랙리스트에 올라가 있는 경찰, 보제(дьякон), 구교도인들은 물론이고, 선원이나, 러시아 처녀귀신 루살카(русалка), 숲의 정령 레쉬(леший)같이 민간신앙 속에 존재하는 귀신과 같은 인물들은 소비에트 정부의 시각에서 볼 때 인형 제작의 적절한 대상이 아니었다. 그래서 홍조 띤 얼굴에 큰 눈을 가진 러시아 여성의 모습만 살아남아 유지됐다.

물론 소비에트 시절에도 마트료쉬카의 외형에 약간의 변화는 있었다. 미국과 우주로켓 발사 경쟁을 하던 시기에 우주선을 모델로 하는 마트료쉬카가 제작되기도 했는데, 미국이 먼저 달 착륙에 성공한 이후 이 모델은 생산이 중단됐다고 한다. 1977년에는 러시아 혁명 60주년 기념으로 당시 소련의 15개 구성공화국의 민속의상을 입은 15개짜리 대형 인형이 제작되기도 했다. 그 당시는 소련 정부가 외교사절들을 위해 커다란 인형을 선물로 주는 것이 공식 관례였을 정도였다. 이 전통에 따라 소련이 해체된 이후에도 빌 클린턴 미국 대통령 취임식에 맞춰 클린턴과 그의 참모들을 모델로 한 마트료쉬카가 제작돼 미국 정부에 선물로 기증하기도 했다.

소비에트 시절 마트료쉬카 생산이 최고조에 달했던 때는 바로 1980년 모스크바 올림픽이 열렸던 해다. 이때는 무려 1,000만 세트가 제작됐다고 하는데, 소련의 아프카니스탄 침공에 항의하는 차원에서 서방 세계가 불참해 정치와 스포츠를 결부시켰다는 오명을 안은 채 반쪽 올림픽이 돼버렸지만, 모스크바 올림픽을 보러 온 관광객들에게 공식

마스코트였던 러시아의 곰 미샤와 마트료쉬카가 가장 큰 인기를 얻었다고 한다.

러시아 마트료쉬카 대표 산지

대표적 생산지 중의 하나인 세르게예프 포사드에서 제작된 마트료쉬카는 빈 공간을 남겨두지 않고 두껍게 채색되고, 주로 오렌지색, 밝은 갈색, 노란색, 붉은색이 사용돼 따스함과 생동감이 적절하게 표현된 특징을 갖고 있다. 주로 러시아의 전통적인 농부(農婦)의 모습을 띠는 이 인형들은 '사모바르'(самовар, 차를 끓일 수 있는 기구로서 보온 방법은 우리나라의 신선로와 비슷하다)나 바구니를 들고 있는 형상을 띤다.

1920년대에 마트료쉬카는 니즈니 노브고로드(옛 고리키)의 박람회에 출품된 후, 러시아 각지로 확산돼 생산됐다. 그 중 대표적인 곳 중 하나가 세묘노보인데, 그곳에서 생산된 마트료쉬카는 세르게예프 포사드에서 생산된 것보다 붉은색과 푸른색, 노란색을 보다 많이 사용하면서 전반적으로 색깔이 밝게 표현됐다. 또한 세묘노보에서 생산된 마트료쉬카는 그 거대함 때문에 유명한데, 보통 15개에서 18개 정도 들어가는 마트료쉬카를 만들었으며, 기네스북에 기록된 72개가 들어가는 마트료쉬카도 이곳에서 만들었다. 이때 제작된 마트료쉬카는 일본 정부에 선물하기 위해 러시아 정부가 특별히 세묘노보 공장에 의뢰했던 것이다. 그밖의 다른 생산지로 뱌트카(옛 키로프)를 들 수 있다.

마트료쉬카의 제작과정은 기본적으로 하나의 둥근 모형을 제작하는 데도 끌과 조각용 칼만 가지고 15개의 공정을 거쳐야 한다고 알려져 있다. 둥근 모형의 표면은 거칠지 않고 부드러워야 하며 색을 칠할 수 있게 매끄러워야 하는데, 이 둥근 모형을 제작하는 기술이 워낙 복잡하고 어렵기 때문에 모든 장인들이 자신들만의 세공기술을 개발해야만 본인이 원하는 크기와 모양을 정확하게 만들어낼 수 있다고 한다.

오늘날의 마트료쉬카

소연방이 해체되고 러시아연방이 출범하면서 마트료쉬카의 외형에도 상당한 변화가 일어났다. 모스크바의 거리에 나가면, 외국 관광객들을 위해 특별히 제작된 마트료쉬카를 흔히 볼 수 있다. 디즈니 만화를 주제로 한 것이나, 러시아 역대 통치자들의 모습을 담아내고 있거나, 혹은 마이클 잭슨, 비틀즈와 같이 전 세계적으로 잘 알려진 대중음악가들의 모습을 한 마트료쉬카를 거리에서 쉽게 만날 수 있다. 한때는 빌 클린턴 미국 대통령 모습을 한 인형 안에 그의 애인 모니카 르윈스키가 들어간 마트료쉬카 인형이 가장 인기가 많았다고 한다.

오늘날에는 전통 모양에 안주하지 않고 현대적으로 재해석해 다양한 모습을 띤 마트료쉬카 인형이 일반인들에게 인기가 많은 것은 사실이지만, 마트료쉬카에 예술가의 혼이 담겨져 있어 단지 돈으로 계산할 수 없는 경우도 많다. 모스크바 소재 이즈마일로프스키 전통시장에 가면 며칠 동안 고생해서 만든 자신의 작품을 직접 가지고 나와 관광객이나 일반 시민에게 판매하는 경우가 있는데, 유학시절 필자 역시 심하게 가격 흥정을 해 예술가들의 자존심을 건드린 적도 있다. 지금이라도 사과하면 받아줄까?

전 세계에서 마트료쉬카를 가장 많이 소유하고 있는 사람은 누굴까? 전하는 소식에 따르면 개인적으로 마트료쉬카를 가장 많이 소장하고 있는 사람은 아마도 혁명 전에 제작된 것을 포함해 약 6,000세트가 넘는 마트료쉬카를 수집한 미국인 로버트 브로콥(Robert Brokopp, 1921~2012)으로 알려져 있다. 평생 아이들을 위해 헌신한 브로콥은 어린아이들에게 천사와 같은 존재였다.

재미있는 사실은 이 마트료쉬카의 열광적인 숭배자 중 한 사람이 우리가 잘 알고 있는 프랑스 미남 배우 알랑 드롱(1935~2024)이다. 그가 살았던 파리의 저택에는 러시아 방문객들이 선물로 주고 간 것도 있겠지만, 그 자신이 러시아를 방문했을 때 주문생산해서 소지하고 있는 마트료쉬카로 가득 차 있다고 한다. 가수 플라시도 도밍고 역시 세묘노보를 자주 찾는 인사 중 한 사람으로 알려져 있다. 뉴욕 현대미술박물관에도 30개의 인형이 들어가는 전통적인 러시아산 마트료쉬카가 소장돼 있다.

마트료쉬카는 분명 일본에 기원을 둔 러시아 인형이 맞지만, 마트료쉬카를 만드는 기술은 러시아에서 발전한 러시아 그 자체의 것이다. 조각 인형에 색을 입혀 제작하는 기술은 러시아 이외에도 독일과 프랑스, 일본 등 다른 나라에도 존재한다. 중국 장인들 역시 다양한 방법으로 섬세하게 색칠한 대형 인형을 제작한다. 하지만 중국 인형이 러시아 마트료쉬카만큼 국제사회에서 인정받는 경우가 있는지는 모르겠다.

일본 다루마 인형도 창의적 작품이 아니라, 중국 명나라 때 도입된 것이다. 일본 다루마 인형도 흔히 말하는 '짝퉁' 인형이 되는 것이다. 그렇다면 중국 인형이 원조일까? 답변하기 어렵다.

코카콜라, 슈퍼맨, 아스피린 등 20세기에 히트 쳤던 상품들의 아이디어를 제공했던 사람들이 빛을 보지 못했을 뿐만 아니라, 돈도 벌지 못했다는 점을 생각하면, 마트료쉬카도 20세기 '도둑맞은 아이디어'의 목록에 포함될지 모른다. 그러나 누가 만들었고 어디에서 처음 만들었느냐 식의 '원조/원산지 논쟁'도 중요하지만 이후에 어떻게 발전시키느냐도 중요한 문제다. 모방을 통해 아이디어를 얻고 새로운 작품을 만든 것이야말로 인간의 상상력을 자극하는 행위이다. 러시아 마트료쉬카는 러시아 민담 속에 녹아 있는 신화적 상상력을 현실 세계로 승화시켜 성공한 멋진 '아이디어 상품'이다.

불과 물의 이중주:
하지 축제, 이반 쿠팔라*

2019년 말엽부터 2025년 6월이 되는 지금까지도 COVID-19에 대한 두려움은 여전하다. 코로나 이전에도 수많은 전염병이 창궐했지만, 코로나의 규모에는 비할 바 아니다. 과거에 대한민국을 공포에 떨게 하고 떠들썩하게 만든 장본인 중 하나가 '중동 호흡기 증후군'(Middle East Respiratory Syndrome, MERS), 즉 메르스다. 주로 사우디아라비아에서 활동한다는 메르스가 유독 한국인에게서 많이 발병하는 이유가 무엇인지 무척이나 궁금했지만, 속시원하게 답해주는 언론이나 전문가들조차 없었다. 그래서 다소 엉뚱한 생각을 해봤다. 의료 체계가 정비된 오늘날에도 치료제가 없다고 부산을 떠는데, 만약 조선시대에 코로나와 메르스가 창궐했다면 우리네 선조들은 어떤 치료법을 마련했을까? 언뜻 떠오르는 생각은 아마도 우리 선조들은 악귀를 몰아내는 부적을 몸에 달고 모닥불을 뛰어넘었을 것이다. 한참 인기 있던 국내 TV

---

* 황성우, "불과 물의 이중주: 하지 축제 이반 쿠팔라," 『Russia·Eurasia Focus』, No. 330 (2015.7.27.) 내용을 수정 보완함.

드라마에 나온 모습이다.

불을 뛰어넘는 행위는 불 축제에 자주 등장한다. 축제의 단골 메뉴다. 고대 유럽에서 모닥불을 피우는 의식은 크리스마스와 주현절에도 간혹 행해졌지만, 보통 춘분과 하지 무렵에 이뤄졌는데, 불 축제 중에서 으뜸인 것은 하지에 행하는 축제였다. 불 축제가 주로 태양과 관련 있기 때문에 낮의 길이가 가장 길고 태양의 힘이 정점에 도달한 하지에 거행한 불 축제가 제일 유명한 듯하다.

러시아에도 당연히 하지 축제가 있다. 예전 역법인 율리우스력으로 6월 24일에 거행된 '이반 쿠팔라'(Иван Купала)가 러시아인을 포함해 동슬라브족이 즐겨 맞이했던 하지 축제다. 소설가 고골의 단편 『이반 쿠팔라의 전야』나 『지칸카 근교의 농촌 야화』, 안드레이 타르코프스키의 작품 〈안드레이 루블료프〉 영화에 나오는 이교도 축제의 장면을 기억하는 사람들이라면 바로 알 것이다.

이반 쿠팔라 축제는 태양을 숭배하던 러시아인들이 하지 무렵에 기념하던 대표적인 농경 축제다. 과거 농민들은 태양이 농사에 가장 중요하다고 생각했다. 음력을 즐겨 사용하던 우리 선조들도 24절기만큼은 태양을 기준으로 정한 것만 보더라도 태양이 얼마나 중요했는지 알 수 있다. 일 년의 농사 주기는 태양의 운동과 관련 있었다. 낮의 길이를 기준으로 태양이 재탄생하고 정점에 오르는 동지와 하지를 중심으로 일 년의 주기가 정해지는 것이다.

이반 쿠팔라의 명칭은 기독교와 민간신앙의 결합을 통해 만들어졌다. 농사에 중요한 일 년의 두 축인 '동지와 하지'를 '크리스마스와 세례요한의 날'로 대체해 농경 축제의 내용을 유지한 것이다. '쿠팔라'

라는 이름은 '떼 감다,' '목욕하다,' '헤엄치다'라는 의미의 러시아어 'купаться,' 'купанье'에서 유래됐다. 이반은 요한의 러시아식 이름에서 유래했다. 이반 쿠팔라는 이렇게 등장한 것이다. 축제의 명칭에서 기독교와 민간신앙이 융합된 것을 알 수 있다.

이반 쿠팔라 축제에서 행해지는 주요 의식은 물과 불과 관련 있다. 첫 번째는 모닥불을 밝히고 그것을 뛰어넘는 것이다. 쿠팔라의 불은 '새로운 불'을 의미한다. 즉 이미 존재한 불에서 얻어지는 것이 아니라, 원시적인 방법의 마찰을 통해 새롭게 생산되는 불로서 중요한 '정화'의 의미를 담고 있다. 쿠팔라 축제의 저녁에 농민들은 깔끔하게 옷을 차려입고 모닥불을 피웠는데, 그 불은 반드시 처음 만들어진 불이어야 했다. 모닥불이 타기 시작하면 사람들은 주위에 모여 노래를 부르며 흥을 돋웠고, 그 분위기 속에서 '쿠팔라의 불'을 뛰어넘었다. 사람들은 불을 뛰어넘으면서 해로운 병균으로부터 몸이 정화된다고 믿었다. 남녀가 손을 잡고 불을 뛰어넘기도 했는데, 그들이 손을 놓지 않고 뛰어넘으면 마을 사람들은 둘이 결혼할 수 있을 거라 믿었다고 한다.

대학원 박사과정 시절에 이반 쿠팔라 축제를 처음 접했을 때, 불의 높이가 어느 정도일까 정말 궁금했다. 러시아 사람들이 말 도둑을 잡으면 죽을 때까지 높은 곳에서 떨어뜨린다는 내용을 읽을 때도 마찬가지였다. 높이의 수치가 궁금했다. 수치를 찾기 위해 온갖 책들을 뒤지던 시절이 그립다. 그림 한 장만 있었더라면 바로 알 수 있었을 텐데. 요즘엔 유튜브만 찾아봐도 쿠팔라의 불이 어느 정도인지, 말 도둑을 잡아서 어떻게 처리하는지 바로 알 수 있다.

젊은 남녀와 다르게, 집안의 가장들은 모닥불을 높게 뛰어넘을수록 그해 밀 수확이 풍성해진다고 믿었다. 오늘날에는 오락의 요소가 많이 가미돼 모닥불이 아닌 마치 서커스처럼 원형 불 속을 뛰어넘으며 무용담을 만들고, 사랑하는 여인을 안고 뛰어넘기도 한다.

두 번째 의식은 물과 관련돼 있다. 이반 쿠팔라의 날에 태양이 물에 특별한 힘을 부여한다는 믿음에 따라 '목욕 의식'이 거행된다. 목욕 의식 속에 병균으로부터 몸을 보호하고 청결하게 한다는 상징적 행위가 내포돼 있다. 하지만 냇가에서 남녀가 함께 목욕하고 그날 밤에 남녀의 사랑 행위가 암묵적으로 허용되는 바람에 목욕 의식은 구성원들로부터 비난을 받아, 결국 교회에 의해 퇴출된다.

사람들은 낮의 길이가 가장 길어 태양의 힘이 최고조에 이르고, 식물의 생장이 정점에 다다른 하지 날 새벽에 내린 이슬이 치료에 효능이 있다고 믿었다. 하지 무렵에 피는 양치식물과 꽃을 얻기 위해 새벽부터 일어나 분주히 움직이는 사람들의 모습도 이반 쿠팔라 축제에서 흔히 볼 수 일상이었다. 러시아 농민들은 치료에 특별한 효험이 있다는 양치식물을 이반 쿠팔라의 날에 찾으러 다녔는데, 특히 고사리 꽃을 발견하는 사람에게 행운이 깃든다고 믿었다. 고사리는 하지 무렵, 즉 이반 쿠팔라의 날 전후에만 꽃을 피우기 때문에 이 꽃을 찾는 사람은 신비한 능력을 갖추게 된다고 믿었다. 우리네 선조도 하지 무렵에 피는 고사리 꽃을 찾기 위해 바쁘게 움직였다. 고사리 꽃을 찾는 사람은 일년 내내 아프지 않고 무탈하게 지낸다는 믿음 때문이었다. 환경은 다르다 하더라도 계절과 절기가 주는 의미는 동일해서 러시아인과 한국인의 유사한 삶을 엿볼 수 있는 대목이다.

농경 축제의 대부분이 태양 숭배와 관련 있지만, 의식을 마무리하는 장면은 대지 숭배의 모습도 나타난다. 한겨울을 보내고 봄을 맞이하는 마슬레니차 축제, 봄의 축제인 루살카 주일과 마찬가지로 하지 축제인 이반 쿠팔라의 날에도 농민들은 인형과 허수아비를 만들어 축제가 끝날 때 태우거나 물에 빠뜨리고, 혹은 찢어버리곤 했다. 어머니 대지에 힘을 부여해 결국 풍성한 수확을 얻고자 하는 농민들의 바람이 담겨 있는 것이다. 러시아 민속학자 프로프는 러시아인의 축제와 의식 속에 등장하는 인형과 허수아비들은 정령이나 생장의 힘을 보여준다고 말한다. 그들이 사용되는 의식에서 식물의 생장을 위해 죽임을 당하고 다시 소생하는 것은 인형과 허수아비들에게 새로운 곡식의 의미가 있다는 뜻이다. 농사가 주된 생산활동이었던 사람들이 가진 상상력을 엿볼 수 있다.

숫자로 읽는 러시아*

 러시아를 이해하는 방법은 다양하다. 지리적 공간, 정치적 제도, 문화적 기억 모두가 그 역사와 정체성을 설명하는 데 중요한 요소다. 그러나 때로는 숫자가 러시아를 드러내는 가장 간결하면서도 상징적인 언어가 되기도 한다. 숫자는 사건과 제도, 신화와 기억을 응축된 형태로 담아내며, 복잡한 역사를 한눈에 보여주는 기호로 작동한다.

 러시아의 숫자는 단순한 계량이 아니라 역사적 압축이다. 예를 들어 '3'이라는 숫자는 흰색, 파란색, 붉은색 등 세 가지 색상으로 만들어진 러시아의 국기 '삼색기'를 소환하며, 모스크바를 '제3의 로마'로 만든 필로페이 수도원장과 이데올로기를 환기시킨다. '1917'이라는 숫자는 러시아 혁명과 20세기 세계사의 전환점을 동시에 상징한다. '1957'은 인류 최초의 인공위성 발사, '1961'은 유리 가가린의 최초 우주여행을 상기한다. '11'이라는 숫자는 '칼리닌그라드' 지역을 포함해 러시아가 보유한 세계 최대의 시간대를 의미하는 동시에, 광대한 영토와 통합의 어려움을 동시에 드러낸다. 이처럼 숫자는 역사 속 연도나 단순한 통계 수치가 아니라, 러시아가 살아온 시간과 공간을 집약하는 기호이자 상

---

* 황성우, "숫자로 읽는 러시아," 『Russia & Russian Federation』, Vol. 1, No. 4 (Dec 2010), pp. 86-93 내용을 수정 보완함.

징이다.

숫자로 러시아를 읽는다는 것은 곧 러시아적 경험을 다른 언어로 번역하는 일이다. 문자와 개념으로 풀어내기 힘든 복합적 역사를, 숫자를 매개로 직관적으로 이해하게 하는 것이다. 숫자는 러시아가 경험한 전환기, 전쟁, 혁명, 영토적 팽창과 같은 거대한 사건들을 단순한 표지로 압축하면서도, 그 뒤에 숨은 의미를 독자로 하여금 연상하게 만든다.

결국 '숫자로 읽는 러시아'는 역사적 사실과 문화적 상징을 동시에 담아내는 러시아를 해석하는 또 하나의 방법론이다. 그것은 지리적·정치적·문화적 측면에서 러시아를 설명하는 기존의 틀에 더해, 숫자를 통해 러시아를 응축된 기호와 서사의 조합으로 이해하게 한다. 그런 까닭에 숫자는 곧 러시아사의 언어적 상징이며, 복잡한 세계를 간결하게 전달하는 또 다른 역사 서술의 형식이라 할 수 있다. 이 글에서는 러시아를 다른 방식으로 읽어내는 1차 작업으로서 숫자와 연관된 쉽고 재미난 이야기를 풀어내고자 한다.

■ 세계 1위의 영토 대국

현재 러시아연방의 국토 면적은 지구 육지 면적의 1/8에 해당하는 약 1,707만㎢이다. 2014년 3월에 병합한 크림반도까지 포함하면 1,709만㎢이다. 이 면적은 캐나다 면적의 2배에 가까우며, 한반도 면적의 약 85배에 해당한다. 러시아가 최대 영토를 보유하고 있을 시기는 19세기 중반이었다. 1867년 720만 달러를 주고 알래스카를 미국에 팔기 전까지 러시아 영토는 지구 육지 면적의 1/6을 차지하는 약 2,240만㎢로 소련이 해체되기 이전의 영토와 거의 동일했다. 참고로 1922년 대영제국의 영토는 지구 육지 면적의 약 1/4인 3,367만㎢였다.

② 유럽과 아시아, 양원제, 쌍두독수리

러시아는 유럽과 아시아 두 대륙에 걸쳐 있다. 우랄산맥을 경계로 유럽러시아와 시베리아로 구분된다. 두 대륙에 걸쳐 있는 지리적 특성 때문에 유럽과 아시아의 국가정체성에 대한 문제가 끊임없이 제기됐다.

또한 오늘날 러시아 의회는 상원과 하원 양원제로 운영된다. 의회 명칭은 '연방의회'(Федеральное Собрание, Federal Assembly)라고 부르며, 상원은 '연방회의'(Совет Федерации, Federation Council), 하원은 '국가두마'(Государственная Дума, State Duma)라고 부른다.

러시아의 국가 문장에 하늘을 향해 날개를 펼친 쌍두독수리가 존재한다. 쌍두독수리 문양은 러시아 고유의 상징이라기보다, 원래 비잔틴제국의 것이었다. 비잔틴제국에서 쌍두독수리는 제국이 동방과 서방, 두 세계를 동시에 지배한다는 보편적 권력을 상징했다. 러시아가 비잔틴제국의 쌍두독수리를 받아들인 시점은 1472년 모스크바 대공 이반 3세가 비잔틴제국의 황녀 소피아 팔레올로그와 결혼하면서였다. 비잔틴제국이 1453년 오스만투르크 민족에 의해 멸망했기 때문에 모스크바는 자신을 비잔틴제국의 후계자, 곧 '제3의 로마'로 자처하기 시작했다.

쌍두독수리의 두 머리는 동쪽과 서쪽을 동시에 바라보고 있다. 이 모습은 러시아가 유럽과 아시아 두 대륙을 함께 품고 있다는 역사적·지정학적 정체성을 은유한다. 황금빛 독수리의 몸 위에는 세 개의 왕관이 놓여 있는데, 삼위일체적 권위와 러시아 국가의 통일을 상징한다. 그리고 쌍두독수리의 가슴에는 성 게오르기가 뱀/용을 무찌르는 모습이 새겨져 있다. 모스크바 도시의 문장이자, 악을 물리치는 정의의 힘을 나타낸다.

혁명 이후 소비에트 연방이 들어서면서 제국의 문양은 사라지고 '낫과 망치'가 그 자리를 대신했다. 소련이 해체된 뒤, 1993년 새로 제정된 러시아연방의 국가 문장에 다시 쌍두독수리가 등장한다. 단절된 듯 보였던 역사 위에 다시 등장한 쌍두독수리 상징은 러시아가 스스로 신생국가가 아니라 역사적 연속성을 가진 문명적 제국으로 규정하고 있음을 웅변한다.

3 러시아 국기(삼색기, Триколор)

러시아의 국기인 '삼색기'(Белый-синий-красный флаг, white-blue-red tricolor)는 오랜 역사를 지니고 있다. 17세기 후반 차르 알렉세이 미하일로비치(1645~1676) 치세였던 1668년에 건조된 첫 군함 오를료크에 게양된 깃발이 기원이다. 네덜란드 국기의 삼색기를 참조해 제작한 깃발이었다. 훗날 그의 아들 표트르 대제는 네덜란드에서 해군 기술을 배우며 삼색기를 러시아 상선의 공식 깃발로 지정했고, 이 깃발은 점차 국가를 상징하는 문양으로 자리잡았다. 공식적으로 1883년 4월 28일 황제 알렉산드르 3세의 즉위식 때 공식적으로 러시아 국기로 채택됐으며, 소련 해체 이후 1993년 12월 11일에 다시 러시아 국가로 채택됐다. 중간에 1858년부터 1883년까지 로마노프 왕조의 국기로 사용된 것은 동일한 삼색기였지만, 색상은 달라 위로부터 검은색, 노란색, 흰색으로 구성됐다.

삼색기의 색깔이 주는 의미는 정확하게 밝혀진 기원은 없지만, 모스크바 공후의 문장에서 유래됐다는 설과 모스크바 문장에 등장하는 게오르기의 형상에서 유래했다는 설이 있다. 즉 하얀색 갑옷에 백마를 타고 파란색 망토와 방패를 갖춘 게오르기의 형상과 붉은색 바탕의 문장에서 나왔다는 설이다. 또 다른 기원은 삼색기가 신분질서를 의미한다는 것인데, 흰색은 신, 파란색은 차르, 붉은 색은 농민이라는 이야기도 있다. 마지막으로 러시아 제국의 주요 민족, 즉 러시아인, 우크라이나인, 벨라루시인을 상징한다는 말이 있는데, 이 모든 기원은 정확하지 않고, 단지 추측할 뿐이다.

▨ 전통종교: 러시아정교, 이슬람교, 유대교, 불교

988년 키예프 루시의 블라디미르 공후가 기독교를 수용한 이후 천년이 흐르는 동안 러시아는 정통 정교국가로서 이미지를 가지고 왔다. 러시아어에서 농민을 뜻하는 단어 'крестьянин' 역시 기독교인이라는 단어 'христьянин'에서 파생됐고, 농민들 스스로 기독교인이라고 불리는 것을 선호했다는 사실만 보더라도 정교신앙이 러시아 국민들에게 얼마나 많은 영향을 미치고 있는지 알 수 있다.

하지만 전통적으로 러시아에 정교신앙만 있었던 것은 아니다. 러시아가 공국으로부터 출발해 왕국과 제국의 단계로 발전하면서 많은 지역이 러시아 영토로 편입됐고, 그에 따라 비러시아인 역시 러시아의 국민으로 편입됐다. 1997년 통과된 종교법안에 따르면, 러시아의 전통종교는 러시아정교, 이슬람교, 불교, 유대교 등 4개의 종교로 분류된다. 최근 통계자료에 따르면, 전체 러시아인의 63%가 러시아정교를 믿고 있다고 답변했으며, 6%의 사람들이 이슬람교를 믿고 있다고 대답했고, 비록 그 수는 적지만 1% 미만의 사람들이 유대교와 불교를 믿고 있다고 답변했다.

5 5개의 식생대, 음악계의 5인방

　18세기까지 러시아의 음악은 주로 교회음악, 민속음악, 민속춤과 관련돼 있었다. 18세기, 즉 1700년대에 이르러 이탈리아, 프랑스, 독일로부터 오페라가 러시아에 유입되기 시작하면서, 오페라는 러시아 귀족층 사이에서 인기 있는 대중예술의 한 형태로 자리잡기 시작했다.

　19세기에 들어서면서 러시아의 음악은 비약적인 발전을 거듭해 문학에서와 마찬가지로 전 세계 음악에 커다란 공헌을 하게 됐다. 19세기 전반 미하일 이바노비치 글린카(Mikhail Ivanovich Glinka, 1804-1857)는 러시아 고유의 민속음악과 종교음악을 처음으로 클래식에 접목시키려고 했다. 그의 대표적인 오페라인 '루슬란과 루드밀라'(Ruslan and Lyudmila), '호반쉬나'(Khovanshchina), 보로진의 오페라 '이고리 공후'(Prince Igor), 그리고 글린카의 제자였던 발라키예프는 이 그룹의 실천 강령을 주도한 정신적 지도자라고 할 수 있다.

　이 그룹에 속하지 않는 사람 중에서 유명한 인물로는 표트르 차이코프스키(Peter Ilich Tchaikovsky, 1840~1893)를 들 수 있는데, 그는 서유럽 음악을 모방하면서 오페라, 교향곡, 발레 음악 등 여러 작품을 작곡했다. 차이코프스키는 생전에 이미 세계적인 작곡가로서 이름을 날렸는데, 그가 만든 주요 작품으로 '백조의 호수'(Swan Lake), '잠자는 숲속의 미녀'(Sleeping Beauty), '호두까기 인형'(The Nutcracker), '비창'(Pathetique)로 익숙한 제6번 교향곡이 있다. 1800년대 말엽에 이르러서는 앞선 '5인방'과 차이코프스키의 뒤를 잇는 유명한 인물들이 등장하는데, 1906년 독일로 건너간 피아니스트겸 작곡가 세르게이 라흐마니노프(Sergei Rachmaninov, 1873~1943), 1928년 망명한 림스키-코르사코프의 제자 알렉산드르 글라주노프(Alexsander Glazunov, 1865~1936), 신비주의와 문학의 상징주의를 자신의 작품 속에 접목시킨 알렉산드르 스크랴빈(Alexsander Skriabin, 1871~1915)을 들 수 있다.

6 역사 시기구분(6단계)

러시아의 역사는 '수난과 단절'이 연속적으로 교차하는 긴 흐름 속에서 전개돼 왔다. 러시아 역사를 시기로 구분하면, 크게 6단계로 정리할 수 있다. 첫째, 키예프 루시(862/882~1240)의 시대다. 이 시기 동슬라브 부족들은 드네프르 강 유역을 중심으로 국가의 틀을 형성했고, 비잔티움으로부터 그리스도교를 받아들이면서 문화적·종교적 기반을 닦았다. 그러나 1240년 몽골의 침입과 함께 이 국가는 무너졌다. 862년은 노브고르드에 최초의 국가가 형성된 시점이고, 이후 20년이 지나 882년 키예프가 러시아의 중심지가 되면서 실질적인 키예프 루시의 시대가 시작됐다.

뒤이어 찾아온 것은 몽골-타타르의 지배 시기(1240~1480)였다. 약 240년 동안 이어진 이 지배는 러시아 사회를 굴복시켰지만, 동시에 독자적 생존 방식과 권력구조를 다듬는 계기가 됐다. 몽골-타타르의 멍에 아래에서 러시아의 여러 공국은 자율성을 모색했고, 그중 모스크바가 두드러진 세력으로 부상했다. 교회의 지위가 상승한 시기도 이때였다.

모스크바 공국(1480~1613)의 시대는 몽골의 지배에서 벗어난 후 러시아가 재통합을 시작한 시기였다. 모스크바 대공들은 점차 주변 영토를 병합하며 중앙집권국가로 발전시켰고, '제3의 로마'라는 자의식을 키워갔다.

이 흐름은 곧 로마노프 왕조(1613~1917)와 제정러시아(1721~1917) 시기로 이어진다. 1613년 미하일 로마노프가 즉위한 이후, 러시아는 18세기 표트르 대제를 거쳐 1721년 제국으로 선포되며 유럽의 주요 강대국 대열에 합류했다. 1721년 스웨덴과 북방전쟁에서 승리한 표트르 대제는 제국을 선포하며 황제로 등극한다. 이 시기 제국의 팽창과 근대화는 러시아의 위상을 드높였지만, 동시에 사회적 모순과 혁명적 불만을 키우는 토양이 됐다. 그 결과 1917년 2월혁명으로 로마노프 왕조는 무너지고, 제정러시아는 종말을 맞이했다.

이후 무대는 소련(1917~1991)의 시대였다. 공식 명칭인 '소비에트 사회주의 공화국 연방'은 1917년 10월 혁명으로 볼셰비키가 권력을 잡으면서 세계 최초의 사회주의 국가로 탄생했다. 소연방 결성의 공식 연도는 1922년이다. 소련은 제2차 세계대전의 승전국이자 냉전기의 초강대국으로 군림했지만, 체제의 경직성과 경제적 침체, 그리고 페레스트로이카 정책의 진행과정 속 예기치 않은 문제로 결국 1991년 12월 해체됐다.

마지막 시기가 오늘날 '러시아연방과 독립국가연합의 시대'(1992~현재)로 소련 해체 이후 탄생한 러시아연방은 새로운 정체성을 모색하면서도 여전히 제국적 유산과 세계적 책임을 짊어진 채 국제무대에 서 있다. 오늘날 러시아는 혼란과 도전을 겪으면서도, 과거와 현재를 잇는 러시아만의 독자적 길을 걸어가고 있다.

⑦ 공식 공휴일(7개)

오늘날 러시아연방에는 일요일을 제외하고 7개의 공식 공휴일이 있다. 먼저 '신년 연휴'(Новогодние каникулы)는 새해 첫날인 1월 1일부터 1월 7일까지 계속되는데, 보통 1월 10일까지 쉬는 경우가 많다. 1월 7일은 러시아정교회에서 정한 크리스마스이며, 20세기 초 소비에트 정부가 그레고리력을 채택하면서 과거의 역법체계(율리우스력)과 신력(그레고리력)이 13일의 차이에 남에 따라 12월 25일(구력)이 1월 7일이 된 것이다. 1월 7일 크리스마스는 1992년부터 공식적으로 지켜지기 시작했다.

2월 23일은 '조국 수호자의 날'(День защитника Отечества)이다. 이날 러시아인들은 전역 군인 및 현역 군인들에게 경의를 표한다. 과거 소비에트 시절에는 2월 23일이 '붉은군대의 날,' 혹은 '소비에트 군대의 날,' '해군의 날'로 불리기도 했다. 오늘날에는 3월 8일 '여성의 날'과 대비되는 '남성의 날'로 부르기도 한다.

3월 8일은 국제사회에서 인정하는 '여성의 날'(Международный женский день)이다. 이날 사랑하는 연인과 가족, 친구들에게 꽃을 선물하려고 돌아다니는 남자들을 길거리에서 흔하게 볼 수 있는데,

보통 이날 러시아에서 꽃 가격이 가장 비싸다. 1917년 3월 8일(구력 2월 23일) 여성의 날에 발생한 페트로그라드(현재 상트페테르부르크) 여성 노동자들의 시위가 대규모 시위로 확산돼 이른바 '영광의 5일'(2월 26일~3월 2일: 구력)을 거쳐 제정러시아 마지막 황제 니콜라이 2세는 퇴위했고, 그 결과 로마노프 왕조는 몰락했다.

5월 1일은 '봄의 축제이자 노동절'(Праздник Весны и Труда)이며, 5월 9일은 '전승기념일'(День Победы)이다. 1941년 6월 소련을 침공한 독일 군대에 맞서 싸워 승리를 쟁취한 날을 기념하고 있는데, 세계사에서 흔히 '독-소전쟁'이라 부르는 이 전쟁을 러시아에서는 '대조국전쟁'이라 부르고 있다. 원래 유럽의 다른 국가들은 독일이 항복한 5월 8일을 전승기념일로 축하하고 있지만, 5월 9일에 조약에 서명한 러시아는 5월 9일을 전승기념일로 정하고 있다. 이날 모스크바의 '붉은광장'에서는 군사 퍼레이드가 진행되며, 야간에는 화려한 불꽃놀이가 펼쳐진다.

6월 12일은 우리나라의 '광복절'에 해당하는 '러시아의 날'(День России)이다. 1990년 6월 12일, 당시 러시아 의회였던 '인민대의원대회'(Съездом народных депутатов РСФСР)가 '러시아 사회주의 연방 소비에트 공화국의 주권 선언'(Декларация о государственном суверенитете РСФСР)을 채택한 날을 1992년부터 공식적으로 인정해 지금까지 기념하고 있다. 처음에 6월 12일은 '러시아공화국 주권 선언의 날'로 명칭이 정해졌으나, 1998년 6월 12일 옐친 대통령이 '러시아의 날'로 개칭할 것을 주장해 2002년 2월 1일 지금의 '러시아의 날'로 변경됐다.

11월 4일은 '민족화합의 날'(День народного единства)이다. 이날이 공식 공휴일이 된 시점은 2005년 11월 4일이다. 1612년 러시아가 '혼란의 시기'(1598~1613)에 빠져있었을 때, 노브고로드의 상인 쿠즈마 미닌과 군사령관이었던 드미트리 포자르스키는 국민군을 결성해 폴란드 군대를 모스크바로부터 몰아내고 러시아 국민들을 외국의 지배로부터 해방시켰다. 그 후 1649년부터 1917년까지 러시아에서는 10월 22일(구력, 신력으로 계산하면 11월 4일)이 공식적인 휴일로 지정됐으나, 1917년 볼세비키 혁명 이후에는 11월 7일(구력 10월 25일)이 '10월혁명 기념일'로 국경일이 되면서 11월 4일은 그 의미가 퇴색되고 기념일로 격하됐다. 그러나 소련이 해체되고 러시아연방이 출범한 이후 사회주의 색채를 삭제하려는 러시아 정부가 혁명기념일 11월 7일을 '화해와 우호의 날'로 변경했다가 결국 국경일에서 제외했다. 대신에 소련이 등장한 이후 기념일로 의미가 축소된 과거의 11월 4일이 다시금 복원돼 2005년 '민족화합의 날' 이름의 국경일로 지정됐다. 우리나라에도 개봉된 러시아 영화 '1612년: 혼란의 시기'는 11월 4일의 역사적 배경을 러시아 국민들에게 설명하기 위해 제작된 영화이다. 즉 11월 4일(구력 10월 22일)은 1612년 폴란드의 지배로부터 모스크바가 해방된 날이다.

8 연방관구(8개관구)

러시아는 행정적으로 '8개의 연방관구'(Федеральные округа, Federal Districts)로 나뉘어 있다. 푸틴 대통령이 2000년 집권한 직후 중앙정부의 통제 강화를 위해 처음 도입했을 때는 7개 연방관구였으나, 2010년 북캅카스 지역이 남부 연방관구에서 분리되면서 지금의 체제가 완성됐다.

연방관구의 구분은 단순한 행정 편의가 아니라, 광대한 영토를 효율적으로 관리하는 국가적 장치다. 모스크바를 중심으로 한 중앙 관구, 상트페테르부르크가 위치한 북서부 관구, 흑해와 접한 남부와 북캅카스, 볼가와 우랄, 그리고 끝없이 이어지는 시베리아와 극동까지. 이 여덟 개의 구획은 러시아의 공간적 다양성과 동시에 중앙집권적 통치의 필요를 웅변한다.

연방관구 제도는 러시아가 하나의 국가로 기능하기 위해 어떤 방식으로 '공간의 질서'를 유지하려 하는가를 보여주는 상징적 장치다. 각각의 관구는 고유한 역사와 민족, 경제적 특성을 지니지만, 모두가 모스크바를 향해 연결되어 있다는 점에서 러시아 국가 구조의 본질을 드러낸다.

참고로 2018년부터는 극동 연방관구의 행정수도가 블라디보스토크로 이전된다고 발표됐으나, 실제 주요 행정기관의 일부는 여전히 하바롭스크에 있다.

연방관구	면적(km²)	행정 중심지
중앙 연방관구	652,800	모스크바
남부 연방관구	418,500	로스토프나도누
북서 연방관구	1,677,900	상트페테르부르크
극동 연방관구	6,215,900	하바롭스크
볼가 연방관구	1,038,000	니즈니노브고로드
시베리아 연방관구	5,114,000	노보시비르스크
우랄 연방관구	1,788,900	예카테린부르크
북캅카스 연방관구	170,700	파티고르스크

9 모스크바 기차역

1147년 역사 무대에 등장해 14세기 초반인 1326년 러시아의 중심지로 부상한 모스크바는 중세 러시아의 중심지이자, 소비에트 러시아 시절 사회주의 종주국의 본거지였으며, 소련이 해체된 이후에 러시아연방의 수도로서 빠르게 도시가 변모하면서 돈은 있지만 물건이 없어서 상품을 구입하지 못한다는 옛말은 통하지 않는다. 이제는 없는 것이 없는 모스크바지만, 아직도 모스크바에 없는 것이 있는데, 그것은 바로 모스크바역이다. 무슨 말일까?

모스크바는 단순한 수도가 아니라, 러시아 전역을 연결하는 교통의 심장부다. 이 도시에는 무려 아홉 개의 기차역이 자리하고 있는데, 각각이 러시아의 주요 지역을 향한 관문 역할을 맡고 있다. 상트페테르부르크와 발트해로 향하는 역, 시베리아로 이어지는 역, 볼가와 우랄로 향하는 역, 그리고 남부와 유럽을 연결하는 역들이 모두 모스크바 한 도시에 모여 있는 것이다.

특히 야로슬라블 역은 '시베리아횡단철도'의 출발지로서 전 세계적으로 유명하다. 모스크바에서 출발한 열차는 이곳에서 9,000km를 달려 블라디보스토크에 이른다. 정확히 9,288km를 달려야 도착한다. 이 장대한 철도는 단순한 교통수단이 아니라, 러시아라는 거대한 공간을 하나로 묶어주는 상징 그 자체이다.

아홉 개의 기차역이 한 도심에 모여 있다는 사실은 곧 러시아 국가의 성격을 잘 보여준다. 끝없는 대지를 중앙집권적 수도에 연결하려는 역사적 노력, 그리고 공간을 지배하고자 했던 제국의 의지가 그대로 새겨져 있기 때문이다. 모스크바의 기차역들은 단순한 교통시설을 넘어, 러시아라는 문명적 공간의 집약된 표현이라 할 수 있다.

그렇다면 위에서 기술한 9개의 기차역은 모스크바에 있는 기차역이 아닌가? 유럽과 마찬가지로 철도가 발달한 러시아에, 그것도 러시아의 수도인 모스크바에 '모스크바역'이 없다는 사실은 일반인들이 듣기에는 믿기 어려운 말이 될 수 있다. 모스크바에는 총 9개의 기차역이 있지만, 역의 이름이 행선지(도착지)를 따서 지어지기 때문에 정작 출발지인 모스크바역은 없는 것이다. 마찬가지로 상트페테르부르크에는 상트페테르부르크역이 없고, 모스크바역이 있을 뿐이다.

역 이름	행선지
벨라루시 역	벨라루시, 폴란드, 독일 등 서유럽지역
키예프 역	우크라이나의 키예프, 몰도바 지역
카잔 역	중앙아시아, 카잔, 볼고그라드
쿠르스크 역	캅카스 지역
레닌그라드 역	상트페테르부르크, 노브고로드
야로슬라블 역	야로슬라블, 시베리아(블라디보스토크)
사볼로프 역	북서부방향 교외선 출발역
파벨레츠 역	도네츠 탄전, 아스트라한, 볼고그라드
리가 역	발트 3국 지역

⑩ 러시아연방 시간대

유럽과 아시아 두 대륙에 걸쳐 광활한 영토를 보유하고 있는 러시아연방은 주로 동서 방향으로 국토가 펼쳐져 있기 때문에, 칠레와 같이 남북 방향으로 펼쳐진 국가와 다르게 여러 개의 시간대를 가지고 있다. 본토 기준으로 모스크바가 0시일 때 동쪽 끝 추코트카는 오전 9시가 된다. 즉 9시간의 차이가 나기에 10개의 시간대를 가지고 있다고 말할 수 있다. 본토와 떨어진 칼리닌그라드주를 포함할 경우에는 11개의 시간대, 즉 서쪽 끝과 동쪽 끝의 시간 차이가 10시간이 나게 된다. 유럽 러시아 지역은 단일 시간대를 사용하고 있다.

11 인구 백만 이상 도시(2009년 통계자료 기준)

도시명	인구(명)
모스크바	10,508,971
상트페테르부르크	4,600,310
노보시비르스크	1,397,191
예카테린부르크	1,332,264
니주니노브고로드	1,272,527
카잔	1,136,566
사마라	1,135,318
옴스크	1,129,120
첼랴빈스크	1,093,699
로스토프나도누	1,048,991
우파	1,024,842

12 CIS 구성국가(현재 11개국)

소련이 해체되고, 독립국가연합이 출범하면서, 과거 소연방을 구성하고 있던 15개 구성공화국 중에서 12개 국가가 독립국가연합(Commonwealth of Independent States, CIS)에 참여했다. 1991년 12월 21일 당시 카자흐스탄의 수도 알마아타에서 독립국가연합이 결성됐을 때, 발트 3국은 참여를 거부했고, 그루지야는 국내문제로 참가하지 못하고 참여 의사만 밝혔다가 1995년 공식 참여했다. 그러나 그루지야는 2008년 8월 러시아와 전쟁을 수행하면서 독립국가연합에서 탈퇴했고, 그루지야의 탈퇴는 1년 뒤 공식적으로 승인됐다. 그루지야는 공식 국명도 조지아로 개명했다.

오늘날 '독립국가연합'은 지정학적 다원주의에 의해 친러/탈러/반러 성향의 국가들로 구분되면서 분석대상으로서 의미를 상실했다. 오히려 발트 3국을 포함해 GUAM, CSTO(집단안보조약기구), 유라시아경제연합(EAEU: Eurasian Economic Union) 등 '다자간협력기구'가 적절한 분석대상이 되고 있다.

🔢 러시아 신력과 구력의 차이

러시아는 표트르 대제가 재위하던 1699년 12월 19일 칙령을 통해 새해의 시작을 1월 1일로 규정하고, 1700년 1월 1일을 기해 공식적으로 율리우스력을 채택했다. 당시에 이미 로마에서는 교황 그레고리 13세가 1582년 10월에 제정한 그레고리력이 채택돼 사용됐는데, 러시아는 러시아정교회의 반대로 그레고리력을 채택할 수 없었다. 러시아가 그레고리력을 채택한 시기는 1918년 2월 14일이다.

1918년 2월 1일(율리우스력)을 2월 14일(그레고리력)로 하는 달력 개혁을 시행했기 때문에, 러시아에서는 1918년 2월 1일부터 2월 13일까지 13일의 시간이 존재하지 않는다. 그 당시 율리우스력과 그레고리력은 13일의 차이가 났기 때문에 13일이라는 날짜가 러시아 역사에서 사라진 것이다. 1582년 10월 15일 처음으로 그레고리력이 시행될 때,

로마에서는 10일이라는 시간이 역사에서 사라졌다. 당시 로마 사람들은 1582년 10월 4일(목)에 잠을 자서 10월 15일(금)에 일어난 것인 셈이다.

러시아의 구력과 신력의 차이는 13일이라고 단정해서는 안된다. 왜냐하면 세기별로 계산하는 방법이 다르기 때문이다. 예를 들어 19세기에는 12일의 차이가, 18세기에는 11일의 차이가 율리우스력과 그레고리력에 있기 때문이다. 참고로 22세기에는 러시아의 크리스마스는 1월 8일이 된다.

이렇게 율리우스력과 그레고리력에 차이가 발생하는 것은 기본적으로 지구의 공전주기가 정확하게 1년이 아니기 때문이다. 수치상으로 보면, 지구의 공전주기는 약 365.2422일(좀 더 정확히 이야기하자면 365.24219879…일)이지만, 율리우스력에서 계산상의 복잡함을 덜기 위해, 1년을 365.2425일로 정했기 때문에, 실제 공전주기보다 0.0003 만큼 더 길어졌다. 이 수치를 시간적으로 계산하면 1년에 11분 14초정도 길어져 실제시간이 이 시간만큼 늦어지는 것이다. 이 오차를 수정한 것이 바로 그레고리력이다. 그레고리력은 이 늦어진 시간을 맞추기 위해 세기별로 날짜에서 늘어난 시간을 삭제했던 것이다. 세기별로 구분한 율리우스력과 그레고리력의 차이는 다음과 같다.

율리우스력과 그레고리력의 차이			
1세기	-2	12세기	7
2세기	-1	13세기	7
3세기	0	14세기	8
4세기	1	15세기	9
5세기	1	16세기	10
6세기	2	17세기	10
7세기	3	18세기	11
8세기	4	19세기	12
9세기	4	20세기	13
10세기	5	21세기	13
11세기	6	22세기	14

🔢 국경 인접국가(14개국)

러시아연방은 현재 14개 국가와 국경을 접하고 있다. 일본과 같이 바다를 국경으로 하고 있는 국가는 제외된 경우다. 러시아연방 본토만을 기준으로 하면 12개 국가이지만, 국외 러시아연방 영토인 칼리닌그라드주를 포함할 경우 리투아니아와 폴란드가 러시아연방과 국경을 맞닿고 있어, 총 14개 국가가 된다. 러시아연방의 총 국경선 길이는 20,000㎞가 넘으며, 그중 가장 길게 국경을 맞닿고 있는 나라는 중앙아시아에 위치한 카자흐스탄이다. 러시아연방과 카자흐스탄의 국경선 길이는 6,846㎞이다. 두 번째로 길게 국경을 맞닿고 있는 국가는 중국이며, 세 번째가 몽골이다. 러시아연방과 국경을 맞대고 있는 14개 국가는 아래와 같다.

국가	국경선 길이(㎞)	비고
카자흐스탄	6,846	
중국	3,645	※ 몽골, 외몽골
몽골리아	3,485	
우크라이나	1,576	
핀란드	1,340	
벨라루시	959	
조지아(그루지야)	723	
에스토니아	294	
아제르바이잔	284	
리투아니아	280.5	칼리닌그라드 포함
폴란드	232	칼리닌그라드 포함
라트비아	217	
노르웨이	196	
북한	19	
합계(국경선)	20,096.5	

15 소연방 구성공화국

소비에트 연방, 공식적으로 '소비에트 사회주의 공화국 연방'은 1922년 성립돼 1991년 붕괴할 때까지, 겉으로 하나의 국가였지만 그 속은 15개의 공화국으로 구성돼 있었다. 이들은 모두 '자유롭고 평등한 사회주의 국가들의 연합'이라는 이상 아래 묶였지만, 실제로는 모스크바를 수도로 하는 러시아 소비에트 사회주의 연방공화국이 압도적 중심으로 자리 잡고 있었다.

우선 동슬라브인의 지역이 소련의 핵심을 이루었다. 러시아, 우크라이나, 벨라루시는 역사와 언어, 종교적 전통을 공유하며 '형제 민족'이라 불렸다. 그러나 이 세 나라의 관계는 언제나 단순한 우애를 넘어, 권력과 자율성 사이에서 미묘한 긴장을 동반했다.

서쪽 국경에는 '발트 3국,' 즉 에스토니아, 라트비아, 리투아니아가 있었다. 이 지역은 1939년 8월 23일 몰로토프-리벤트로프 비밀협정, 즉 독소 불가침조약을 통해 제2차 세계대전의 와중에 소련에 편입됐지만, 오랫동안 독일과 스웨덴, 폴란드의 문화적 영향을 받았다. 따라서 발트 민족들에게 모스크바의 지배는 낯선 강요로 받아들여졌고, 이 사실은 훗날 독립운동의 강한 동력이 됐다.

남쪽 캅카스에는 조지아, 아르메니아, 아제르바이잔이 자리했다. 서로 다른 언어와 종교, 역사적 기억을 간직한 이 지역은 제국과 문명의 교차로였다. 아르메니아는 세계 최초의 기독교 국가로서 정체성을 지켰고, 아제르바이잔은 이슬람 문화와 풍부한 석유 자원을 지녔다. 조지아(그루지야)는 스탈린의 고향으로 알려졌지만, 동시에 러시아 권력에 맞선 자존심이 강한 민족이었다.

그리고 중앙아시아에는 카자흐스탄, 우즈베키스탄, 투르크메니스탄, 키르기스스탄, 타지키스탄 등 다섯개 공화국이 있었다. 이곳은 과거 실크로드의 길목이자 유목과 오아시스 문화가 공존하는 지역이었다. 사마르칸트와 부하라, 히바 같은 고대 도시는 화려한 이슬람 문화를 간직했으며, 소련 시절에는 농업 집단화와 산업화의 실험장이 됐다. 카자흐스탄에는 핵실험장이 세워졌고, 중앙아시아의 풍부한 자원은 소련 경제의 한 축을 이루었다.

마지막으로 몰도바가 있었다. 루마니아와 문화적으로 가까운 이 작은 공화국은 소련 해체 후에도 정체성의 혼란을 겪으며 지금까지도 동서 간 지역 갈등을 드러내고 있다.

이렇듯 소련의 15개 공화국은 언어와 문화, 종교와 역사에서 서로 달랐지만, 하나의 붉은 깃발 아래 묶여 있었다. 그러나 1991년 해체의 순간, 이들은 각각의 길을 선택해 독립국가로 나아갔다. 오늘날 러시아가 이들을 '근외지역'이라 부르며 여전히 특별한 관계를 강조하는 이유는, 과거 소련의 공간 질서가 단절되지 않고 지금도 러시아 정체성의 주변부를 규정하고 있기 때문이다.

한·러 관계의 숨은 이야기:
소볼 호 사건*

　　1990년 9월 30일 한국과 소련이 수교한 이후 한국과 러시아의 시
간적 공간적 관계는 이제 30년이 넘어 35년이 가까워졌지만, 1884년
'조로수호통상조약'을 체결한 이후로는 약 140년이 지났고, '나선정벌'
로 알려진 17세기 중반 알바진 전투의 두 번째(1654년), 다섯 번째
(1658년) 교전에서 양측이 충돌한 이후로 약 370년이 지났다. 더 확대
하자면 13세기 중반인 1246년 수도 카라코룸에서 거행된 몽골 3대 황
제의 즉위식에 조선의 왕자와 러시아의 대공이 참석해 서로 만났을 개
연성까지 포함하면 약 778년이 경과했다. 이렇듯 오랜 시간이 흐르는
동안 한국과 러시아는 상대방의 존재를 인지하지도 못한 채 그저 접촉
한 사실만 기록한 경우도 있고, 아예 접촉한 사실조차 모르는 경우도
있었다. 그럼에도 불구하고 한국과 소련이 수교해 러시아어 자료에 접
근할 수 있는 길이 열린 후, 많은 국내 연구자에 의해 한국과 러시아에

---

* 황성우, "한러관계의 숨은 이야기: 소볼 호 사건," 『Russia·CIS FOCUS』, Vol.
　211 (2013.4.15) 내용을 수정 보완함.

관련된 사건들이 재조명되고, 새롭게 발굴돼 소개되고 있는 사실 역시 부인할 수 없다. 그러나 아직까지도 한·러 관계의 역사적 궤적을 추적할 수 있는 중요한 사실이나 사건들이 국내에 알려지지 않은 경우가 많다. 그 대표적인 예가 '소볼 호 사건'이다.

소볼(Соболь) 호 사건은 병인양요가 일어나고 얼마 지나지 않은 1869년 4월 17일 강화도에 상륙한 러시아 군과 조선군 사이에 벌어진 무력 충돌 사건을 지칭한다. 우리나라 그 어떤 곳에도 소볼 호 사건을 기록한 문헌이 없기 때문에, 소볼 호 사건은 러시아 문서보관소의 자료들을 통해 우리에게 알려졌다. 이르쿠츠크 주 국립문서보관소(Государственный архив Иркутской области, ГАИО), 러시아 국립해군함대문서보관소(Российский государственный архив военно морского флота, РГАВМФ), 러시아 극동국립역사문서보관소(Российский государственный исторический архив Дальнего Востока, РГИАДВ) 등 러시아 문서보관소에 보관된 자료를 보면, 소볼 호 사건은 강화도에 정박한 러시아군에 조선군이 선제공격을 가해 러시아군이 자국 병사를 보호하기 위한 정당방위 차원에서 불가피하게 응사한 사건으로 기록돼 있다. 러시아 자료에 조선 병사들이 선제공격했기 때문에 러시아군이 방어 차원에서 응사했다고 기록돼 있지만, 실제로 조선 병사가 먼저 사격했는지, 아니면 보고서를 최초로 제출한 소볼 호 함장 우소프(Усов)가 사건을 은폐하기 위해 자의적으로 내용을 조작해 조선 병사가 선제공격했다고 보고했는지 지금으로서 증명할 방법이 없다는 점이 아쉬울 뿐이다. 하지만 사실관계의 객관적 증명을 떠나 이 사건이 시사하는 바는 크다.

1868년 7월 동시베리아 총독 카르사코프(M. C. Карсаков)는 프랑스군이 조선의 강화도를 점령 중인 것으로 보인다는 소문이 남우수리 변강(Южно-Уссрийский Край)에 확산되고 있다는 사실을 육군 소장 블랑갈리(A. E. Влангали)에게 전달했다. 1868년 9월 블랑갈리 소장은 동시베리아 총독이 전달한 소문의 실체를 확인하고자 자신의 지휘체계 하에 있던 포함(砲艦) 소볼 호에 조선의 서부 해안을 조사하라는 임무를 하달했다.

명령에 따라 1869년 4월 소볼 호는 상하이에서 천진(天津)으로 항행하는 도중 조선의 강화도에 정박했다. 자료에는 정박한 소볼 호 소속 장교와 병사 한 명이 사냥을 위해 섬에 상륙했고, 그때 조선 병사들이 공격해 러시아군이 대응 사격했으며, 상륙한 장교와 병사가 함선으로 귀환한 후 소볼 호가 약 65발의 포탄을 발사했다고 기록돼 있다. 러시아 문헌에는 함포 사격 후 조선군의 대응은 없었고, 강화도 요새 안의 건물이 불에 타고 있었다는 내용은 있지만, 조선 측에서 사상자가 몇 명이나 발생했는지에 대한 구체적인 상황보고는 없었고, 더욱이 민가에 전혀 피해를 입히지 않았다고 나와 있다. 두 시간에 걸친 함포 사격 후 소볼 호는 강화도를 빠져 나갔다.

조선군이 적절하게 대응하지 못한 이유는 갑작스런 포격으로 준비를 갖추지 못했고, 간접사격으로 진행된 함포 사격의 발사지점을 정확히 파악하지 못했기 때문이라고 할 수 있다. 실제로 병인양요 때 프랑스군이 철수하면서 자행한 약탈과 방화로 강화도가 무참히 파괴됐기 때문에 복구할 시간적 여유도 예산도 없어 조선군의 장비는 열악했다. 그리고 소볼 호 관련 자료들이 조선 측에 전혀 남아 있지 않은 이유는 첫째, 현지 책임자가 고의로 상부에 보고하지 않았거나, 둘째, 생각보다 피해가 적어 보고하지 않았거나, 셋째, 프랑스 군과 다르게 러시아군은 강화도를 점령하고자 온 것도 아니었고, 천주교를 전파할 목적도 아니었기에 전후 사정을 정확히 파악하지 못한 조선군의 실수로 사건이 발생한 것으로 보고 우발적으로 발발한 사건을 조기에 마무리하려고 기록 자체를 남기지 않았다고 볼 수 있다.

당시 조선 정부는 일방적으로 쇄국정책을 취했던 것이 아니라, 무력 도발과 천주교를 전파하는 서양세력에 대해서 철저하게 보복 응징하는 '쇄국양이'(鎖國洋夷) 정책을 취했지만, 난파선의 선원들을 따뜻하게 맞이했던 것처럼 '먼 곳으로부터 온 손님에 대한 예의'라는 의미의 '유원지의'(柔遠之義) 정책을 동시에 적용하는 이원론적 대외정책을 추진했기 때문이다.

러시아 역시 소볼 호 사건을 빌미로 확전을 원하지 않았고, 이를 계기로 조선을 공격할 구실을 찾지도 않았다. 오히려 이 사건을 계기로 양국 사이에 불신과 적대감이 커지는 것을 우려했고, 우발적 사고였음을 강조하면서 사건을 조기에 마무리하려고 했다. 러시아 입장에서 볼 때, 당시 육로를 통해 러시아와 조선이 국경무역을 시작한 시점에 쇄국정책을 실시하고 있던 조선을 굳이 자극할 필요가 없었다. 즉 조선이 개방될 가능성을 염두에 두면서 러시아가 취할 수 있는 경제적 이득을 고려하는 상황에서 조선을 적으로 만들 필요는 없었다. 사건 발생 직후 러시아 외교부와 해양부가 사건 당사자의 문책 가능성까지 염두에 두면서 사태를 조기에 마무리하려고 노력했던 모습들도 이를 뒷받침하고 있다.

그리고 소볼 호 사건을 해결하려는 러시아의 입장을 통해 거시적인 안목에서 당시 러시아의 대한반도 정책을 알 수 있다. 즉 1860년 북경조약으로 러시아가 연해주를 획득한 이후, 러시아의 극동정책은 '관망정책'(выжидательная политика)이 주된 흐름이었고, 조선의 개항과 관련된 사안이 어떻게 진행되는지 살펴보다가 상황에 따라 적절한 행동을 취하자는 것이 바로 러시아 관망정책의 본질이었다. 즉 '관망 정책'과 '현상유지 정책'이라는 큰 틀 아래 향후 부동항 확보를 위해 조선에 관심을 갖고 우호적인 관계를 유지하고자 하는 의도와 더불어 당시 러시아는 서유럽과 중앙아시아에 보다 많은 관심을 갖고 있었기 때문에, 소규모 충돌을 야기한 소볼 호 사건에 커다란 관심을 가질 만한 여력이 없었다는 사실에도 주목해야 한다. 이렇듯 어찌 보면 우발적인 해프닝으로 볼 수도 있는 소볼 호 사건이 시사하는 바는 크다고 하겠다.

러시아 달력:
과학과 권력, 이데올로기의 3중주*

달력은 '시간의 파수꾼,' '시간의 지도,' '시간의 모자이크,' '시간의 회계장부,' '집단적 기억의 보관자'이다. 달력은 인류가 삶을 영위하면서 시간에 질서를 부여하고자 고심했던 모든 노력의 결과물이다. 시간에 질서를 세우기 위해 달력이 해야 하는 기본 역할은 시간을 측정하는 것과 시간에 리듬을 제공하는 것이다. 시간에 리듬을 제공한다는 의미는 인간의 일상과 삶, 축제와 명절과 같은 의식에 하나의 틀을 제공해 휴일과 非휴일, 평일과 기념일을 구분하는 전통을 생산하는 것이다. 그 결과 인간이 생산한 달력은 당해 시대의 수학적 과학적 지식, 종교적 믿음, 정치적 결단, 경제적 필요에 따라 조각되는 사고체계의 총체적 산물이기에, 만들어진 달력을 통해 해당 사회에 내재하고 있는 권

---

* 황성우, "소비에트 달력개혁과 일상생활의 변화." 『동유럽발칸학』, 제14권, 제1호 (2012.6), pp. 305-333 내용을 수정 보완함.

력, 종교, 과학, 이데올로기 등 동시대인들이 추구하는 가치가 무엇인지 정확히 파악할 수 있다.

　달력은 인간의 일상생활을 통제하기 위한 독특한 도구다. 시간을 통제하기 위해 인간이 만든 달력의 역사를 보면 이 사실은 보다 명확해진다. 로마의 경우에서 알 수 있듯이, 1년을 10달, 1주일을 8일로 정한다거나 혹은 통치자의 권력욕과 편의에 의해 1년을 304일부터 455일까지 그 기간을 자의적으로 편성하기도 했다. 현재 국제사회에서 통용되는 그레고리력은 율리우스력의 계산상 오류를 시정해서 정확한 태양년을 맞추려는 지적 욕구도 있었지만 해마다 달라지는 부활절의 날짜를 정확히 계산하려는 교황 그레고리 13세의 종교적 목적으로부터 출발해 만들어진 것이다. 또한 하루를 규칙적으로 세분하고 균등화하는 데 이용됐던 시계가 정확한 기도 시간을 알리려 했던 교회와 일출과 일몰에 상관없이 노동을 강요하고자 했던 제조업자나 상인들의 욕심 때문에 비약적으로 발전했다는 사실은 달력이 권력과 맺고 있는 연관성을 잘 설명해준다.

　더욱이 혁명이나 쿠데타 등 정치적 격변을 통해 권력 장악에 성공한 사람들은 낡고 부패하고 치욕적인 과거를 청산하고 새로운 시대를 개창하기 위해 역법 체계의 개혁이나 달력의 변화 등을 통해 과거의 시간과 단절을 원한다. 혹은 더 나아가 그들은 자신들만의 독창적인 연호를 사용해 혁명의 정당성을 확보하고 권력의 태생적 한계를 합리화하기 위해 구시대의 과거와 시간적 공간적 구분을 시도한다. 그 이유는 시간을 지배하는 것이 곧 인간을 지배하는 것이며, 세상을 지배하는 것이라는 고대적 사유체계의 연장선상에서 찾을 수 있다. 황제의 자리에 올라서는 날 암살당한 율리우스 시저, 그레고리력을 창안한 교황 그레고리 13세, 혁명 달력을 통해 시간을 지배하고자 했던 프랑스 혁명 주도 세력, 사회주의 혁명의 정당성을 확보하고 평등사회 구현을 열망했던 20세기 러시아의 볼셰비키 등 헤게모니를 장악하고자 했던 개인이나 집단에게 시간과 달력은 그들이 가질 수 있는 이념적 방패이자, 정치권력을 위한 도구였으며, 또한 종교적 무기였다.

풀레(Robert Poole)는 "사회적 격변기나 혁명의 시기에 달력의 변화를 연구함으로써 주목할만한 결과를 얻을 수 있다"며 달력 연구에 정당성을 부여했다. 소위 '혁명달력'이라는 새로운 역법체계를 고안한 프랑스 혁명세력이나 볼셰비키들은 '새 술은 새 부대에 담아야 한다'고 하듯이, '새로운 사람에게는 새로운 시간을'이라는 선전구호를 통해 기존 질서 및 구체제와 단절함으로써 새로운 사회에 적합한 그들만의 삶과 축제, 기념일의 틀을 제공하고 시간 측정의 체계를 보편타당한 합리적 사고로 재규정한다는 목적을 가지고 있었다. 그들은 구체제의 달력은 기존 질서의 '예속과 무지의 기념물'로서 당연히 폐기돼야 하고, 특히 '시간의 탈종교화,' '일상생활의 탈종교화'를 통해 구체제의 종교적 삶으로부터 대중들을 분리하고 자신들의 세상에 부합하는 새로운 일상의 틀을 잡아야 했다. 즉 이러한 생각은 신이 지배하는 중세적 시간, 기독교적 시간으로부터 근대적이고 보편타당한 시간으로 변화해야 한다는 시간관념에 대한 변화와 맥을 같이 한다고 하겠다.

새로운 달력을 만드는 작업은 새 시대에 맞는 공동체 생활을 합리화하는 일종의 움직임이다. 새롭게 생산된 근대적이고 보편타당한 시간과 달력에 나타난 의식과 의례를 준수함으로써 새 시대에 맞는 사회구성원으로서 가지는 소속감과 구성원 간 연대의식을 유지할 수 있으며, 만들어진 의식은 다양한 민족과 계층의 사람들을 하나의 공동체로 묶을 수 있는 사상적 문화적 정책적 도구가 될 수 있기 때문이다.

러시아혁명 이후 권력 장악에 성공한 볼셰비키들은 달력체계를 개혁해 새로운 사회주의 시간의 출발을 알리는 소비에트식 달력을 고안하기 위해 다양한 조치들을 발표했다. 그 이유는 러시아혁명의 정치적, 경제적, 사회적, 민족적 의미를 재차 강조하고 국제사회에 이를 공포하며, 혁명의 정통성을 선전하는 효과를 주기 위해서다. 사회주의 혁명과 관련된 역사적 사건들을 기념일로 제정하고 이를 준수하게 함으로써 새로운 역사를 사회주의 공간에 조성하고, 이를 연례적으로 반복함으로써 '만들어진 전통'을 생산해 결국 사회주의 시간과 공간의 영속화를 추구하기 위함이다.

학자에 따라 소비에트 달력변화의 시기를 다시 구분해 혁명 후 1929년까지, 이후 1940년까지를 소비에트 달력의 변화 시기로 보기도 한다. 쉴로바는 1917년 혁명 이후부터 1929년까지 소비에트 시기 달력의 변화를 크게 세 부분으로 분류하고 있다. 첫 번째 시기는 1917년 2월 제정러시아가 붕괴된 시점부터 1918년 12월까지다. 두 번째 시기는 1919년부터 1925년 1월까지다. 세 번째 시기는 1925년 1월부터 1929년 9월까지다. 또한 쉴로바는 러시아혁명 이후 1929년 9월까지 볼셰비키들이 추진한 다양한 달력개혁을 '볼셰비키 달력'이라고 지칭하고 1929년 10월에 시행된 주5일제를 근간으로 하는 달력체계를 '스탈린 달력'이라고 정의하면서 양자를 구분했다. 일반적으로 이 기간에 시행된 달력변화는 크게 '소비에트 달력'의 범주로 포함시키고 있다.

이를 위해 취해진 조치들은 러시아정교회와 국민들을 분리하기 위해 율리우스력 대신 그레고리력을 채택하고 사회주의 혁명의 전통, 취지, 이념, 상징 등을 구현할 수 있는 역사적 사건을 국가 기념일로 지정하는 것을 시작으로 주7일 시스템을 주5일, 혹은 주6일 시스템으로 전환하는 것들이다. 가장 중요한 조치는 일요일을 없애고 주5일 시스템을 도입한 1929년 10월의 달력개혁인데, 부분적인 개혁조치까지 포함할 경우, 1940년 12월의 개혁조치까지 포함시킬 수 있다. 본고에서는 1940년까지 진행된 달력변화의 양상을 연구범위로 한정하고자 한다. 1940년 이후에도 새로운 국경일/기념일 제정과 삭제 등을 통한 달력상의 변화는 이루어졌으나, 근본적인 달력상의 변화를 준 경우는 1940년으로 끝나기 때문이다.

소비에트 달력 변화에 관한 연구는 러시아 내에서도 찾아보기 힘들다. 서구 사회에서도 스탈린 달력개혁에 대한 자료는 찾기 어렵다. 이 글에서 제시하고 있는 자료들이 그나마 러시아 및 소비에트 시기 달력개혁과 변화과정에 관한 내용을 담아내고 있다. 소비에트 시기 달력에 관해 연구가 미진한 이유는 일차적으로 소비에트 정부의 달력개혁이 실패로 돌아갔기 때문이다. 스탈린 통치시기에 제안된 스탈린 달력도 만 10년이 경과되기 전에 폐기됐다. 흔히 혁명 달력으로 구분되는 프랑스 혁명력과 마찬가지로 스탈린 달력은 '시간의 탈종교화'를 주장하며 야심차게 진행된 혁명정부 차원의 국가프로젝트였지만, 구질서에 익숙한 7일 주기 일주일과 일요일 등 기존의 질서를 파괴하지 못했다. 확대하면 약 4,000년을 이어 온 일주일 7일 주기에 익숙한 서구사회와 러시아를 변화시키는 데 실패했다. 달력은 단순히 인간의 신체리듬에 변화를 주는 것이 아니라, 생활 리듬에 변화를 주는 것이다. 그런 까닭에 수천 년 지속된 일상의 규칙과 질서를 한순간에 무너뜨리기는 쉽지 않았을 것이다.

두 번째 이유는 소비에트 시기에 추진됐던 달력개혁이 율리우스력을 그레고리력으로 변경하듯이 천문학적 계산의 오류를 시정하려는 조치가 아니라, 자의적 인위적 조작이 가능한 일주일 7일 시스템을 수정해 주 5일, 주 6일 시스템으로 변경하고자 했기 때문이다. 즉 보편타당한 설득력을 얻기에 논리적 힘이 약할 수밖에 없다. 그럼에도 불구하고 달력 연구가 필요하고 중요한 것은 익숙한 것이 아닌 합리성에 입각한 영구달력을 제정하고자 하는 시도들이 전 세계적으로 끊이지 않았기 때문이다. 즉 종교적 목적을 달성하기 위해 제정된 그레고리력을 대체할 수 있는 보편타당한 달력을 고안하기 위해서라도 과거의 달력 체계 혹은 역법 체계에 대한 연구는 필수적이다.

러시아 혁명이 성공한 이후, 볼셰비키들은 새로운 역법체계를 구성하는 것은 곧 새로운 사회를 건설하는 것과 동일하게 인식해, 구체제가 타도의 대상이듯이, 과거의 역법체계는 폐기돼야 한다고 생각했다. 그래서 새로운 역법 체계와 혁명의 성공을 기념하는 휴일과 기념일을 제정하기 위해 소비에트 정부는 우선적 조치로서 시간의 측정지도인 달력상 변화를 추진했다. 첫 조치는 1918년 1월 24일(프라브다 1월 25일자 게재) 기존의 율리우스력을 그레고리력으로 변경해 동년 2월 1일이 2월 14일이 된다는 포고문이었다. 당시 인민위원회(Совет Народных

Комиссаров: Совнарком, СНК, 이하 소브나르콤)는 "발달된 선진국가가 사용하는 시간 측정방법을 러시아에 도입하기 위해 1918년 1월 31일 새로운 달력을 수용하기로 결정했다"고 발표했다. 레닌은 달력개혁의 문제를 제기한 후, "전 세계 문명화된 사람들과 조화를 이루기 위해" 그레고리력을 채택한다고 선언했다. 그 결과 그레고리력이 채택된 16세기 1582년 10월과 다르게 러시아에서 13일이 달력에서 사라지게 된다. 즉 1918년 1월 31일 다음날이 2월 1일이 아니라, 2월 14일이 된 것이며, 이에 따라 1918년 2월 1일부터 2월 13일은 러시아 역사에서 존재하지 않은 시간이 됐다.[80] 그레고리력과 율리우스력의 차이는 세기 별로 차이가 다르게 나타난다. 즉 그레고리력은 1년에 약 11분 14초씩 늦어지는 율리우스력의 계산법을 수정해 차이가 나는 일수를 달력에서 삭제한 것이다. 그런 까닭에 러시아의 구력과 신력이 단순히 13일의 차이가 난다는 일반론적 이야기는 잘못된 것이다. 20세기와 21세기에 13일의 차이가 나는 것이지, 모든 시기에 걸쳐 13일에 차이가 나는 것은 아니기 때문이다. 더욱이 22세기에는 14일의 차이가 나며, 그래서 러시아 정교회도 일단 2100년까지 1월 7일을 크리스마스로 지

---

80) 레닌과 볼쉐비키들의 의도와 다르게 러시아 정교회는 율리우스력을 고수했는데, 그 결과 서양 달력에서 12월 25일에 오는 크리스마스가 현재 러시아 달력에서는 율리우스력에 따라 1월 7일에 오게 된 것이나. 그러나 1월 7일 크리스마스는 소비에트 시기에 공식 기념일로 지정되지 않았고, 소연방 해체기인 1990년 말 복원돼 1991년 1월 7일부터 공식 기념일로 지정돼 지금까지 유지되고 있다. 러시아정교회는 2100년까지 1월 7일을 크리스마스로 지정했으며, 그 이유는 22세기에는 율리우스력과 그레고리력의 차이가 14일로 늘어남에 따라 22세기 러시아의 크리스마스는 1월 8일이 되기 때문이다. 구력 1월 1일 역시 신력으로 1월 14일이 되는데, 오늘날 러시아인 사이에서 우리나라의 음력설과 같이 1월 14일을 새해의 시작으로 여기는 사람들도 많이 있다.

정해 놓은 상태다.[81]

레닌과 볼셰비키들이 율리우스력에서 그레고리력으로 역법 체계를 변경한 이유는 약 1,000년을 이어온 기독교 전통에서 벗어나 러시아를 새로운 국가로 탄생시키기 위해, 기독교 사고방식에 익숙한 러시아인을 사회주의 방식에 맞추고자 했기 때문이다. 볼셰비키들은 '시간의 탈종교화'를 위해 러시아정교로부터 러시아인을 분리해야 했으며, 기존 종교를 인민들의 삶으로부터 배제해야만 러시아들이 새로운 이데올로기에 적응할 수 있다고 생각했다.

1918년 12월 2일 인민위원회는 '주간 휴일과 기념일에 관한 규정'(Правила об еженедельном отдыхе и праздничных днях)을 통해 소비에트 시대의 새로운 휴일들을 지정 도입했다. 새로 지정된 6개의 볼셰비키 공휴일은 1월 1일 신년, 1월 22일(구력 1월 9일) 1905년 피의 일요일 기념일, 3월 12일(구력 2월 27일) 전제권력 타도의 날, 3월 18일 파리 코뮌의 날, 5월 1일 노동절, 11월 7일(구력 10월 25일) 프롤레타리아 혁명 기념일 등이며, 이날은 모든 작업이 중단돼 일반 국민과 노동자들에게는 국경일과 같은 휴일이 됐다. 공식 기념일(휴일)은 아니지만 사회주의 혁명의 성공을 기념하는 기념일들은

---

81) 간단하게 설명하면, 지구의 공전주기는 정확하게 나누어지지 않는다. 대략 365.24219879....라고 할 수 있는데, 율리우스력은 계산의 복잡함을 피하기 위해 공전주기를 365.2425일로 조정했고, 그 결과 약 0.0003의 오차가 발생한다. 이 수치를 시간적으로 계산하면 0.0078일, 11분 14초, 674초인데, 율리우스력에서는 이 시간만큼 1년이 길어진다. 그래서 16세기 그레고리 13세가 그레고리력을 고안할 때 시간적 불일치를 해소하기 위해 '길어진' 10일을 삭제했던 것이다. 당시 로마 사람들은 1582년 10월 4일(목)에 잠을 청해 10월 15일(금)에 일어났다. 그레고리력은 공전주기를 365.2422일로 조정했다.

이 시기에 많이 등장했는데, 프라브다와 이즈베스티야 신문에 게재된 기념일들을 예로 들면 3월 23일(2월 혁명 희생자를 위한 추모의 날), 4월 3일(레닌 귀국의 날), 4월 21일(마르크스 탄생 100주년), 6월 3일(2차 두마 해산 10주년 기념일) 등이다. 이러한 시도는 당연히 역사적 사건을 기념일로 지정해 혁명의 정당성과 합리화를 추구하는 정책적 노력이라고 할 수 있다. 이렇듯 소비에트 전 시기를 통해 소비에트 정부는 사회주의적 색채를 담아내는 기념일을 동일한 시점에 일괄적으로 지정하지는 않았지만, 역사적 사실과 관련된 날짜, 혹은 특정 토요일과 일요일을 정해 제정했다.

기념일 제정을 포함해 소비에트 정부는 과거에 전 세계에서 시행된 달력개혁을 모델로 다양한 달력 관련 개혁 조치를 단행하고자 했다. 기본적으로 소비에트 정부는 프랑스 혁명 이후 등장한 혁명 달력에 상당한 매력을 느끼고 1920년대 초반 프랑스 혁명 달력을 따라 주 10일 시스템을 정착시키고자 여러 차례 시도했으나 성공을 거두지 못했고, 단지 당시를 배경으로 한 소설 속에서 단서만 찾을 수 있었다. 파스테르나크의 소설 『닥터 지바고』의 내용에 따르면, 주인공 유리 지바고는 빨치산들에게 징발돼 몇 년을 지내다, 탈출해 라라의 집이 있는 우랄의 유랴친 지역으로 다시 돌아온다. 행색이 말이 아니었던 지바고는 이발하고 싶어 이발소에 갔지만 그날 이발소 문은 닫혔고, 근처 양장점에 가서 가위를 빌리려 했다가 그곳에서 일하는 여주인에게 이발을 부탁한다. 아래의 내용은 여주인과 지바고가 나눈 대화의 일부 내용이다.[82]

---

82) 본문의 대화 속에서 제7일을 언급한 것은 일주일의 요일 명칭을 별도로 정하지 않고 숫자를 붙인 프랑스 혁명의 달력체계를 모방한 것으로 보이나, 제7일

"머리는 좀 짧게 깎아 주시오."

"그러죠, 일부러 그렇게 무식한 체해도 당신이 인텔리라는 건 금방 알아낼 수 있어요. 요즘은 날짜를 주 단위로 세지 않고 10일 단위로 센다는 걸 모르실 리 없을 텐데. 오늘은 17일이죠? 제7일은 이발소 정기휴일로 돼 있어요. 그걸 모르셨군요."

1923년 1월 러시아정교회는 그레고리력을 율리우스력으로 환원시키고자 시도했지만, 소비에트 정부의 반대에 부딪혀 실패했다. 이후 1923년 6월 全러시아공의회에서 그레고리력을 채택하기로 함으로써 1924년에는 모든 기독교 축일들이 그레고리력으로 편입됐고, 그 결과 거의 모든 종교축일이 노동일이 돼 종교행사를 치르기가 불가능해졌다. 이 결정으로 인해 소비에트 정부가 추구했던 '시간의 탈종교화,' '일상생활의 탈종교화'는 표면상 현실화됐으며, 러시아정교회가 소비에트 정부에 굴복한 모습을 띠게 됐다.

1925년에는 1월 레닌 서거 1주기를 맞이해 1월 21일이 국경일로 추가 지정됐다. 1928년 7월 30일 소브나르콤 결정에 따라 5월 1일 노동절과 11월 7일 프롤레타리아 혁명 기념일에 하루씩 추가로 공휴일을 지정해, 5월 2일과 11월 8일도 국경일로 지정됐다.

'주 5일 시스템'(пятидневка)은 1929년 10월 1일부터 1931년 여름까지 지속된 소비에트 달력체계를 말한다.83) 기본적으로 '1달은 6주씩

이 본인의 지정 휴일인지, 혹은 제7일을 공식 휴일로 지정한 것인지는 분명치 않다. 프랑스 혁명 달력의 경우, 제5일의 오후와 제10일이 휴일이었다. 따라서 10일동안 1.5일의 휴일을 갖는 것인데, 7일 동안 1일을 쉬는 기존의 달력보다 휴일시간이 수치상 조금 길었다.

30일'(непрерывка)로 구성돼 있고, 이 달력체계에서 일 년은 72주로 구성됐으며, 날짜에 계산되지 않은 5일은 이 체계에 포함돼 있지 않고 별도로 운영된다. 5개 기념일 중 레닌 서거일은 러시아달력 1월 30일 다음날 하루를 계산하고, 노동절인 5월 1일과 2일은 러시아달력 4월 30일 다음날 이틀을 계산하며, 혁명기념일인 11월 7일과 8일은 러시아 달력 11월 7일 다음날 이틀을 계산한다. 윤년의 경우, 2월 30일 다음 날을 하루로 계산했다.

1주를 구성하는 5일은 각각 색깔 또는 로마 숫자로 표시된다. 기본 적으로 생산공장 노동자들은 5명씩 한 조를 구성해 구성원들이 '4일 근무, 1일 휴식'이라는 순환노동 방식을 취한다. 개인은 본인에게 할당 된 색깔과 숫자가 적힌 '휴일증명서'(список выходников)를 받는다. 시 차제 휴일은 모든 노동자들이 동일한 시간동안 작업한다는 것을 의미하 지만, 반대로 공장은 앞서 언급한 국가 공휴일 5일을 제외하고 연중 360일 가동해야 함을 뜻했다. 5명 중 1명은 본인의 휴일에 쉬고 나머 지 4명은 근무한다. 즉 이론적으로 이 체제 안에서 80%의 노동력은 항시 가동되며, 20%는 휴식을 취한다. 국가 공휴일 5일을 제외하고 어 느 날이건 공장은 100% 가동된다. 이렇듯, 주 5일 시스템의 주요 특징 은 팀 내 순환근무제로 설명될 수 있지만, 기본 취지는 명칭에서도 알

---

83) 달력에서 일주일은 천체의 운행의 자연 순리와 다르게 자연의 규칙성에 따르지 않고 자의적이고 인위적으로 만들어진 조작된 개념이다. 즉 '지구의 자전주기,' '공전주기,' '달의 공전주기'를 제외하고 1년, 1달, 1주일, 1일, 1년=12달 등은 모두 자연의 순리와 다르게 인간이 인위적으로 조작이 가능한 '생산된 시간,' 즉 인위적으로 조작된 '만들어진 시간'이다.

수 있듯이, 종교적 색채가 풍기는 토요일과 일요일을 폐지하는 것이다. 토요일과 일요일을 폐지하는 것은 기존 질서로 대변되는 교회의 영향력을 배제하는 것과 동일하다.[84]

1929년 5월 라린(Юрий Ларин, 1882-1932)은 주 5일 시스템 생산주일을 제안했으나, 아무도 이에 관심을 기울이지 않았다. 1929년 6월 초에 가서야 라린의 제안은 스탈린의 귀에 들어가 결국 그의 허락을 받았고, 이후 모든 신문매체에서 라린이 제안한 새로운 계획을 지지하는 기사들을 다루기 시작했다. 1929년 6월 8일 러시아 국가계획위원회는 2주 안에 새로운 생산주일에 맞는 계획안을 제출하라고 모든 생산공장에 지시했고, 1929년 6월 중순 경 약 15%의 공장에서 라린이 제안한 생산주일에 맞춰 생산일정을 조정했다. 1929년 8월 26일 소브나르콤은 경제 목표를 체계적으로 이행하고 효과적으로 달성하기 위해서 지속성을 가진 생산주일에 맞추는 것이 필요하다고 지적하면서 모든 공장들이 이에 맞춰 일정을 조정해야 함을 주장했다. 1929년 9월 24일 제정된 포고령에 따라 1929년 10월 1일부터 주 5일 생산주일이 시행됐다. 이와 관련해 1929년 12월경에는 약 50여개에 달하는 생산주일 관련 의견들이 제시됐고, 이 중에는 한 달이 30일이 아닌 37일(생산일 30일, 휴일 7일)인 경우도 있었다. 1929년 말엽에 발표된 보고서

---

84) 토요일과 일요일이 종교적 색채를 띠고 있다는 표현은 매주 일요일에는 교회를 다니며 종교 행사에 참가하기 때문이며, 토요일은 요일 명칭에서도 알 수 있듯이, '안식일'(Sabbath)의 개념이 포함돼 있다고 생각하기 때문이다. 러시아의 경우에 토요일과 일요일을 제외하고 다른 요일의 명칭에서 종교적 의미를 찾을 수 없다. 즉 월요일은 한 주의 시작이라는 의미이고, 화요일은 제2일, 수요일은 일주일의 가운데, 목요일은 제4일, 금요일은 제5일이라는 의미를 갖고 있다.

에 따르면 1930년 4월 1일까지 약 43%의 공장들이 새로운 주 5일 시스템에 맞춰 생산일정을 조정할 예정이었고, 1930년 10월 1일까지 약 67%의 공장들이 이 체제로 전환하기로 예정됐다. 실제로 주 5일 체제로 전환한 공장들은 1930년 4월 1일까지 전체의 약 63%였다. 1930년 6월에는 1931년까지 직물공장을 제외하고 모든 공장들이 새로운 주5일 생산체제로 전환될 것이라고 발표됐으나, 실제 전환된 경우는 1930년 10월 1일을 정점으로 약 72.9%의 공장들에 국한됐다.

1930년 5월 초 몇몇 공장들은 주 5일 생산체제에서 주 6일 생산체제로 전환을 시도했다. 1931년 4월 30일 시작된 부분적으로 변환된 시도는 일주일의 마지막 6일째에 모든 노동자들이 휴일을 보내는 것이었다. 1931년 6월 23일 스탈린은 당시 시행된 주 5일제의 모순을 비난하면서 주 5일제의 문제가 해결되기 전까지 임시방편으로 주 6일제(шестидневка)를 시행할 것을 지시했다.

한 달의 6번째, 12번째, 18번째, 24번째, 30일째 날을 휴일로 정해 모든 노동자들이 동시에 쉴 수 있는 휴일을 지정한 것이다. 즉 주 5일 6주 체제가 주 6일 5주 체제로 전환된 것이다. 이 원칙은 1931년 11월에 제정돼 동년 12월 1일 시행됐다. 주6일제의 특징은 일요일이 부활한 것이다. 그러나 일요일의 명칭이 부활한 것이 아니라, 일요일은 단지 일주일의 제6일로 표시돼 모든 노동자들이 휴식을 취하는 요일일 뿐이었다. 다른 원칙은 동일했다. 국경일 5일은 주 6일 체제에서도 달력에 계산되지 않고 별도로 운영됐다.

하지만 1935년 7월까지 공장의 방침과 다르게 전체 노동자 중 약 26%만 이와 같은 주 6일 시스템을 시행했을 뿐, 주 6일 시스템도 노동자들로부터 별다른 지지를 받지 못했다. 1929년 달력과 1931년 달력 모두 그레고리력과 차이가 있었다. 즉 당시 국제사회에서 통용되는 그레고리력과 차이를 항상 인지해야 하는 불편함이 노출돼 있었다. 그래서 달력에 따라 그레고리력과 병기하는 경우도 발생했다.[85]

1931년 8월 대부분 공장들이 주 6일제를 채택해 시행했고, 공식적으로 주 6일제로 전환은 1931년 11월 23일 소브나르콤의 포고령에 의해서 이뤄졌다. 이로 인해 1931년 12월 1일부터 주 6일 체제가 시행된 것으로 알려져 있으나, 실제로 1931년 여름부터 주 6일 체제를 시행한 공장들의 수가 증가했음을 보여주는 자료들이 존재한다. 1935년 7월 1일 시점에 약 74.2%의 공장들이 주 6일 시스템을 채택했으며, 약 25.8%의 공장들이 기존의 주 5일 시스템을 유지하고 있었다.

시행 중에 발생한 불합리한 점들을 소비에트 정부가 무시했을 수도 있지만, 생산성을 높이고자 기획했던 주 5일 시스템은 생산성 향상에 별다른 도움이 되지 않았다. '4+1' 제도, 즉 '4일 근무, 1일 휴식'이라는 순환근무 체제하에서 노동자들은 한 가지 작업이 아닌 다른 작업에도 숙달된 기술을 터득해야 했기 때문이다. 한 가지 작업이 아닌 다양한 작업에도 숙달해야 하는 노동구조 속에 노동자들의 생산성 향상을 기대하기는 쉽지 않았다. 또한 기계 자체에도 문제가 발생했다. 하나의

---

[85] 아이러니하게도 1929년부터 1940년까지 소비에트 달력을 채택했음에도 불구하고 당시 소련공산당 기관지 프라브다 역시 발행인란에 날짜를 소비에트 달력 날짜가 아닌 기존의 그레고리력에 따라 사용했다. 프라브다는 1월, 3월, 5월, 7월, 8월 10월, 12월 31일을 사용했고, 2월 30일의 경우에는 절대 사용하지 않았다. 역시 마찬가지로 토요일과 일요일의 명칭도 함께 사용했다. 프라브다의 날짜 표기방식은 서구사회의 달력과 맞추기 위한 미봉책일 수도 있다.

기계에 숙련된 노동자들이 정해진 기계를 작동하는 것이 아니라, 순환 근무에 따라 몇 가지 기계를 작동해야 했기 때문에, 하나의 기계에 익숙하거나 정통한 노동자를 찾기 힘들었고, 기계를 수선 유지하는 데도 어려움이 발생해 기계가 자주 고장나기도 했다. 이러한 총체적 부실 상황이 발생하면서 노동자들은 자신들이 수행하는 작업에 별다른 책임감을 느끼지 않게 됐고, 그 결과 생산성 하락과 함께 새로운 주5일 시스템은 예상과 달리 효과를 거두지 못했다.

그렇다면 스탈린은 왜 이토록 복잡한 달력개혁을 했을까? 경제발전을 위한 순수한 경제적 동기에 의해서인가? 역사적 사실에 비춰볼 때, 혁명에 성공한 사람들은 모든 것을 바꾸고 싶어 한다. 그들은 혁명을 일으키기 전에 가졌던 이상을 펼치기 위해서 과거 통치자들의 유산을 청산해야만 했고, 그러기 위해서 일상생활의 모든 영역을 바꿔야 했다. 특히 시간을 지배하는 것이 곧 인간과 세상을 지배한다는 고전적 명제에 비춰볼 때, 일상생활을 지배하는 달력도 새로운 세계관과 지배체제를 위해 수정돼야 한다고 생각했다.

스탈린의 달력개혁 배경에는 크게 정치적, 경제적, 종교적, 사회적 배경 등 네 가지 이유가 있다. 먼저, 정치적인 배경을 살펴보면, 스탈린은 레닌 사후, 권력투쟁에서 승리해 정권을 잡았다. 정치적으로 볼 때, 레닌 사후, 트로츠키, 부하린 등과 같은 실력자들과 권력투쟁 중에 스탈린은 1927년 제15차 당 대회를 통해 반대파를 축출하고 과거와 다른 자신의 시대를 열고자 했다. 여느 지도자와 마찬가지로 스탈린은 자신의 통치 시기를 과거와 다르게 특징짓고 싶어 했다.

경제적인 측면에서도 "서유럽국가들을 따라잡아 그들을 능가하자"는 구호 아래 1928년부터 시작된 제1차 5개년 계획을 성공적으로 완수하기 위해 '생산이 중단되지 않도록' 값비싼 기계를 중단 없이 작동하고자 했던 생산증진의 목적도 분명히 있었다.

더욱이 이러한 경제적 목적에 볼셰비키 혁명이 성공하고 레닌이 통치하고 있던 시절인 1919년에 최초로 시행됐던 '공산주의식 토요노동' (Коммунистические Субботники)86)의 연장이라는 의도가 내포됐다. 레닌은 "공산주의식 토요노동이 역사적 의미를 갖는 이유는 이 운동이 노동 생산능률의 발전과, 새로운 노동규율로 이행, 그리고 경제 및 일상생활에서 사회주의적 조건을 창출하는데 노동자들이 자발적으로 참여했기 때문이다"고 밝히면서 이 운동의 주동자들이 주로 생활이 어려운 노동자임을 감안할 때, 이들이 자발적으로 운동에 참여함으로써 자본주의 체제보다 사회주의 체제하에서 노동 생산능률이 훨씬 더 높아질 수 있다는 점을 강조했다. 즉 레닌이 추진한 공산주의식 토요노동을 스탈린은 자신의 방식으로 새롭게 재창출했다고 볼 수 있으며, 100% 공장을 가동하는 주 5일 생산주일에 맞춘 달력개혁은 이를 제도적으로 뒷받침했다고 본다.

또한 종교적으로 거의 1,000년 동안 러시아에서 지속된 러시아정교회의 영향력을 감소시키는데 새로운 달력은 절대적으로 필요했다. 특히

---

86) 공산주의식 토요일 노동은 1919년 4월 12일 토요일 오전 7시30분에 모스크바에 있는 소르치로보차야역 광장에서 공산당원 13명과 이에 동조하는 2명의 노동자들이 백군에 맞서 싸우고 있는 적군(붉은군대)에게 보급물자를 제공할 기차를 수리하기 위해 모여 저녁까지 무보수로 일하며 3량의 기차를 수리한 사건이다. 이 사건이 계기가 돼 내전시기동안 전국적인 대중운동으로 확산됐는데, 이 모임이 공산주의식 토요일 노동의 시초가 됐다. 이후 최초의 대중운동은 1919년 5월 10일 모스크바-카잔 철도노선에 205명의 노동자가 참여하면서 이루어졌다.

달력개혁은 종교행사의 가장 중요한 요일인 일요일을 없애는 개혁을 단행함으로써, 부활절의 의미는 물론 주일행사 자체를 원천적으로 봉쇄하겠다는 사전 포석으로도 해석할 수 있다. 7일 주기의 일주일과 일요일의 순환구조에 익숙한 일반 국민들을 '시간의 탈종교화,' '일상생활의 탈종교화'를 통해 일상의 리듬을 변화시키고자 한 목적이 달력개혁에 내재돼 있다고 할 수 있다. 즉 '주 5일 시스템'은 휴일로서 일요일을 지키지 못할 수밖에 없는 생산환경을 조성해 공장을 매일 가동하고, 이를 통해 러시아 혁명 이후에도 잔존해 있던 러시아 정교회와 종교의 영향력을 배제하기 위해 취해진 것이다.

사회적으로 달력개혁 조치는 사회주의 혁명 기념일, 혁명의 정당화를 위한 기념일 제정 등을 통해 새로운 시대에 적합한 공동체적 삶을 형성하고, 달력이 제공하는 공식 의례, 국가 행사에 동참시켜 사회주의 공동체의 구성원으로서 소속감은 물론 소비에트형 인간을 육성하는 데 유용했으며, 달력은 이를 관리하기 위한 적절한 지배도구다.

*　*　*

시간과 달력은 권력의 지표로 상징된다. 권력을 장악한 사람의 시간은 타인의 시간을 지배하고, 지배받는 사람은 권력자의 시간을 위해 자신의 시간을 할애하고 타인의 시간을 위해 대기한다. 중세 교회와 수도원은 '시간의 야성을 도식화'해 자신들의 울타리 안에서 사람들을 길들이고, 근대 서유럽에서 종교적 목적으로 고안된 그레고리력은 아직까지 전 세계적으로 통용되고 있다. 서세동점 시기 이후 서양은 국제무대에서 시간과 공간을 지배하며 자신들의 사고를 합리화하고 있다고도 볼 수 있다. 시간의 지배는 일상의 지배와 동일한 맥락에서 이루어지기 때문에, 일단 익숙해지면 무의식적으로 시간과 달력에 길들여진다.

혁명의 주도 세력들은 혁명의 정당화와 합리화를 위해 구시대 질서 및 기득권 세력과 단절을 원하고 자신의 시대에 맞는 새로운 지배체제와 세계관 및 가치관을 강요한다. 프랑스 혁명에서 나타난 도량형 통일이나, 새로운 왕조가 탄생하거나 주변 지역을 정복했을 때, 역법개혁과 책력 공포를 통해 새 시대의 출발을 알렸던 중국의 경우나, 가까이는 김일성 탄생 연도인 1912년을 주체 원년으로 삼았던 북한의 주체 달력이나 그 모두 세상을 지배하기 위한 권력자들의 숨은 의도가 내포돼 있다. 또한 권력의 정당성을 선전하고 지속적인 반복 행위를 통해 만들어진 전통을 생산하는 것은 시간과 공간의 영속화를 위해 추구하는 고도의 정치적 전략이다.

근대 이후 우리나라도 1896년 1월 1일을 기해 그레고리력을 채택했다. 고종 황제는 새로운 역법 체계의 채택을 기념하기 위해 건양(建陽)이라는 연호를 사용했다. 이후 근본적인 역법개혁이나 달력개혁이 이루어진 것은 아니지만, 우리나라에서도 과거의 시간과 현재의 시간을 명확하게 구분하기 위해 1987년 이후 문민정부, 국민의 정부, 참여정부라는 명칭이 등장하기도 했다. 과거를 부정하거나 혹은 과거와 단절을 위해 시간과 공간을 통제하고자 하는 통치자의 의도가 엿보이는 대목이다.

소비에트의 달력개혁에서도 이와 마찬가지로 다분히 다중적 전략이 내포돼 있다. 권력투쟁에서 승리한 후, 자신의 정치적 입지를 높이고 새로운 시대의 시작을 알리며, 러시아 정교회라는 종교적 삶과 신생 국가의 국민들을 분리하고, 사회주의 경제발전을 위해 5개년계획의 실현을 추진하고자 했던 스탈린은 달력개혁을 통해 생산성 향상을 추구하면서 동시에 새로운 시대를 열고자 했다.

스탈린은 제1차 5개년계획(1928-1932)의 성공을 자신하며, 나약하고 후진적인 러시아가 서유럽과 같은 근대산업국가로 빠르게 탈바꿈해야 함을 강조하면서 "볼셰비키가 공격할 수 없는 요새는 없다"는 표현을 자주 사용했다. 국가를 하나의 거대한 작업장으로 만들고자 했던 그의 구상에 단 한 순간도 시간을 헛되이 보내는 모습이 그려질 수 없었고, 그 이유로 개별 생산공장에서 보다 엄격하게 시간을 사용해야 했다. 그러나 이러한 그의 구상은 결국 실패로 돌아가고, 시간의 탈종교화와 일상생활의 탈종교화를 외치며, 종교적 색채를 띤 토요일과 일요일을 폐지한 스탈린의 달력개혁은 실패했다. 약 10년간의 달력실험은 대중들의 삶을 근본적으로 변화시키지 못했다. '새로운' 시대에 '새로운' 시간적 리듬을 부여하고자 했던 '새로운' 달력이 결국 '기존의' 주 7일에 익숙한 대중들의 '길들여진' 신체리듬과 생활리듬을 깨지 못했던 것이다.

제6부

문명과 도시

러시아의 카틴 숲, 미예드노예*

트베리 주(Тверская область)는 러시아연방 85개 연방주체 중 하나로서 모스크바 주의 북서쪽, 즉 모스크바 주와 노브고로드 주 사이에 위치해 있다. 면적은 약 84,200㎢으로 남한 면적(약 99,720㎢)보다 조금 작고, 인구는 2025년 러시아 통계 기준으로 약 1,190,574명으로 우리나라의 광주광역시 인구(약 1,408,000명 2024년 12월 기준)보다 조금 적다. 1989년 인구조사 때 약 1,670,000명, 2002년 약 1,471,000명, 2010년 1,353,392명으로 인구가 감소하는 추세이나, 최근 들어 지역경제가 활성화되고 개발이 본격화되면서 유입인구가 증가해 2025년 이후 트베리 주의 인구는 늘어날 것으로 예상된다.

트베리 주의 명칭은 소비에트 시기인 1935년부터 1990년까지 칼리닌 주(Калининская область)로 불리다가, 다른 러시아의 도시와 유사하게 1990년에 옛 이름을 찾았다. 칼리닌이라는 이름은 볼쉐비키 혁명의 주역이자, 소련공산당 정치국원으로 스탈린의 핵심 참모였던 미하일 칼리닌(Михаил Калининб 1875~1946)의 이름에서 유래됐다.

---

* 황성우, "중세 모스크바의 정치적 라이벌, 트베리," 『Russia & Russian Federation』, Vol. 4, No. 3 (Sept 2013), pp. 17-21 내용을 수정 보완함.

모스크바 주와 노브고로드 주에 인접해 있는 위치상 이유 때문에, 트베르 주 역시 주로 발다이 구릉지대에 속해 있고, 그 덕분에 고대로부터 현재에 이르기까지 수로를 통한 교역이 발달했다. 볼가 강과 서드비나 강, 드네프르 강 등 러시아의 주요 강들의 발원지가 위치한 곳이기도 하다. 러시아의 대표적인 관광지역 중의 하나로서 사람들이 자주 찾는 대표적인 주요 명소는 중심도시인 트베리 이외에 토르조크, 토로페츠, 브이쉬니 볼로체크, 오스타쉬코프 등이 있다.

트베리 지역에 사람들이 정착해 본격적으로 거주하기 시작한 시점은 9세기 이후부터 10세기 동안이었다. 발트해와 볼가강을 잇는 수로 체계 덕분에 바둑판처럼 연결된 강들을 따라서 사람들이 모여들기 시작했고, 강과 강 사이에 위치해 두 강을 연결해 주는 '연수육지'(волок, переволок)에 목조요새(острог)가 건설되면서, 그곳을 중심으로 인구가 점차 증가하기 시작했다. 고대 시절부터 마을이 형성된 트베리 지역은 목조요새가 바탕이 돼 도시로 발전했다고 할 수 있다.

트베리가 역사무대에 첫 등장한 시점은 1135년이다. 1246년 노브고로드 공후 알렉산드르 네프스키의 동생 야로슬라프 야로슬라비치(Ярослав Ярославичи, ?~1271)가 이곳의 공후가 된 후 이곳은 러시아 내 작은 지방 공국으로 발전하기 시작했다. 울창한 숲, 교역로 역할을 했던 거미줄같이 연결된 강과 수로 덕분에 늦은 등장에도 불구하고 트베리는 짧고 빠른 시간에 부를 축적할 수 있었다. 또한 몽골의 침략을 면한 노브고로드와 마찬가지로, 다른 지역에 비해 상대적으로 몽골의 피해가 적어 피폐해진 남쪽에서 많은 인구가 유입돼 급속도로 러시아의 중심지로 부상할 수 있었다.

몽골과 트베리의 관계는 이른바 '병 주고 약 주는 사이'였다고 할 수 있다. 몽골의 침략과 만행을 피해 많은 러시아인들이 이곳으로 몰려오면서 화려한 영광과 함께 트베리가 러시아의 중심지로 급속히 부상할 수 있었던 동시에, 지역의 몰락도 몽골에 의해 자행된 사건이 계기가 됐기 때문이다.

러시아가 몽골의 지배 속에 숨죽여 지내던 1326년 트베리의 공후가 몽골인들에 의해 살해당하자, 트베르 지역 주민 전체가 봉기해 몽골에 대항한 사건이 발생했다. 트베리의 봉기에 몽골 제국과 당시 트베리와 경쟁 관계에 있던 모스크바 공국은 연합군을 결성해 트베리 주민들을 무참히 살육했다. 이 참사로 인해 트베리 주민 대다수가 목숨을 잃었고, 찬란하게 꽃피던 트베리의 영광도 끝나고, 도시의 역사는 점차 빛을 잃어갔다. 이 사건으로 트베리가 모스크바 공국에 병합된 것은 아니지만, 이후 별다른 힘을 발휘하지 못하고 명맥만 유지하다가 결국 트베리는 모스크바 공국에 병합된다.

트베리주의 중심지이자 행정수도는 트베리다. 인구는 약 412,806명(2025년 기준)으로서 이 수치는 우리네 제주시(약 423,000, 2011년 기준), 평택시(약 426,000명, 2011년) 서울시 동작구(약 400,000명, 2011년 기준) 인구와 비슷하다. 도시의 명칭도 과거 트베리라는 이름으로 사용되다가 1931년 미하일 칼리닌의 이름을 따서 칼리닌으로 불리다 1990년 과거의 이름을 다시 사용하고 있다. 트베리 도시가 중요한 지역이었다는 사실은 모스크바 중심부 마네쥐 광장에서 북서쪽 방향으로 뻗어나가는 거리의 이름이 '트베리 거리'(Тверская улица)라는 점에서도 알 수 있다. 비록 현재는 과거와 달리 작은 중소도시에 불과하지만 모스크바와 모스크바주에 인접한 지리적 특성 덕분에, 수도권 지역으로서 개발의 중요성이 부각되면서, 실제로 오늘날 트베리에 많은 아파트와 공장들이 들어서고 있다.

트베리 시 중심지를 벗어나 외곽으로 나가면 우리에게 잘 알려지지 않은 역사적 명소들이 즐비하다. 트베리를 가는 사람들에게 권하고 싶은 곳을 한 두 군데를 소개하자면 먼저, 트베르 주 칼리닌 구역에 위치한 작은 마을 '메드노예'(Mednoye, Медное)을 언급하고자 한다. 이곳은 트베르차(Тверца) 강 유역에 있으며, 트베르 시에서 서쪽으로 28㎞ 지점에 있다. 14C 자료에 따르면, 트베르 공후 중 한 명의 영지에서 명칭이 유래됐다고 한다. 이 지역은 트베리와 토르조크(Торжок)에 이르는 중간지점에 위치해 교역을 통해 15C와 16C에 특히 번성했고, 이반 4세 (1533~1584) 통치 시기 일명 '오프리츠니나'(Опричнина) 시기에는 104개 가구가 거주할 정도로 작은 촌락을 구성했다. 19C에는 당시 수도였던 상트페테르부르크와 모스크바를 연결하는 곳으로 교통과 인적 교류를 위한 우체국이 설치돼 중요한 중간 소통기지 역할도 담당했다. 사상가이자 작가인 라디쉐프의 기행문 '페테르부르크로부터 모스크바로 기행'에도 언급된 지역이며, 1941년 대조국전쟁 당시 독일과 탱크전이 벌어진 곳으로도 유명하다.

그러나 이 마을이 역사적으로 유명한 이유는 1940년 4월 3일부터 4월 19일에 이르는 기간에 약 6,311명의 폴란드 지도급 인사 학살된 '비극의 장소'기 때문이다. 우리에게 잘 알려진 스몰렌스크 인근의 카틴 숲과 마찬가지로 근처 오스타쉬코프(Осташков)에서 끌려온 폴란드 장교들이 이곳 메드노예에서 무참하게 학살됐다. 그런 까닭에 카틴 숲에서 자행된 동일한 방식으로 살해된 폴란드인들의 참혹한 상흔이 곳곳에 남아 있다. 외부에서 이곳을 바라보면 그저 조용한 시골 마을 혹은 고즈넉한 분위기를 풍기는 작은 공간이라고 생각할 수밖에 없을 정도로 외진 곳이었고, 더욱이 모스크바와 상트페테르부르크를 잇는 고속도로에서도 벗어나 있어 맘먹고 찾아가지 않으면 접근하기 어려운 곳이었다. 추모지 입구에 폴란드 국기가 게양돼 있는데, 러시아와 폴란드의 관계를 고려할 때 러시아 안에서 폴란드 대사관 이외 지역에 폴란드 국기가 자연스럽게 걸려있는 장소가 존재한다는 사실이 무척이나 어색할 정도였다.

입구부터 숙연함이 느껴졌는데, 안으로 들어서자 보이는 것이 바로 추모비였다. 신원이 확인된 폴란드인들의 이름이 새겨진 동판을 보고 있노라면, 스탈린 숙청시기에 살해된 한인들의 이름이 새겨진 동일한 추모비가 생각나며 과거 아우슈비츠를 찾았을 때의 비장함이 나를 누르는 듯 숨이 막혀 왔다. 사진 속에서 알 수 있듯이, 추모공간 곳곳에 폴란드인을 기리는 상징물들이 눈에 들어왔고, 나무를 묘지로 대신하는 슬라브인들의 장례문화를 알 수 있는 모습도 흔하게 볼 수 있었다. 이곳 말고도 1764년에 완공된 카잔 성당과 제정러시아 시기에 세워진 우체국에 방문하는 것을 권하고 싶다.

또 다른 추천명소는 브이쉬니 볼로쵸크(Вышний Волочёк)이다. 이 지역은 러시아어 의미대로 '연수육지의 상류지역'을 말한다. 트베리 지역이 발다이 구릉지대에 있고, 여러 강들이 교차하는 곳에 자리잡고 있기 때문에 이와 같은 지명이 현재에도 유지되는 것이다. 브이쉬니 볼로쵸크는 트베르 주에 위치한 작은 도시로서 중심지 역시 우리네 읍내보다 작다는 느낌을 주고 있다. 트베르에서 북서쪽으로 119㎞ 지점 발다이 구릉에 위치하고, 인구는 약 45,830명(2021년 통계)으로 1463년부터 역사 무대에 등장했다. 이 지역 역시 모스크바와 상트페테르부르크 중간지역에 있으며, 볼가강과 발트해 교역로의 분기점인 트베르차 강과 트스나(Tсна) 강 사이에 자리잡고 있다. 제정러시아 시기에 제법 번창한 직물산업 중심지였다고 하는데, 지금은 한적하고 편안한 분위기를 띠고 있어 목가적인 삶을 선호하는 사람들은 하루 이틀 정도 편히 쉬면서 도시 주변을 산책하는 것도 나쁘지 않다고 생각한다.

수도원의 도시 스타리차,
연수육지 모자이스크*

스타리차로 가는 길은 들뜬 마음에 한껏 부풀어진 기대감으로 충만했다. 1439년 동서교회의 연합을 결정한 플로렌스 종교회의의 결과에 반발해 러시아 정교회는 1448년 콘스탄티노플 총대주교구와 별도로 독자노선을 걷고, 약 100년이 지난 1589년 독립적인 총대주교구 지위를 받게 되는데, 그때 러시아 총대주교가 된 욥(Иов)이 스타리차 출신이고, 그가 사망한 후 처음 안장된 곳이 이곳에 있는 성 우스펜스키 수도원이기 때문이다. 역사의 현장에 가서 러시아 첫 총대주교의 모습을 확인하는데 만족할 줄 알았는데, 같이 동행한 지인이 그 수도원 주변에 멋진 사진 촬영지가 있다고 말해 사진을 잘 찍지 못하지만, 찍는 걸 좋아하는 나로서는 두 가지 기쁨을 만끽할 수 있다는 생각에 그곳이 어디인지 기대하지 않을 수 없었다.

가고자 했던 스타리차는 트베리 주 스타리차 군(Старицкий район

---

* 황성우, "수도원의 도시, 스타리차, 연수육지 모자이스크," 『Russia & Russian Federation』, Vol. 6, No. 1 (March 2015), pp. 24-29 내용을 수정 보완함.

Тверской области)에 속한 중심 지역이자 작은 도시이다. 트베리 주의 중심 도시인 트베르 시로부터 남서쪽으로 약 77km 떨어져 있다. 볼가 강의 지류인 스타리차 강을 중심으로 도시가 발전했고, 주로 의류 산업을 통해 도시의 경제가 움직이고 있다. 2021년 기준으로 인구는 21,077명이다.

스타리차가 역사 무대에 등장한 시기는 1297년이다. 여느 러시아 고대 도시에서 볼 수 있듯이, 당시 트베리 공후였던 미하일 야로슬라비치(Михаил Ярославич)는 스타리차 강 언덕에 작은 목조 요새(острог)를 건설했고, 이후 고대 러시아 수로 체계의 기본 단위인 목조 요새를 중심으로 도시의 역사는 시작됐다. 초기 도시의 명칭은 '작은 도시'라는 의미의 고로도크(Городок)였으며, 스타리차라는 명칭은 15세기 이후에 사용됐다. 모스크바 공국과 치열하게 세력 갈등을 빚던 트베리 공국에 속한 스타리차는 1485년 모스크바 공국 이반 3세가 통치하던 시기에 모스크바 공국에 편입됐다. 모스크바 공국에 병합된 이후 이 지역은 이반 3세의 아들인 안드레이 이바노비치(Андрей Иванович Старицкий, 1490~1537)가 통치했고, 그 이후에는 안드레이의 아들 블라디미르 안드레예비치(Владимир Андреевич Старицкий, 1533~1569)가 공후로서 스타리차를 관할했다. 1775년 예카테리나 대제가 지방행정개혁을 단행할 때, 스타리차는 군(уезд)의 중심지로 편입됐다.

성 우스펜스키 수도원의 모습이 보이기 시작할 쯤, 동행한 지인은 수도원 방향이 아닌 다른 곳으로 차를 몰았다. 어디로 가냐는 물음에 사진 촬영지로 먼저 갔다가 수도원으로 가자고 해 그의 말을 따라 강변 아랫길로 접어들었다. 사람들마다 느낌이야 다르겠지만, 지인이 알려준 곳에 도착해 우스펜스키 수도원을 본 순간, 감탄사가 절로 나올 수밖에 없었다. 그 이유는 강변 바로 옆으로 다가가 수도원의 모습이 제대로 보였던 것도 사실이지만, 강에 비친 수도원의 모습이 흡사 작은 '카잔의 크렘린'을 보는 듯했기 때문이다. 카잔카(Казанка) 강물에 비친 카잔 크렘린의 아름다움을 아는 사람이라면, 규모나 화려함의 수준은 떨어지지만, '카잔의 축소판'이라 할 수 있는 우스펜스키 수도원의 모습에 놀라움을 금치 못했을 것이다. 날씨만 맑았다면 코발트색 하늘과 함께 강물에 비친 멋진 수도원 사진을 찍을 수 있었을 텐데 안타까움만 남았다. 연신 카메라 셔터를 눌러대면서 현장을 담아내는데, 물살이 빨라 물에 비친 수도원의 모습을 제대로 간직할 수 없었다. 사람의 눈은 두 개인데 카메라 렌즈는 하나라는 원초적인 한계가 아쉬울 뿐이었다.

한 가지 다행인 것은 그곳 강변에서 바라본 반대편 다리의 모습이었다. 여느 러시아 지역에서 볼 수 없는 다리였는데, 사뭇 건축미가 돋보이는 다리였다. 언젠가 사진으로만 본 기억이 나고 한국외대 러시아연구소 홈페이지에서 본 다리였는데, 실제로 그 다리가 이곳 스타리차에 있는 줄은 몰랐다. 연구소 홈페이지 배경화면은 여러 사진들을 합성해 만들어 러시아 자연 그대로의 모습을 담아내지는 못해서 사실 개별 사진에 별 관심은 없었다. 그러다가 마침 그 다리를 보면서 러시아에 이런 다리가 실제로 존재한다는 사실을 뒤늦게 깨달았던 것이다. 어찌 보면 러시아 지역전문가로서 기본 소양도 갖추지 못했다는 자괴감이 들 정도였다.

사진 먼저 찍고 들어간 수도원의 첫 인상은 밖에서 바라볼 때와 비슷하게 아주 깔끔하게 정돈돼 있었다. 성 우스펜스키 수도원은 16세기 초반 안드레이 이바노비치 스타리차 공후가 건설했다. 그 지역에 내려오는 전설에 따르면 이미 12세기와 13세기에 그곳에서 수도원 생활이 시작됐는데, 안드레이 공후가 수도원을 확장해 건설했다고 한다. 성 우스펜스키 수도원이 유명해진 시점은 러시아 최초의 총대주교인 욥이 수도원장이 된 이후부터이다.

'혼란의 시기'(1598~1613) 러시아의 차르였던 보리스 고두노프의 친구인 욥은 친구의 도움으로 1589년 러시아 총대주교가 됐다. 욥은 이곳 스타리차 태생으로 1571년 모스크바 시모노프 수도원 교구사제로 파견됐다가 후에 총대주교가 된 인물이다. 혼란의 시기였던 1606년 이곳 성 우스펜스키 수도원으로 온 욥은 2년 뒤 이 수도원에 안장됐고, 이후 로마노프 왕조의 두 번째 통치자 차르 알렉세이의 명에 따라 1652년 모스크바 크렘린 안에 있는 우스펜스키 교회에 안치됐다. 수도원의 황금기는 17세기였다고 한다.

이후 18세기 말 1764년에 수도원의 토지가 몰수되면서 사제와 수도승들이 떠나 당시에 12명의 수도승만 남게 됐다고 한다. 20세기 초반 잠시 수도원이 폐쇄되기도 했지만, 1997년 전임 총대주교였던 알렉세이 2세가 스타리차 우스펜스키 수도원의 재개장을 축복하고, 보수를 거듭한 끝에 2013년 과거의 모습으로 완전 복원됐다. 이 지역의 명소가 돼서 그런지 평일임에도 불구하고 많은 사람들이 수도원을 찾았다.

러시아 최초의 기독교 성인인 보리스와 글렙 형제 수도원도 이곳 스타리차에 있다. 기독교를 수용해 국교로 정한 키예프의 공후 블라디미르의 아들들인 보리스와 글렙은 잘 알려진 바대로 아버지 사후 형제들과 권력 투쟁에서 싸우지 않고 스스로 죽임을 택함으로써 러시아 최초로 성인의 반열에 오른다. 현지 러시아인은 보리스 글렙 수도원도 가보라고 권했지만, 일정도 빠듯했고 두 형제의 이름을 딴 수도원은 러시아 전역에 많이 있어서 다음 기회를 노리기로 했다. 물론 언제 갈 수 있을지 모르지만.

스타리차를 떠나 찾아간 곳은 모자이스크(Можайск)이다. 이곳을 가보고 싶었던 이유는 러시아의 고대 수로체계에 관심을 갖게 되면서 발원지인 발다이 구릉과 함께 강과 강을 연결하는 연수육지를 찾아가고 싶었기 때문이다. 이곳 정보지에 이미 소개했지만, 우리에게 잘 알려지지 않은 브이쉬니 볼로체크, 볼로콜람스크, 모자이스크 등은 모두 연수육지로 출발한 지역이다. 러시아인들은 이곳에 작은 목조요새를 세우고 강과 강 사이의 지역을 관할하면서 주변 지역으로 세력을 확장했다. 모스크바의 역사 역시 볼가 강의 지류인 오카 강, 그리고 오카 강의 지류인 모스크바 강에 세워진 작은 목조요새로부터 시작됐다. 예전에 연구한 논문에서도 밝혔듯이, 과거 러시아 영토의 팽창과정을 보면 확장의 기본단위가 수로체계를 기본으로 하는 목조요새와 수도원임을 알 수 있다.

모자이스크는 모스크바 주 모자이스크 군에 속한 중심 도시이자 작은 도시다. 모스크바로부터 서쪽으로 약 110km 떨어져 있으며, 2024년 기준으로 인구는 약 32,755명이다. 고대 시기부터 '발트해~볼가 강~카스피해' 수로체계에 놓여 있어서 스몰렌스크에 가기 위한 전초기지로 알려졌다. 모자이스크가 역사에 등장한 시점은 1271년이다. 당시 키예프 루시에 속했던 체르니고프 공국의 작은 마을에서 시작해 오늘날

중소도시로 발전했다. 도시의 명칭은 여러 설이 있지만 그 중 중심부를 가로지르는 모자이(Можай) 강의 이름에서 유래했다고 한다.

작은 공국으로 성장하다가 1303년에 모스크바 공국에 병합됐다. 이후에는 모스크바 공국 공후의 형제들이 관례적으로 통치하던 전통을 유지하다가 그 전통마저도 1493년에 중지됐다. 이반 4세의 통치 시기였던 1562년에는 덴마크와 맺은 형식적인 우호조약인 모자이스크 조약이 체결되기도 했다. 고대 유럽과 러시아의 주요 교역로였던 '발트해~흑해' 라인과 '발트해~볼가강~카스피해' 라인의 분기점이 스몰렌스크였고, 그 스몰렌스크에서 모자이스크, 보로지노를 통해 모스크바로 수로가 연결됐기 때문에 모자이스크는 러시아 수로체계의 주요 전초기지였다. 부정적으로 보면, 주요 교역로에 위치해 있던 지리적 특성으로 인해 이곳은 나폴레옹이 러시아를 침공한 조국전쟁 시기에 프랑스군의 진격로로 악용되기도 했다. 실제로 러시아군과 프랑스군은 조국전쟁 당시 스몰렌스크와 보로지노에서 두 차례에 걸쳐 피비린내 나는 치열한 전투를 벌였는데, 모자이스크 지역은 보로지노 전투의 현장에서 불과 약 10km 정도 떨어져 있을 뿐이다.

기대를 안고 들어간 모자이스크는 생각보다 발전이 더딘 지역이었다. 인구 숫자로만 보면 스타리차보다 세 배는 규모가 커야 했는데, 눈으로 보는 모자이스크의 모습은 스타리차와 별반 차이가 없었다. 단지 도시 중심에 우뚝 솟아있는 모자이스크의 크렘린이 눈에 띄었을 뿐이다. 우랄산맥 서쪽의 유럽러시아 지역 대부분이 평지로 이뤄진 것은 잘 알려진 사실이다. 끝없이 펼쳐진 대지는 흡사 동일한 전경이 반복되는 듯 착각을 일으킬 정도로 광활한데, 이곳 모자이스크 크렘린 주변은 발다이 구릉과 마찬가지로 제법 구릉이 발달돼 있었다. 크렘린 주변 지역 역시 러시아에서 보기 힘들게 인위적인 해자가 아닌 토성을 중심으로 성채가 발달됐는데, 방어에 무척이나 유리한 지형이었다. 크렘린 내부에는 과거의 성벽과 개축된 성벽이 공존해 지난 역사의 모습을 추정할 수 있었는데, 관리가 잘 이뤄지지 않은 점이 아쉬울 뿐이었다.

모자이스크는 크렘린을 중심으로 답사하고 다음 예정지인 보로지노로 출발했는데, 조국전쟁의 역사 현장이자, 대조국전쟁의 유적지인 보로지노는 우리에게 너무 잘 알려진 까닭에 이 글에서는 소개하지 않으려고 한다. 단지 보로지노로 가다가 잠시 들른 러시아 사우나를 추천하고 싶은데, 식당을 겸비한 사우나는 시골 지역의 유일한 목욕탕인지 제법 사람들의 왕래가 잦은 곳이었다. 식당의 음식도 맛깔스럽게 제공됐지만, 요일을 구분해 남녀가 함께 사용하는 사우나는 러시아의 옛 정취를 느끼기에 충분했다. 마침 일행과 방문한 날은 여성들을 위한 사우나 시간이었는데 푯말을 뒤집으면 남자들이 사용하는 날로 표시돼 있었다. 장난기가 발동해 푯말을 뒤집어 놓았는데, 이를 본 식당 주인이 살며시 웃으며 모른 체했는데, 그냥 놔둬도 지역 사람들은 남녀 사용 요일을 잘 알고 있다고 한다.

시간과 지면만 허락된다면 찾아간 곳을 하나하나 일일이 소개하고 싶은데, 지면이 허락되지 않아 다음에 다른 곳에 소개할까 한다. 특히 여행 중에 잠시 들렀던 국도변 러시아 식당과 그 주인과 나눈 이야기, 과거 중세시기에 모스크바와 트베리가 경쟁하며 벌였던 전투의 현장인 보르테네프스카야 전투(Бортеневская битва), 러시아의 사라진 아틀란티스 칼랴진(Калязин), 이반 4세 오프리츠니나의 영지 알렉산드로프 등 꼭 가봐야 할 곳을 소개하고자 한다.

라마 강의 연수육지, 볼로콜람스크*

볼로콜람스크(Волоколамск)는 모스크바 주(Московская область)에 속한 볼로콜람스크 군(Волоколамский район)의 행정 중심지다. 수도인 모스크바로부터 북서쪽으로 약 130km 떨어져 있으며, 2019년 기준으로 볼로콜람스크 군 전체로는 약 40,245명, 우리네 군청 소재지와 같은 볼로콜람스크 시에는 2024년 기준 약 25,729명이 거주하고 있다. 소비에트 시기 조금씩 증가 추세를 보이던 인구는 2000년 이후 군 전체 인구와 군청 소재지 볼로콜람스크 도시의 인구 모두 과거 10년 전에 비해 상대적으로 서서히 감소하고 있다.

주변에 라마 강이 흘러가고 있으며, 예로부터 발트해와 볼가 강, 카스피해를 잇는 수로체계에서 중요한 역할을 했던 곳이다. 발트해로부터 흑해로 이르는 교역로 중간에 위치한 스몰렌스크에서 교역로가 갈라져 다시 라마 강을 거쳐 볼가강과 카스피해로 연결되는데, 이 라마 강을 통한 교역로에 볼로콜람스크가 위치해 있다. 그런 까닭에 볼로콜람스크라는 지명 역시 '라마 강 유역에 위치한 연수육지'(волок, переволок)라

---

* 황성우, "라마 강의 연수육지 볼로콜람스크," 『Russia & Russian Federation』, Vol. 5, No. 4 (Dec 2014), pp. 10-14 내용을 수정 보완함.

는 뜻에서 유래했다.

볼로콜람스크가 연대기에 기록돼 러시아 역사무대에 처음으로 등장한 시기는 1135년이다. 발트해로부터 흑해와 카스피해로 이어지는 해상교통을 위한 수로체계를 건설했던 러시아인, 특히 노브고로드의 상인들이 모스크바와 랴잔 지역을 잇는 연수육지로서 볼로콜람스크의 중요성을 발견하고 이곳에 목조요새를 건설하면서 도시의 역사가 시작됐다. 노브고로드 상인들의 영향력이 강했던 이곳은 14세기 말엽까지 노브고로드의 영향력 하에 놓여 있었다가, 몽골의 지배 아래 점차 성장하던 모스크바가 주변의 지역들을 병합하던 초기 시기, 즉 모스크바의 공후 바실리 1세(1389~1425) 시절에 모스크바 공국으로 편입됐다. 이후 제정러시아 시기를 거쳐 소비에트 시기 대조국전쟁(1941~1945) 동안에 잠시 독일 군대에 점령당하기도 했으며, 그런 까닭에 당시 소련군과 독일군이 치열하게 전투를 벌인 역사의 현장이기도 했다. 특히 1941년 11월 이곳에서 벌어진 전투에서 28명으로 구성된 소련군 특공대가 독일군 탱크 18대를 파괴해 독일군의 진격을 늦추기도 했다.

먼저 볼로콜람스크 도시 중심에 위치한 크렘린을 찾아간 후, 그 다음으로 제일 먼저 찾아가볼 곳은 볼로콜람스크 역사박물관이다. 작은 도시라서 크게 기대하지 않았는데, 기대와 달리 과거로부터 현재에 이르기까지 볼로콜람스크 지역의 역사를 한 눈에 볼 수 있게 잘 정리돼 있었다. 고대 원시시대의 삶을 이해하기 쉽게 재현한 공간이나 고대인들의 생활 도구를 잘 구비해 놓은 곳 등 전시 공간은 제법 깔끔하게 정돈돼 있었다. 관심분야 혹은 과거에 이와 관련해 글을 쓴 기억 때문인지 박물관에 들어서면서 제일 먼저 눈에 들어온 곳은 볼로콜람스크의 이름에서 알 수 있듯이, 연수육지로서 도시가 가지고 있던 과거 역사의 현장을 재현한 조형물이었다. 연수육지는 말 그대로 강과 강을 연결해주는 육지를 말한다. 영어 'portage'에 상응하는 러시아어 '볼로크'(волок)는 'portage'가 가지는 '운반하다'는 의미보다 '두 강 사이에 놓여있는 장소'라는 의미와 러시아어 동사 'переволакивать,' 'перетаскивать'에서 알 수 있듯이, '배를 바닥으로 질질 끌고 당기는 수역'이라는 의미를 가진다. 실제로 배를 끌고 육지로 갈 경우에 직접 들거나 무거울 경우, 바닥에 통나무를 대고 끌고 갔다. 이곳 전시공간은 과거에 연수육지를 거쳐 다른 강으로 연결해 갈 때의 모습을 그대로 재현해 놓은 것이다. 물론 관련서적이나 사진을 통해 이미 알고 있는 사실이었지만, 박물관에 전시된 모형물을 통해 본 것은 이곳이 처음이었다. 그리고 책을 보다가 배에 사람이 탔을 경우에도 배를 들고 이동했다는 내용을 읽은 적이 있는데, 처음에는 그 말을 이해할 수 없었으나, 당시의 배 크기가 겨우 사람 5~6명만 수용할 수 있는 작은 배라는 것을 알고 바로 수긍할 수 있었다.

또한 앞서 말한 독일군 탱크를 격퇴한 대조국전쟁 시기 전투 현장역시 당시의 모습을 추측할 수 있을 정도로 상세히 재현한 모형물도눈에 금방 들어왔다. 러시아 전역을 여행하면서 항상 느끼는 바지만, 지나칠 정도로 많이 세워진 전쟁 관련 유적지들을 보며 러시아 사람들이 전쟁의 아픈 기억과 함께 승리에 대한 자부심이 어느 정도인지 가늠할 수 있었다. 물론 오늘날에 새롭게 지역의 정체성을 확립하고 이를 관광상품으로 연결해 지역경제를 활성화하고자 하는 의도가 있다는 것을 알고 있지만 말이다.

역사박물관을 나와 다음으로 도착한 곳은 볼로콜람스크 군에 소재한 야로폴레츠(Ярополец) 마을이다. 이곳을 찾아간 이유는 이곳에 소련 최초의 수력발전소(ГЭС)가 건설됐기 때문이다. 레닌과 그의 부인 크룹스카야가 머물기도 했던 이곳은 러시아 혁명의 목표인 '소비에트 권력과 전력화다'(Советская власть плюс Электрификация)는 레닌의 구호에서 알 수 있듯이, 전력화의 상징이 된 곳이다. 물론 과거와 같이 전력을 생산하지 못하지만, 지금도 예전의 모습을 고스란히 간직하고 있었고, 관리인 한 명이 근무하고 있었다.

낯선 동양인들의 방문에 문조차 열어주지 않던 그는 계속된 노크와 열어달라는 소리에 지쳤는지 문을 열고 오히려 우리의 방문을 반겨줬다. 내부에 시간이 멈춘 듯 소비에트 시절의 모습을 그대로 간직하고 있었다. TV, 라디오, 냉장고 등 갖가지 가전제품은 소비에트 시절에 생산된 제품 그대로였다. 처음에 사소한 질문에도 냉담하던 우리네 시골 아저씨 인상의 관리인은 낯선 타자에 대한 의심의 경계가 풀린 듯, 마지막에는 덮개로 쌓여 있던 레닌의 기념물마저 먼저 보여주며 사진 촬영까지 허락해주는 관용(?)을 베풀기도 했다. 친해지면 마음을 여는 러시아인의 심성을 오랜만에 보는 듯해 뿌듯한 마음으로 발전소를 떠났다.

푸쉬킨의 처갓집을 가려고 이동하는 중 길거리에서 우연한 동상을 볼 수 있었다. 1920년 11월 14일에 건립된 이 조형물은 소련 시절에 흔하게 볼 수 있는 동상이었겠지만, 요즘 들어 볼 기회가 전혀 없었는데 마침 지나가는 참에 사진이나 찍을 겸 레닌과 그의 부인 크룹스카야가 함께 나란히 있는 동상 앞으로 다가갔다. 그곳 사람들의 말로는 러시아 전역을 통틀어 레닌과 크룹스카야가 함께 있는 이런 류의 동상은 이 곳 말고는 그 어디에서도 찾아 볼 수 없다고 했는데, 사실 여부를 따지고 싶었지만, 믿을 수밖에 없었다. 사실 소련이 해체되고 레닌 동상이 철거되는 모습이야 여러 번 봤지만, 러시아 지방에 아직도 레닌 동상이 건재한 곳도 많아 그의 말을 믿을 수 없었다. 단지 레닌과 그의 부인이 함께 있는 동상은 그곳밖에 없다는 말을 믿기로 하고 예정된 푸쉬킨 박물관(부인 콘차로바의 집)으로 향했다.

솔직히 전공이 다르다는 이유로 푸쉬킨에 대해 그리 많은 관심을 갖고 있지 않았는데, 그럼에도 불구하고 매번 느끼는 바지만 러시아 어디를 가더라도 푸쉬킨에 대해 러시아 국민이 느끼고 있는 애정을 눈으로 확인할 수 있었다. 야로폴레츠에 있는 푸쉬킨 박물관의 경우를 보더라도 푸쉬킨은 생전에 이곳을 두 번 찾았다고 한다. 1833년 8월과 1834년 10월 두 번밖에 방문하지 않았지만, 도시의 다른 곳에 비해 내부와 외부 모두 아주 깔끔하게 정돈돼 있었다. 말 그대로 박물관이 시민들의 삶의 휴식처이자 정신적 안식처 역할을 하고 있었다. 러시아 인들은 그의 삶의 궤적을 찾아 흔적이 남아 있는 곳이라면 어디든 그와 관련된 기념비를 세우고 그를 그리워하는 것이다. 우리네 모습과 비교하면 한없이 부끄러운 일이지 않을 수 없다.

푸쉬킨 박물관을 떠나 다음 장소로 이동하는데, 차를 타고 가다가 우연히 황새 부부 한 쌍을 보게 됐다. 흔하지 않은 광경이었다. 우리나라에서도 멸종위기에 처해 천연기념물 제199호로 지정될 정도로 보기 힘든 황새인데, 한 마리도 아니고 부부 두 마리를 동시에 볼 수 있었으니 여간 기쁘지 아니했다.

중세 모스크바의 정치적 라이벌,
트베리*

키예프 루시의 공후 야로슬라블(1019~1054)이 사망한 이후 키예프 루시가 여러 공국으로 분열되자 키예프의 정치적 상징성은 상당히 약화됐다. 블라디미르 모노마흐(1112~1125)와 그의 아들 므스티슬라프(1125~1132)의 통치기간 일시적인 안정을 찾았다고 말할 수도 있으나, 므스티슬라프 공후의 사망 이후에 눈에 띄는 키예프 공후가 없다는 사실에 대부분의 학자들이 동의하고 있다. 더욱이 1169년 안드레이 보골류프스키 공후가 키예프를 찬탈한 후 그곳에 머무르지 않고 자신의 본거지인 블라디미르-수즈달로 귀환한 사실을 두고 이 시점에 키예프의 정치적 중량감은 모두 사라지고, 오히려 러시아의 북동부 지역으로 권력이동이 발생했다고 말하는 학자들이 대부분일 정도다. 이후 1240년 몽골의 침략을 받아 키예프 루시가 공식적으로 몰락하고 러시아 전역이 몽골의 지배를 받는 동안 크고 작은 지역별 공국의 부침은 러시아 역

---

* 황성우, "중세 모스크바의 정치적 라이벌, 트베리," 『Russia & Russian Federation』, Vol. 4, No. 3 (Sept 2013), pp. 17-21 내용을 수정 보완함.

사의 혼란함을 가중시킴과 동시에 복잡하고 난해한 잦은 지도자 교체로
인해 러시아 역사에 흥미를 잃게 만드는 이유가 되기도 한다.

하지만 이후 모스크바가 러시아의 중심지로 부상하기까지 수많은
공국들 사이에서 벌어진 갈등의 역사를 살펴보면, 단편적이고 흥미로운
이야기뿐만 아니라, 러시아 역사와 문화의 내면을 읽어낼 수 있는 소중
한 사실과 내용들을 만날 수 있다. 그중 하나가 바로 러시아의 지배권
을 두고 모스크바와 트베리 사이에서 약 200년에 걸쳐 진행된 권모술
수의 역사다. 결정적인 상황은 14세기 초반에 마련됐지만, 모스크바와
트베리의 경쟁 구도는 15세기 후반 이반 3세(1462~1505)가 트베리를
완전히 병합하고 나서야 끝을 맺는다. 이 글에서 지난 호에 이어 '중세
모스크바의 정치적 라이벌, 트베리'라는 제목 하에 모스크바와 트베리
의 라이벌 시기를 두 도시가 경쟁했던 패권쟁탈의 역사를 중심으로 간
략히 알아보고자 한다.

1304년 알렉산드르 네프스키의 아들 안드레이 알렉산드로비치가
사망하자, 블라디미르 공국 페레야슬라블-잘레스키의 지배권을 두고
트베리의 미하일 야로슬라비치 공과 모스크바의 유리 다닐로비치 사이
에 경쟁 구도가 만들어졌다. 당시 몽골의 칸 토흐타(Tokhta)는 류리크
가문의 권력 승계 방침에 따라 미하일 공에게 특권을 부여했다. 미하
일은 죽은 안드레이와 사촌이었으며, 야로슬라블 브세볼로디치의 손자
였다. 유리는 미하일 공에 비해 한 세대 젊은 공후였으며, 더욱이
1303년 사망한 모스크바의 다니일 공은 블라디미르 공국의 대공 지위
를 받은 바 없었다. 유리가 페레야슬라블의 공후였으나, 류리크 가문

의 권력계승 원칙과 전통에 따르자면, 유리는 더 광대한 지역인 블라디미르 공국의 공후가 될 수 있는 합법적 권한이 없었다. 그 결과 이후 발생하는 모스크바와 트베리의 권력 경쟁은 지난 전통, 즉 류리크 가문에서 이어진 전통과 무관하게 몽골 칸의 결정과 그의 영향력에 따라 좌우되는 경우가 빈번하게 발생했다. 몽골 칸의 존재라는 새로운 변수가 등장한 것이다.

몽골 칸은 '분할 통치'(divide and rule)라는 이름 하에 러시아 땅에서 지배적인 지위를 얻고자 하는 공후들에게 자신의 지원을 받을 수 있는 기회를 제공했다. 그 지원이라는 것은 루시의 공후들에게 세금을 거둬 몽골 칸에게 전달하는 권리, 즉 세금 징수권을 말한다. 그 역할과 임무를 제일 잘하는 공후가 몽골 칸의 특혜를 받는 것이다. 이렇듯 14세기 초반 모스크바와 트베리의 갈등이 결정적 상황에 이르고 그 강도가 최고조에 달했을 때, 대공의 지위는 왕조의 관례와 전통에 따라 결정되는 것이 아니라, 몽골 칸의 승인이 결정적인 요인이 됐던 것이다. 몽골 칸의 결정은 러시아의 공후들이 그에게 얼마나 믿음직한 행동을 보여주는 것에 따라 이루어졌다. 결과적으로 말하면 다른 공후들과 비교해 모스크바의 공후들이 몽골 칸에게 확실한 믿음을 심어줬기 때문에 최종 승자가 될 수 있었던 것이다.

주요하고 결정적인 시기에 모스크바와 트베리 사이에 벌어진 경쟁과 갈등의 역사를 살펴보면, 그 과정 속에 인간이 행할 수 있는 온갖 권모술수가 난무했다는 것을 알 수 있다. 정사를 포함해 야사를 통해 전해지는 다양한 에피소드, 궁정 암투, 약탈과 도적질, 물리적 폭력을 포함한 살인, 마지막 전쟁까지 인간의 추악한 모습을 그대로 드러내고 있다.

그 과정을 간략하게 정리해 살펴보면 다음과 같다. 트베리의 미하일 공이 몽골의 칸 토흐타로부터 블라디미르 공국 대공의 지위를 받았을 때, 미하일 공은 자신의 조카뻘인 모스크바의 유리와 심각한 갈등을 빚고 있었다. 미하일과 유리는 이미 1305년과 1308년 두 차례에 걸쳐 전투를 벌이기도 했다. 1313년 자신에게 대공의 지위를 부여한 칸 토흐타가 사망하고 우즈벡(Uzbek)이 몽골의 칸이 됐을 때, 미하일은 킵챠크 한국의 수도 사라이로 소환돼 2년 동안이나 그곳에 머물러 있어야만 했다.

이때 유리는 이 기회를 자신의 정치적 영향력을 강화할 수 있는 기회로 삼고, 특히 노브고로드에서 자신의 정치적 역량을 극대화하는데 심혈을 기울였다. 자신이 사라이에 있는 동안 외부 지역에서 유리가 하는 정치적 활동을 알게 된 미하일은 칸 우즈벡을 설득해 자신과 함께 군사를 이끌고 러시아로 갈 것을 요청했고, 그 결과 노브고로드에서 그의 정치적 영향력을 회복할 수 있었다.

반면 유리는 칸 우즈벡의 소환에 응할 수밖에 없었다. 그러나 1316년 미하일 공이 노브고로드에서 자신의 통제권을 강화하고 있을 시점에 유리는 칸 우즈벡과 함께 지내며 그의 환심을 사서 마침내 칸의 여동생과 결혼하는 데 성공했다. 결혼한 칸의 동생과 함께 유리는 블라디미르 공국 대공의 지위를 얻으며 러시아로 귀환한다.

1317년 블라디미르 공국의 공후가 된 유리는 몽골의 장수 카브가디(Kavgadii)와 함께 러시아 북동부 지역의 작은 공국들로부터 군사적 지원을 받아 미하일 공과 대적하기 위해 군사 원정길에 오른다. 그러나 유리 공은 미하일과 벌인 전투에서 크게 패해 노브고로드로 도주하고, 몽골의 장수 카브가디와 유리 공의 아내이자 몽골 칸 우즈벡의 동생은 미하일 공의 포로로 잡히는 신세가 된다. 이 와중에 유리의 부인은 미하일 공후의 진영에서 사망한다.

이후 반전의 상황이 발생한다. 미하일 공 진영에 있는 동안 그에게 융숭한 대접을 받은 카브가디는 킵챠크 한국으로 돌아가 세 가지 죄목을 들어 미하일 공을 고소했다. 첫째, 미하일 공은 몽골의 사절단과 전투를 벌여 결국 몽골 칸의 권위에 도전했다는 것이다. 둘째, 미하일 공후는 세금을 바쳐야 했는데, 그러지 않았다는 것이다. 셋째, 유리의 부인, 즉 몽골 칸 우즈벡의 동생이 사망한 이유에 미하일 공후도 책임이 있다는 것이다. 노브고로드로 피신했던 유리 공도 킵챠크 한국의 수도 사라이에 도착해 칸에게 사실을 해명하고 미하일의 잘못과 죄상을 낱낱이 파헤쳤다. 결국 고소당한 미하일 공은 사라이로 소환됐고, 몽골의 법정에서 유죄 판결을 받아 1318년 11월 22일 처형됐다. 그 결과 칸의 환심을 얻은 유리 공은 다시 블라디미르 공국의 대공 지위를 확약받고 이후 약 4년 동안 자리를 유지할 수 있었다.

칸 우즈벡은 유리 공을 블라디미르 공국의 대공으로 임명함으로써, 그가 러시아 땅에서 질서를 유지하고 자체적으로 세금을 징수해 자신에게 공물로 선물하는 충실한 신하가 될 것이라 생각했지만, 그의 판단은 오산이었다. 유리 공이 자신에게 공물을 바치지 않고 노브고로드에서 너무 오랜 시간을 보내자, 칸 우즈벡은 러시아 북동부 지역의 질서를 유지하고 그곳에서 칸의 권위를 확인하며 세금을 징수하기 위해 부대를 파견한다. 1322년 유리 공이 노브고로드에만 머물러 있던 시기에 죽은 트베리의 공후 미하일의 아들인 드미트리가 킵챠크한국을 방문해 칸 우즈벡으로부터 블라디미르 지역의 징세권을 얻는다. 아버지가 노브고로드에 머물고 있을 때 몽골 칸의 환심을 사 결국 아버지를 죽음으로 내몰았던 유리의 계략을 이번에는 미하일의 아들 드미트리가 이용한 것이다.

이런 사실을 전혀 모르고 있던 유리는 노브고로드에서 나름의 세금을 걷어 부를 축적한 후 몽골 칸 우즈벡에게 상납할 보물을 가지고 사라이로 가는 도중에 도적떼를 만나 상납할 보물을 모두 잃어버린다. 유리의 진상품을 약탈한 도적떼는 다름 아닌 미하일 공의 아들이자 드미트리의 형제인 알렉산드르 미하일로비치였다. 상납할 물건을 약탈당한 유리 공은 몽골의 칸 우즈벡의 오해를 살 수 있다는 두려움에 일단 프스코프로 몸을 피했고, 이후 노브고로드로 은신처를 옮겼다. 하지만 도피행각은 그리 길지 않았다. 1325년 몽골 칸의 소환에 응할 수밖에 없었던 유리 공은 사라이에 도착해 칸의 용서를 구했으나, 아버지의 복수에 눈이 먼 미하일 공의 아들 드미트리는 법정에서 판결을 가리기 전에 미리 그를 살해해 버렸다. 격노한 몽골의 칸 우즈벡은 드미트리의 행동을 용서하지 않고, 바로 체포해 다음 해인 1326년 처형했다. 그리고 드미트리의 동생이자 미하일 공의 아들인 알렉산드르 미하일로비치를 블라디미르 공국의 새로운 대공으로 임명했다.

이후 1327년 8월 중순 트베리의 역사에 결정적 영향을 미친 사건이 발생한다. 트베리 주민들이 우즈벡이 파견한 몽골 군대와 부대를 이끌던 지도자 쉐브칼(Baskaki Shevkal)을 살해하고 봉기를 일으킨 것이다. 이번에는 드미트리에게 살해당한 유리 공의 동생인 유리 다닐로비치(이반 1세, 이반 칼리타)가 알렉산드르 미하일로비치가 어려움에 처한 상황을 기회로 삼아 몽골 군대와 함께 트베리로 진격해 도시를 무참히 파괴한다. 프스코프로 피신한 알렉산드르 공은 1329년 리투아니아로 다시 은신처를 옮기고 이후 1331년 프스코프로 돌아와 1337년까지 그곳에 머물며 통치권을 행사한다. 이후 알렉산드르는 사라이로 소환돼 칸으로부터 트베리의 공후 직을 하사받지만, 2년 뒤 알렉산드르와 그의 아들은 사라이로 다시 소환돼 처형된다. 이미 이때는 이반 다닐로비치의 정치력 역량이 칸의 마음을 흔들 수 있었던 시기였다. 알렉산드르가 죽음으로써 트베리의 역사는 사실상 종지부를 찍게 된다. 1370년대 미하일 알렉산드로비치가 과거의 영광을 되살리고자 노력해 한 차례 공후의 직을 하사받지만, 이후 이렇다 할 모습을 보이지 못하고, 15세기 후반 이반3세 시기에 가서 결국 트베리는 모스크바 공국에 병합됐다.

기회를 이용한 모스크바의 공후 이반 다닐로비치는 몽골 칸의 환심을 사서 자신의 권력을 강화했을 뿐만 아니라, 1326년 수좌대주교 표트르가 사망하자 2인자였던 페오그노스트를 자신의 거주지인 모스크바에 안주할 수 있게 설득함으로써 모스크바를 러시아의 종교적 중심지로 구축할 수 있었다. 이후 모스크바는 비록 몽골의 지배하에 놓여 있었지만, 러시아 수도의 기능을 담당하며 정치적, 경제적, 종교적 세력권을 확장해 나갈 수 있었다.

모스크바와 트베리의 경쟁과 갈등의 역사를 보면, 러시아 전제권력의 기원이 어디에서 유래하는지 바로 파악할 수 있다. 베체를 통한 민주적 전통을 가지고 있던 노브고로드가 아닌 모스크바가 몽골 지배의 혼란함 속에서 결국에 최종 승자가 됐다는 사실이 이를 대변한다. 권력을 쟁취하기 위해 수단과 방법을 가리지 않고 상대방을 제압하는 모스크바와 트베리의 지난 과거의 역사를 보면, 주변 지역과 경쟁하며 생존하기 위해 공후에게 과도하게 권력이 집중된 사실을 쉽게 이해할 수 있다. 또한 칸에게 충실한 신하가 되기 위해 국민들에게 과중한 세금을 부과하고 이를 징수하는 과정에서 물리적 폭력과 더불어 고압적인 자세를 취했던 공후들의 모습에서 차르의 전제권력을 발견할 수 있는 것이다.

러시아 서쪽 국경의 보루,
이즈보르스크*

 우리에게 너무 잘 알려진 러시아 원초연대기(원제: 지나간 시절의 이야기) 862년 항목에 러시아인들이 자신들의 지도자를 초청하는 대목이 나온다. "우리의 땅은 넓고 먹을 것이 많은데, 질서가 없으니 와서 통치해주세요"라는 말은 러시아의 국가 기원을 설명할 때마다 자주 언급되고 있다. 그 당시 러시아 땅에 도착한 사람들은 류릭(Rurik)과 그의 동생들인 시네우스(Sineus), 트루보르(Trubor)이다. 류릭은 노브고로드를 통치했고, 시네우스는 벨로오제로(Belo Ozero), 트루보르는 이즈보르스크(Izborsk)를 통치했는데, 두 동생이 일찍 죽자, 맏형인 류릭이 노브고로드와 주변 지역을 통치하면서 러시아의 역사가 시작됐다고 전해진다.

 키예프 동굴수도원 수도승이었던 네스토르(Nestor)가 집필한 원초연대기 내용의 사실 여부와 러시아의 국가 기원에 대해서 여전히 논란

---

* 황성우, "이즈보르스크, 고대 러시아 서부 국경의 보루," 『Russia·Eurasia FOCUS』, Vol. 592 (2020.8.3) 내용을 수정 보완함.

의 여지가 있지만, 1862년 노브고로드 크렘린 안에 건국 1,000주년 기념비가 건립되고, 2012년 도시 탄생 1,150년을 기념해 류릭이 도착했다고 알려진 유리예프 수도원 건너편 언덕에 표지석이 세워진 것을 보면, 위 사실을 결코 무시할 수는 없다. 오히려 러시아 역사가 타티쉐프(Tatishchev, V.N.)가 주장하듯이, 류릭이 슬라브 공후인 고스토므이슬의 외손자이며, 노브고로드는 그가 통치하던 슬라뱐스크(Slavyansk)가 폐허가 된 뒤, 그 자리에 류릭이 도시를 새로이 건설해 '새로운 도시'라는 뜻의 노브고로드가 탄생했다는 이야기가 역사적 상상력을 자극하기에 충분하다.

노브고로드는 우리의 경주와 유사하게 러시아 천년고도로 잘 알려진 도시지만, 류릭 삼형제가 도착한 곳 중 하나인 이즈보르스크는 우리에게 아직도 낯선 곳이다. 지금은 프스코프(Pskov) 주에 속해 있으며, 에스토니아 및 라트비아와 국경을 맞닿고 있다. 고즈넉한 분위기에 중세의 느낌을 품고 있기에 목가적 삶을 선호하는 사람이라면 꼭 한번 방문하기를 적극 추천하고 싶은 곳이다.

흔히 모스크바를 중심으로 러시아의 고대와 중세 분위기를 체험할 수 있는 주변의 관광지역을 '황금 고리'라고 부르듯, 러시아 북서지역의 관광코스로 주목받고 있는 곳이 이른바 '은빛 목걸이'(The Silver Necklace of Russia, Серебряное Ожерелье России) 코스다. 이 이름은 2012년에 새롭게 만들어졌다. 말하자면 황금 고리의 북서지역 버전이다. 원래 이곳은 이즈보르스크를 포함해 노브고로드(Novgorod the Great), 프스코프, 페초리(Pechory), 브이보르그(Vyborg), 프리오제르스크(Priozersk), 스타라야 라도가(Staraya Ladoga), 스타라야 루사

(Staraya Russa), 벨리키 루키(Velikie Luki) 등등 비교적 크지 않은 지역을 중심으로 만들어진 관광명소였으나, 후에 상트페테르부르크, 무르만스크(Murmansk), 칼리닌그라드(Kaliningrad), 페트로자봇스크(Petrozavodsk), 아르한겔스크(Arkhangelsk), 볼로그다(Vologda) 등을 포함하는 광활한 지역으로 확대됐고, 조금 이색적이지만 나리얀-마르(Naryan-Mar)와 보르쿠타(Vorkuta)까지 '은빛 목걸이' 코스에 포함됐다.

이즈보르스크는 노브고로드와 마찬가지로 862년에 탄생했다. 중세 러시아 남부 국경에 구축된 '대아바티스 방어선'과 유사하게 이즈보르스크도 요새화된 지역으로 발전했다. 도시 중심에 존재하는 이즈보르스크 요새는 1330년 당시 시장(포사드니크)이었던 셀로가(Sheloga, 재임 1327~1337)가 건설했다. 보통 강을 끼고 해자를 구축해 건설됐던 여느 러시아 크렘린과 다르게 줴라뱌 언덕 넓은 구릉지에 만들어졌지만, 워낙 견고하게 축조돼 난공불락의 성채였던 이즈보르스크 요새는 15세기 후반 노브고로드와 프스코프가 모스크바 공국에 병합된 후 러시아의 서쪽 국경을 방어하는 역할을 했다. 이반 4세가 서유럽으로 진출하기 위해 '리보니아 전쟁'(1558~1583)을 일으켰을 때 전초기지였던 이즈보르스크 요새는 모반의 중심에 서는 흑역사도 갖고 있다. 외부의 적에게 정복당하기 쉽지 않은 요새였지만, 적은 오히려 내부에 있었다. 1569년 10월 모두가 잠든 한밤중에 변절한 테테린(Teterin)이 친구와 함께 문지기를 매수해 성문을 열어 리투아니아 부대를 안으로 끌어들인 후 적에게 요새를 바친 것이다. 우리네 역사에서도 흔히 볼 수 있는 사건이다. 이 일로 충격을 받은 이반 4세는 이즈보르스크 요새를 탈환하고, 음모에 가담했단 이유로 수많은 사람들을 처형한다. 러시아 역사에서 1565년부터 1572년까지 시행된 공포정치의 대명사이자, 흔히 러시아 비밀경찰의 원조라고 불리는 오프리츠나 시기에 오프리츠니키들이 자행한 1570년 '노브고로드 대학살' 사건도 이즈보르스크 요새 모반 사건과 결코 무관하지 않다. 이후 18세기 초 상트페테르부르크가 건설되면서 무게 중심이 이동하자 이즈보르스크는 점차 쇠락하기 시작하고 20세기 대조국전쟁(1941~1945) 때는 약 3년간 독일군에게 점령당하기도 했다.

2019년 여름에 방문한 이즈보르스크는 화려했던 옛 모습을 찾기 어려웠으나, 황금의 고리에서 맛보는 차분하면서 여유로운 정취를 그대로 느낄 수 있는 도시였다. 프스코프 시에서 자동차로 이동하기에 어려움이 없을 정도로 도로가 잘 정비돼 있었고, 도시 중심에 있는 요새의 외관은 많이 훼손됐지만, 육중한 성곽의 형상을 가늠하기에 부족함이 없었다. 남아있는 식수 보관시설을 보더라도 과거의 화려했던 모습을 쉽게 떠올릴 수 있었다. 요새 내부도 잘 정비돼 있었고, 작지만 고운 자태의 니콜스키 성당을 찾아 예배드리는 사람들도 쉽게 만날 수 있었다. 주변에 페초라 수도원도 있고, 푸쉬킨의 흔적을 만날 수도 있다. 이즈보르스크 요새는 2002년에 세계문화유산에 등재됐다. 2012년에 러시아 작가동맹 회원이자 극우 성향의 잡지 '자프트라' 편집장인 알렉산드르 프로하노프(Prokhanov, A.A.) 주도로 러시아사회의 오피니언 리더를 지향하는 '이즈보르스크 클럽'이 결성됐다. 러시아 문명의 발상지라는 역사와 문화를 번역해 만든 멋진 이름이라 아니할 수 없다. 도시 홍보 효과도 있다고 생각한다. 본부는 모스크바에 있지만, 2004년에 결성된 '발다이 클럽'과 더불어 북서지역 이름을 따서 만든 대표적인 포럼 중 하나다. 꼭 한번 방문하기를 다시 한번 추천한다.

'새로운 도시' 천년고도 노브고로드*

과거 러시아와 한국이 직항으로 연결돼 있을 때, 인천공항을 이륙해 약 9시간 30분이 지나 도착한 모스크바 공항에서 다시 상트 페테르부르크로 연결된 M10 고속도로를 따라 승용차를 이용해 약 7시간 정도 달리면 러시아의 천년고도 大노브고로드, 즉 '노브고로드 벨리키'(Вели́кий Но́вгород)를 만나게 된다. 이번이 두 번째인 노브고로드 기행은 사실 항상 러시아의 출발점으로 생각하고 있는 노보고로드의 변화된 모습을 다시 보고 싶다는 설렘도 있었지만, 평소 꼭 한번 가보고 싶었던 발다이(Валдай) 구릉과 스타라야 루사(Старая Руса)를 직접 차를 몰고 가서 확인하고 싶었던 지적 호기심의 결과였다. 이 글은 2010년 8월 14일부터 8월 16일까지 2박 3일동안 노브고로드 및 그 주변지역을 현지답사한 기행글이다. 2019년에 답사한 이야기도 기존 글에 새로이 포함시켰다.

---

87) 황성우, "러시아 천년고도, 노브고로드를 가다," 『Russia & Russian Federation』, Vol. 2, No. 1 (March 2011), pp. 2-9 내용을 수정 보완함.

천년고도가 새로운 도시?

내가 처음으로 노브고로드에 갔던 때는 1997년 5월이었다. 대학교에 입학해 러시아 공부를 시작했을 때 맨 처음 배운 것 중의 하나가 바로 러시아 최초의 국가가 노브고로드에 세워졌다는 사실이었다. 중학교 시절 읽었던 세계사 책에서 노브고로드 공국이 슬라브인에 의해 세워졌다는 한 줄 내용만을 어렴풋이 기억하고 있던 나에게 노브고로드가 천년고도지만 '새로운 도시'라는 설명에 원초적 의문을 가질 수밖에 없었다. 천년고도가 새로운 도시라는 명칭을 가지고 있다?

18세기 러시아 역사가인 타티쉐프(Василий Татищев)에 따르면, 러시아 최초의 지도자로 알려진 류리크(Рюрик)가 형제들과 함께 노브고로드 지역에 정착하기 이전에 그곳은 슬라브인 공후 고스토므이슬(Гостомысл)에 의해 통치되고 있었다. '슬라브인들의 도시'라는 의미의 '슬라뱐스크'(славянск)를 통치하고 있던 고스토므이슬 공후는 당시 이 지역을 약탈하고 끊임없이 위협했던 바이킹들에 맞서 슬라브인들의 생명과 그들의 거주지를 지키고 있었다. 그가 공후로 있을 당시에 그나마 바이킹들의 침략으로부터 슬라브인들을 보호할 수 있었으나, 그가 죽고 난 뒤가 문제였다. 이와 관련해서 재미있는 일화가 있다.

세 아들을 전쟁터에서 잃은 고스토므이슬은 자기가 죽은 후 슬라브인들에게 공후가 없다는 사실을 늘 걱정하고 있었다. 그러던 어느 날 고스토므이슬은 자신의 딸 우밀라(Умила)의 배 속에서 커다란 나무가 자라 전체 러시아의 땅을 뒤덮는 해괴한 꿈을 꾸었다. 기이한 꿈을 해몽하기 위해 주술사를 찾은 고스토므이슬은 주술사로부터 우밀라의 자식과 그의 자손들이 러시아를 통치할 것이라는 이야기를 전해 듣고, 부하들에게 자신이 죽은 이후에 우밀라의 아들을 공후로 추대할 것을 유언으로 남겼다.

그러나 고스토므이슬이 사망하자 권력욕에 눈이 멀은 그의 부하들은 저마다 공후가 되겠다고 나서며 연로한 공후가 남긴 말을 기억하지 못했다. 시간이 흐른 뒤 고스토므이슬의 유언이 생각난 슬라브인들은 바이킹인에게 시집간 우밀라의 아들을 찾아가 그에게 슬라브인의 공후가 될 것을 부탁했다. 원초연대기에도 등장하지만, 이때 슬라브인들은 "우리의 땅은 넓고 먹을 것이 풍부한데, 질서가 없으니 와서 우리를 다스려주십시오"라는 말로써 바이킹의 장수를 초빙하는데, 그가 바로 고스토므이슬 공후의 외손자이자 러시아 최초의 국가를 세운 류리크다. 류리크는 이들의 요청을 수락해 트루보르(Трувор)와 시네우스(Синеус) 등 그의 두 형제들과 함께 노브고로드와 그 주변 지역에 정착해 통치하기 시작했는데, 아쉽게도 두 형제는 바로 사망하고 류리크가 홀로 남아 이 지역을 통치했다.

류리크는 바이킹과 오랜 전쟁으로 폐허가 된 옛 슬라뱐스크 자리에 새롭게 도시를 건설하기 시작했는데, 이때부터 '새로운 도시'(Новый город)라는 노브고로드 명칭이 사용됐다. 연대기가 말한 862년은 공식적으로 러시아 최초의 국가가 세워진 연도다.

베체의 종은 더 이상 울리지 않았다

　흔히 사람들은 차르가 통치하던 러시아에 민주주의가 존재했었냐고 의문을 던지지만, 노브고로드에 '베체'(Вече)라는 민주적 의사결정기구가 있었다. 18세 이상의 성인 남자가 참여해 다수결로 의결했던 그리스의 민회와 다르게, 노브고로드의 베체는 주로 집안의 가장들이 참여해 만장일치제로 마을의 주요 사안을 결정했다. 넓은 광장이나 사람들이 많이 모이는 시장에서 베체의 종을 울려 회의 소집을 알렸고, 의견이 합의에 이르지 못할 경우 노브고로드의 크렘린 옆을 흐르는 볼호프 강에서 몸싸움을 통해 의사를 결정했다고 연대기는 말하고 있다. 베체는 공후의 탄핵권도 가지고 있었다. 1136년 노브고로드인들은 자신들의 공후인 브세볼로드 므스티슬라비치(Всеволод Мстиславич)를 해고했다. 이때를 노브고로드가 키예프로부터 독립한 시기로 보고 있는데, 이후로 노브고로드인들은 자신들의 공후를 스스로 초빙해 선출하거나 해임했다.

　발트해로부터 흑해에 이르는 고대 무역로의 주요 거점지역이었던 노브고로드는 키예프로부터 독립한 이후 하나의 공국으로서 모피제국이라는 명성을 얻기도 했는데, 오늘날의 에스토니아로부터 우랄산맥 북쪽지역에 이르기까지 영토를 확장해 그곳에 지배권을 확립하기도 했다. 그러나 1478년 러시아 지역에서 세력을 확장하던 모스크바 공국의 이반 3세에 의해 공국이 붕괴됨으로써 노브고로드는 모스크바에 병합됐고, 이후 민주주의의 상징인 노브고로드 베체의 종은 더 이상 울리지 않았다. 이후 1703년 핀란드만 인근에 상트페테르부르크가 건설돼 수도가 되면서 노브고로드의 중요성은 상대적으로 더욱 감소하고 만다.

고대 문화예술의 보고: 노브고로드

천년고도답게 노브고로드는 볼거리가 너무 많다. 도시 중심에 자리 잡은 노브고로드 크렘린은 유네스코 세계문화유산으로 지정돼 있으며, 도시 근교에도 유리예프 수도원(Юрьев монастырь)과 국립목조박물관 등 놓쳐서는 안되는 귀중한 보고들이 즐비하다. 성을 보호하기 위한 해 자가 그대로 간직된 노브고로드의 크렘린은 무질서했던 1997년과는 다르게 정비가 잘 돼서인지 태생적인 고즈넉한 분위기를 물씬 풍기고 있었다. 마침 도착한 당일 크렘린 성안에서는 '노브고로드의 베체'라는 예술제가 진행되고 있어서 크렘린의 야경과 함께 멋진 축제 분위기를 자아내고 있었다. 관광객들과 함께 공연을 바라보며 한동안 눈을 떼지 못했는데, 축제를 즐기는 노브고로드 시민들의 모습 속에서 과거와 다르게 한층 여유로워진 편안함을 느낄 수 있었다. 운전으로 피로해진 몸을 보드카로 달래고 숙소로 돌아와 창밖으로 펼쳐진 볼호프 강의 잔잔한 야경의 운치를 감상하며 노브고로드의 첫날을 보냈다.

다음날 여유롭게 아침 식사를 끝낸 후 카메라를 들고 노브고로드 크렘린을 찾았다. 크렘린으로 가는 도중에 광장 앞에 서 있는 이곳 출신 유명 음악가 리흐마니노프를 만나 사진을 찍고 크렘린에 입성했다. 제일 먼저 눈에 들어 온 건축물은 역시 성 소피아 성당이었다. 키예프의 야로슬라프(Ярослав Мудрый) 공후가 어린 시절을 보낸 추억의 장소였던 덕분에 건축 당시 재정적 지원을 아끼지 않았던 성 소피아성당의 위엄은 과거나 지금이나 별반 차이가 없었다. 알렉산드르 2세(1855~1881)가 건립한 1000주년 기념비 역시 시간이 허락된다면 기념비에 새겨진 러시아 주요 인사들을 하나씩 확인하고 싶을 정도로 크렘린의 중심에 우뚝 솟아 있었다. 크렘린 건너편에 위치한 옛 상업지구 중심지를 돌아보며 발길을 근교로 옮겼다.

차를 타고 10분 정도 가면 유리예프 수도원을 만날 수 있었다. 일리멘(Ильмен) 호수가에 인접한 유리예프 수도원은 키예프의 야로슬라프 공후가 세웠다고 전해지지만, 엄밀히 말하자면 1119년 브세볼로드 므스티슬라비치 공후가 게오르기 교회를 세우면서 설립됐다. 키예프 건축문화의 정수라고 불리던 순백의 게오르기 교회는 정방형의 구조에 지성소가 있는 반원형의 앱시스를 가진 전형적인 비잔틴 양식의 건축물이다. 1997년 책에서만 읽어 설렘을 안고 찾았던 게오르기 교회가 관리를 하지 못해 마치 '폭탄 맞은 공장' 같았던 모습에서 이제야 제 모습을 찾아가는 듯했다. 수도원 옆에 위치한 목조박물관에는 키쥐 섬에 있는 것들보다는 상대적으로 섬세함이 떨어지지만, 못을 사용하지 않은 고대 목조양식의 건축물들이 즐비하다. 지금도 곳곳에 복원작업이 한창인 것을 보아 머지않아 제법 짜임새를 갖춘 박물관이 될 것이라 생각했다. 이곳에서 눈여겨 보아야 할 것은 고대 러시아인들이 사용했던 목조선박이다. 발트해에서 흑해에 이르는 교역로에서 사용됐던 작은 목선이 전시돼 있는데, 강과 강을 이어주는 연수육지에서 배를 끌고 이동했던 모습을 재현하듯 배 아래에 통나무들이 그대로 놓여져 있었다. 그런 배를 타고 드네프르강의 급류를 어떻게 통과했을까?

루시의 고향: 스타라야 루사

차를 돌려 스타라야 루사로 향했다. 스타라야 루사는 노브고로드로부터 남쪽으로 약 100㎞ 떨어진 곳에 위치한 작은 도시이다. 사실 도시라고 말하기 민망할 정도로 작은 우리의 읍과 같은 곳이다. 노브고로드 주에 속한 스타라야 루사 지구의 행정중심지이며, 폴리스트(Полисть) 강 유역에 있다. 노브고로드 주에서 세 번째로 인구가 많은 지역이며, 2010년 1월 현재 32,235명이 거주하고 있다. 역사적으로 보면 10세기 중반에 처음으로 도시가 세워진 것으로 알려져 있으며, 1076년 연대기 항목에 따르면 노브고로드 공국 중에서 노브고로드를 제외하고 프스코프(Псков), 라도가(Ладога)와 함께 주요한 세 지역으로 구분됐다.

스타라야 루사라는 지명은 바이킹 시대로부터 유래됐다. 즉 스스로를 루시인이라고 부른 사람들이 이 지역에 정착해 노브로고드로부터 폴로츠크를 거쳐 키예프에 이르는 무역로를 통제하기 시작했다. 프스코프가 독립했을 때, 루사는 노브고로드를 제외하고 노브고로드 공국에서 가장 중요한 행정중심지이자 무역 중심지였다. 14세기 말엽까지 루사에 약 1,000가구가 살았으며, 소금광산 더분에 노브고로드 공국에서 가장 활발한 소금산업의 중심지였다.

루사의 목조건물들은 1190년과 1194년에 일어난 화재로 대부분 소실됐고, 대화재 이후에 목조요새로 대체됐다. 1478년 루사는 노브고로드와 함께 모스크바 공국에 병합됐다. '스타라야'라는 명칭은 15세기 이후에 붙여졌는데, 새로운 정착지가 루사로 불리면서 구시가 지역이 스타라야 루사가 된 것이다.

이반 4세가 차르로 등극했을 때, 스타라야 루사는 모스크바 공국 내에서 모스크바, 프스코프, 노브고로드에 이어 4번째로 큰 도시였다. 혼란의 시기(1584-1613)에 폴란드 군대가 주둔해 도시가 심하게 파괴됐는데, 그 당시 살아남은 사람은 겨우 38명에 불과했다고 한다. 1824년 루사 근처에 알렉산드르 1세가 군사정착지를 창설했을 때, 이곳은 콜레라 폭동으로 일어난 1831년 반란의 무대가 됐다. 대조국전쟁 중 1941년 8월 9일부터 1944년 2월 18일까지 독일군의 수중에 있었다. 그동안 도시 대부분이 파괴돼, 전후 복구됐다.

스타라야 루사는 온천휴양지로 유명하다. 이곳의 광천수는 식용으로도 가능할 뿐만 아니라, 목욕하거나 치료제로도 활용되고 있다. 도스토예프스키 박물관에서 차로 5분 거리에 있는 들판에 남아 있는 우물에는 약 2m 높이로 얼음같이 차가운 소금물이 지금도 솟아오르고 있었는데, 지역전문가로서 그냥 지나칠 수 없어 직접 물속에 들어가 보았다. 주변에 있던 러시아 여인네들의 환호 소리에 자연스럽게 사진을 찍으려고 연기도 했지만, 겨울에 얼음물 속에 들어가는 것보다 더 차갑게 느껴질 정도로 참기 힘들었다. 하지만 그냥 지나쳤다면 분명 후회했을 것이다. 스타라야 루사에 가는 사람이라면 반드시 해볼 것을 권하고 싶다.

또한 도스토예프스키가 〈카라마조프가의 형제들〉을 저술했던 장소도 박물관으로 존재하는데, 방문했던 날이 마침 휴관이라 직접 들어가지는 못했지만 방문객들로 항상 붐빈다고 한다. 도스토예프스키는 자신의 작품 속에서 스타라야 루사를 '소코토프리고니예프스크'(Скотопригониевск)라는 도시로 묘사했다. 소금박물관 역시 꼭 가봐야 한다. 소금광산으로 유명했고, 소금을 통해 부를 축적한 곳이기에 박물관에는 당시 소금광산의 모습을 찍은 사진들과 채굴작업에 사용한 도구들이 비교적 훌륭히 관리돼 전시돼 있다.

1198년 70일만에 건축된 대성당이 있는 성모변용수도원 역시 가볼 만한 곳이다. 이 수도원은 15세기에 중축됐고, 17세기에 몇몇 부속건물들과 교회들이 건축됐다. 도시에서 가장 유명한 성당은 1678년에 세워진 그리스도 부활교회다. 그밖에 도스토예프스키 가문의 교회로 알려진 1410년에 세워진 게오르기 교회와 14세기에 축조된 순교자 미나 교회, 1676년에 축성된 성삼위일체 교회 등이 있다.

발다이: 러시아 수로체계의 발원지

수로체계와 러시아공간의 확장에 관심을 가지면서 꼭 한번 가고 싶었던 곳이 발다이 구릉이었다. 발다이 구릉지대는 유럽러시아 북서지역에 위치한 고원지대다. 모스크바에서 가장 높은 곳이 해발고도 50m의 모스크바 대학교 주변인 점을 감안하면 상대적으로 발다이 구릉지대가 어느 정도인지 짐작할 수 있다. 이곳을 달리다 보니 제법 언덕길이 많이 눈에 띄었다.

발다이 구릉지대는 대체로 모스크바와 상트페테르부르크 사이에 위치하며, 중심부는 노브고로드 주에 있지만 노브고로드, 프스코프, 트베리, 스몰렌스크 등 여러 주에 걸쳐 있다. 발다이 구릉지대의 가장 높은 지역은 트베리 주에 있는 '브이쉬니 볼로체크'(Вышний Волочек) 주변지역으로 해발고도가 약 346.9m이다. 볼가 강, 서드비나(Западная Двина) 강, 로바트(Ловать) 강, 므스타(Мста) 강, 드네프르(Днепр) 강, 폴라(Пола) 강, 몰로가(Молога) 강, 샤스(Сясь) 강 등등 유럽 러시아 지역을 흐르는 대부분 강들의 발원지가 바로 이곳이다. 강의 발원지다보니 주변에 호수들도 많이 있는데, 예를 들어, 볼고(Волго) 호, 페노(Пено) 호, 셀리게르(Селигер) 호, 발다이(Валдай) 호수 등등이 있다.

발다이 구릉지대는 여행객들의 발길을 잡는 관광지로도 유명한데, 주로 낚시꾼들이 이곳을 자주 찾는다. 주변에 있는 오스타쉬코프와 발다이 시는 역사적으로도 의미있는 장소이기도 하다.

발다이 호수 옆에 위치한 발다이 시는 모스크바와 상트 페테르부르크를 잇는 M10고속도로 변에 있는데, 모스크바로부터 386㎞, 노브고로드로부터 140㎞ 정도 떨어져 있다. 인구는 2021년 기준 14,074명이다. 공식적으로 발다이 시가 처음으로 역사문헌에 등장한 시점은 예카테리나 2세가 통치하던 1770년이며, 그때 도시의 지위를 부여받았다. 당시 거주자는 약 2,000명에 달했다. 그후 발다이 시는 러시아 지역에서 종을 제조하는 지역으로 명성을 얻었다.

발다이 지역에서 놓치지말고 반드시 꼭 가야할 곳은 이베르 수도원(Иверский монастырь)이다. 발다이 호수 안 작은 섬에 위치한 이베르 수도원은 종교개혁을 단행한 니콘 총대주교가 지원해 1650년대에 축조된 수도원으로서 지금도 러시아인들이 즐겨 찾는 유명관광지로도 널리 알려져 있다. 또한 주변의 많은 호수 덕분에 발다이 시는 여름휴양지로 유명하며, 발다이 국립공원과 호수 주변의 캠핑장이 많은 인기를 얻고 있다. 가게에서 간단한 요깃거리를 사와 발다이 호숫가에서 식사를 하는데, 가족단위로 놀러와서 가볍게 식사하는 사람들을 흔히 볼 수 있었으며, 수영을 즐기는 사람들도 제법 많았다.

러시아 고대문명의 발원지를 찾아 떠난 여행을 마치며

모스크바로 돌아올 때 시간을 단축하고자 발다이 구릉지대 숲속을 통과해 왔는데, 네비게이션도 작동하지 않은 좁은 시골길로 접어들어 조금 고생했다. 지도상으로 보면 분명 우리의 국도와 같은 도로였는데 막상 진입하면 차 한 대가 겨우 지나갈 만한 비포장도로였다. 마침 러시아평원 중앙부에서 산불이 발생해 러시아가 온통 시끄러울 때라서 운전해 갈 때는 혹시 길을 잃지는 않을까 걱정도 많이 했는데, 돌이켜 보면 언제 그런 경험을 또 하겠냐는 생각이 들 정도로 약간은 무모한 여정이었다.

노브고로드, 스타라야 루사, 발다이 등 이번 현지조사의 목적지는 모두 '최초의 발원지'라는 공통점을 가지고 있다. 러시아 최초의 국가인 노브고로드 공국, 고대 러시아인을 뜻하는 '루시'(Русь)의 어원을 밝혀낼 단조를 세공하는 스타라야 루사, 바둑판같이 연결된 러시아 수로체계의 근원지라 할 수 있는 발다이 지역 등 세 곳 모두 문명의 진원지로서 의미를 지니고 있다. 러시아 전 지역을 찾아다니며 러시아를 읽어낼 수는 없겠지만, 다양한 길을 통해 러시아를 함께 찾아갈 수 있는 입구에 도달한 듯하다.

참고문헌

참고문헌

〈국문자료〉

강덕수 외. 『러시아: 보이는 현실, 숨겨진 진실』. 서울: HUINE, 2018.

.... 『러시아, 도시로 읽다』 서울: HUINE, 2019.

강정일. "러시아의 팽창정책과 우크라이나 사태의 원인." 『국가전략』. 제25권. 제2호 (2019), pp. 147-171.

고리야쉬코, 세르게이., 포크트, 엘리자베타. "위협, 모욕, 크렘린 궁의 '로봇': 푸틴 정권서 '막장극'이 된 러시아 외교." 「BBC 뉴스 코리아」 (2023.9.23.).

고상두. 『지역학의 이해와 연구방법』. 서울: 다해, 2021.

기 메탕. 『루소포비아: 러시아 혐오의 국제정치와 서구의 위선』. 김창진, 강성희 옮김, 고양: 가을의 아침, 2022.

김강녕. "러시아-우크라이나 전쟁에 대한 주요국의 대응과 시사점." 『세계와 유라시아』. 제1권, 제2호 (2023), pp. 89-134.

김경순. "러시아의 하이브리드전: 우크라이나 사태를 중심으로." 『한국 군사』. 제4호 (2018), pp. 63-95.

김석환. "글로벌 복합위기와 대전략의 실종." 「세계일보」 (2022.4).

.... "한러 수교 20년의 성과와 과제." 『상트페테르부르크 한러포럼 2010년 5월 발표문』.

.... "한러 수교 20년과 냉전 질서의 변화 그리고 새로운 도전." 『사회과학연구』. 제32집 (2010. 10).

.........『유라시아와 한반도』. 서울: 한국외대 출판부, 2014.

김성진. "러시아의 우크라이나 정책과 유라시아주의."『중소연구』. 제
　　　39권. 제4호 (2016), pp. 245-285.

김신규.『약소국의 국제정치: 중부유럽 국제정치의 역사적 쟁점과 새로
　　　운 의제』. 서울: 한국외대 출판부, 2018.

김영진. "유라시아 지역통합의 동학: 유라시아 지역주의 對 서구지향
　　　지역주의."『슬라브학보』. 제31권. 제4호 (2016), pp.
　　　101-135.

김용덕. "폴란드 삼국분할과 영토 분쟁 연구."『동유럽발칸연구』. 제24
　　　권 (2010), pp. 231-253.

.... "유럽 지역분할 개념에서의 중동부 유럽."『동유럽발칸연구』.
　　　제32권 (2012), pp. 281-302.

.........『이야기 폴란드사』. 서울: 한국외국어대 출판부, 2013.

김재영. "푸틴, 대통령 초짜 시절 나토 가입 구상했었지."「뉴시스」
　　　(2017.6.12.).

라승도 외.『천년의 러시아: 모방과 변용의 문화』. 서울: HUINE,
　　　2022.

라쟈놉스키, 니콜라스 V.『러시아의 역사 상』. 조호연 옮김, 서울: 까
　　　치, 2011.

리하초프. 『고대 러시아 문학의 시학』. 김희숙·변현태 옮김. 경기:
　　　한길사, 2017.

박노자 외.『러시아는 우리에게 무엇인가』. 서울: 신인문사, 2011.

박성호. "조선 후기 연행사들의 滿洲·蠻子·獤子 인식과 事大 華夷觀의

충돌." 『大東漢文學』. 제70집 (2022), pp. 41-67.

朴泰根. "러시아의 동방경략과 수교이전의 한러교섭(1861년 이전)." 韓國史研究協議會 編. 『韓露關係 100年史』. 서울: 正和印刷文化社, 1984.

송금영. 『러시아의 동북아 진출과 한반도 정책(1860~1905)』. 서울: 국학자료원, 2005.

우준모. "글로벌 시대 서구와 러시아의 갈등: 푸틴의 '유라시아연합'(Eurasian Union) 건설노력의 함의." 『분쟁해결연구』. 제15권. 제1호 (2017), pp. 209-235.

우평균. "유라시아 분쟁에서의 러시아의 개입: 조지아 전쟁과 우크라이나 사태." 『국제정치연구』. 제17집. 제2호 (2014), pp. 73-97.

윤성욱. "EU vs EEU 새로운 지역구도 경쟁 혹은 협력." 『아태연구』. 제22권. 제2호 (2015), pp. 125-157.

이문영. "형제국가들의 역사전쟁: 우크라이나 사태와 러시아의 크림반도 합병의 기원." 『역사와 비평』. Vol. 112 (2015 가을), pp. 412-446.

이선우. "유라시아의 지정학, 민족 균열, 그리고 재민주화: 우크라이나와 벨라루스 사례 비교." 『한국과국제정치』. 제31권. 제3호 (2015), pp. 85-114.

이지연. "정치적 올바름입니까, 혐오입니까?: 루소포비아를 다시 생각한다." 표상용 외. 『세계 속의 러시아: 루스키 미르』. 서울: HUINE, 2025.

제성훈. "러시아-우크라이나 전쟁과 변화하는 국제질서." 『국제지역연구

』. 제27권. 제1호 (2023), pp. 1-32.

조동준. "안보위협에 대처하는 중소국의 선택."『세계정치』. 제30집. 제
　　1호 (2015), pp. 7-29.

최덕규. 「근대 한러관계사(1860-1910)」. 국제교류재단·한러소사이어티·
　　한국슬라브유라시아학회. 『한러관계사』. 제1권 (2022).

하영선, 남궁곤 편저. 『변환의 세계정치』. 서울: 을유문화사, 2007.

황동하. "국가 상징과 현대 러시아의 국가 정체성."『러시아연구』.
　　제16권. 2호 (2006).

황성우, 김용환. 『러시아 왕조: 역사 속 러시아 군주 이야기』. 서울:
　　인문과 교양, 2019.

황성우. "러시아-폴란드 13년 전쟁(1654~1667),"『동유럽발칸학』,
　　Vol. 49, No. 2 (2025), pp. 135-164.

.... "종교적 상징 연구: 카피쉐와 소도 비교를 중심으로."『슬라브
　　학보』. 제36권. 제1호 (2021), pp. 237-257.

.... "타자의 수용: 러시아정교와 민간신앙의 혼종."『슬라브硏究』.
　　제36권. 제4호 (2020), pp. 81-107.

.... "19세기 조러 수교 시기 사례를 통해 본 한러 협력의 대안적
　　모색."『국제지역연구』. 제25권, 제1호 (2021년 겨울).

.... "한미일 대 북중러 진영 구조 연구."『슬라브학보』. 제38권.
　　제4호 (2023), pp. 737-766.

.... "동북아 新안보 지형의 통시적 해석."『슬라브연구』. 제40권,
　　제1호 (2024).

.... "국제질서의 변화와 동북아 안보지형." 표상용 외. 『세계 속의

러시아: 루스키 미르』. 서울: HUINE, 2025.

.... "루소포비아의 기원과 현대적 의미: 지정학적 위협에서 정치적 수사로."『노어노문학』. 제37권. 제2호 (2025.6).

.... "러시아-우크라이나 전쟁 발발의 통시적 해석: 역사적 누적성과 전략적 착오."『슬라브학보』. 제40권. 제2호 (2025.6), pp. 109-143.

.... "러시아-폴란드 13년 전쟁(1654~1667)."『동유럽발칸학』. Vol. 49. No. 2 (2025.5), pp. 135-163.

.... "조로수호통상조약 140년: 전환기 국제질서 속 한러 관계의 역사적 반복성과 현재적 함의."『슬라브硏究』. Vol. 41. No. 2 (2025.6), pp. 217-244.

Пак, Б. Д. 『러시아와 한국』. 민경현 옮김, 서울: 동북아역사재단, 2010.

〈영어 자료〉

Adarov, Amat, and Havlik, Peter. "Benefits and Costs of DCFTA: Evaluation of the Impact on Georgia, Moldova, and Ukraine." Joint Working Paper of WIIW and Bertelsmann Stiftung. Vienna Institute for International Economic Studies, 2016.

Allison, Roy. "Russian 'deniable' Intervention in Ukraine: How and why Russia broke the Rules." *International Affairs* (2014), pp. 90-96.

Baev, Pavel. "Russia and Central and Eastern Europe: Between Confrontation and Collusion." *Policy papers Russie*. NEI.Visions (November), 2016.

Beissinger, Mark R. "Nationalism and the Collapse of Soviet Communism." *Contemporary European History*. Vol. 18, No. 3 (2009).

Brazinsky, Gregg Andrew. "The United States and Multilateral Security Cooperation in Northeast Asia." *Asian Perspective*. Vol. 32, No. 2 (2008).

Cadier, David. ed. *The Geopolitics of Eurasian Economic Integration. Special Report*. London: LSE, 2014.

Coalson, Robert. "Top Russian General Lays Bare Putin's Plan for Ukraine." *Huffington Post*. February 09 (2014).

Cohen, Stephen F. *Failed Crusade: America and the Tragedy of Post-Communist Russia*. New York: W.W. Norton, 2000.

Conley, Heather A. et. al. *The Kremlin Playbook: Understanding Russian Influence in Central and Eastern Europe*. Lanham: Rowman & Littlefield, 2016.

Cooper, David L. *Creating the Nation. Identity and Aesthetics in Early Nineteenth century Russia and Bohemia.* DeKalb: Northern Illinois University Press, 2010.

Cornell, Svante E. and Starr, Frederick S. *The Guns of August 2008: Russia's War in Georgia.* Armonk, NY: M.E. Sharpe, 2009.

Davies, Norman. *God's Playground: A History of Poland, Vol. 1: The Origins to 1795.* Oxford University Press, 2005.

Delanty, Gerard. *The European Heritage: A Critical Re-Interpretation.* London and NY: Routledge, 2018.

Franklin, Simmon and Emma Widdis. *National Identity in Russian Culture: An Introduction.* Cambridge University Press, 2004.

Figes, Orlando. *Crimea: The Last Crusade.* London: Allen Lane, 2010.

Fridman, Ofer. *Russian Hybrid Warfare: Resurgence and Politicisation.* London, Hurst & Company, 2018.

Fridman, Ofer. et. al. *Hybrid Conflicts and Information Warfare: New Labels, Old Politics.* London: Lynne Rienner Publishers, 2019.

Frost, Robert I. *The Northern Wars: War, State and Society in Northeastern Europe, 1558-1721.* Longman, 2000.

Galeotti, Mark. *Hybrid War or Gibridnaya Voina? Getting Russia's Non-Linear Military Challenge Right.* Rome:

NATO Defense College, 2016.

.... *We Need to Talk about Putin: Why the West Gets Him Wrong – and How to Get Him Right.* London: Ebury Press, 2019.

Gorenburg, Dmitry. "Russia's Military Interventions: Patterns, Drivers, and Signaling." *PONARS Eurasia Policy Memo.* 606 (2019).

Graham, Thomas. "Russia's Sphere of Influence Is in the Kremlin's Mind." *Foreign Affairs* (April 2022).

Gaddis, John Lewis. *Strategies of Containment: A Critical Appraisal of American National Security Policy during the Cold War.* Oxford: Oxford University Press, 2005.

Galeotti, Mark. "The Return of Russophobia?." *Foreign Policy*, March 3, 2022.

Gilpin, Robert. *War and Change in World Politics.* Cambridge: Cambridge University Press, 1981.

Hobsbawm, Eric and Ranger, Terence. *The Invention of Tradition.* Cambridge University Press, 1983.

Hosking, Geoffrey. *Russia: People and Empire, 1552–1917.* Cambridge, MA: Harvard University Press, 1997.

Irving L., Janis. *Groupthink: Psychological Studies of Policy Decisions and Fiascoes, 2nd ed.* Boston: Houghton Mifflin, 1982.

Itzkowitz Shifrinson, Joshua R. "Deal or No Deal? The End of the Cold War and the U.S. Offer to Limit NATO Expansion." *International Security*, 40, 4 (Spring 2016).

Kanet, Roger E. *The Russian Challenge to the European Security Environment*. New York: Palgrave Macmillan, 2017.

Karmanau, Yaras, "Putin Moves to Establish Russian Military Base in Belarus," *Associated Press* (September 19), 2015.

Kasekamp, Andres. *A History of the Baltic States*. London: Palgrave Macmillan, 2010.

Keenen, Paul. *St. Petersburg and the Russian Court, 1703-1761*. London: Palgrave MacMillan, 2013.

Keukeleire, Stephan and Delreux, Tom. T*he Foreign Policy of the European Union*. New York: Palgrave Macmillan, 2014.

Kimmage, Michael. *Collisions: The Origins of the War in Ukraine and the New Global Instability*. Oxford: Oxford University Press, 2023.

Kivelson, Valerie and Robert H. Greene. *Orthodox Russia. Belief and Practice under the Tsars*. Pennsylvania: The Pennsylvania State University Press, 2003.

Kofman Michael and Rojansky, Matthew. "What Kind of

Victory for Russia in Ukraine?." *Military Review* (May–
June 2015).

Korosteleva, Elena. ed. *'The Politics' and 'The Political' of
the Eastern Partnership Initiative: Reshaping the
Agenda.* New York: Routledge, 2018.

Laruelle, Marlene. *Is Russia Fascist? Unraveling Propaganda
East and West.* Ithaca: Cornell University Press, 2021.

.... *Russian Nationalism: Imaginaries,
Doctrines, and Political Battlefields.* London: Routledge,
2018.

.... "Culture Wars and the Limits of Cultural
Diplomacy." *In Russian Nationalism and the
Russian-Ukrainian War.* Stuttgart: ibidem-Verlag, 2023.

Lo, Bobo. *Russia and the New World Disorder.* Washington,
DC: Brookings Institution Press, 2015.

Mearsheimer, John J. "Why the Ukraine Crisis Is the West's
Fault." *Foreign Affairs* (September/October 2014), pp.
1-14.

Monaghan, Andrew. "The 'War' in Russia's Strategic Culture."
Parameters, Vol. 46, No. 4 (Winter 2016–2017).

Muravyov, Stepan. *French Influence in Russian Society.* Ali
Shah Publisher, 2023.

Neumann, Iver B. *Russia and the Idea of Europe: A Study in*

Identity and International Relations. London: Routledge, 1996.

.... *Uses of the Other: "The East" in European Identity Formation.* Minneapolis: University of Minnesota Press, 1999.

.... "Russia as a Great Power, 1815–2007," *Journal of International Relations and Development,* Vol. 11, No. 2 (2008), pp. 128–151.

Nye, Joseph S. *Soft Power: The Means to Success in World Politics.* New York: Public Affairs, 2004.

Parker, Geoffrey. "The Military Revolution and Russia's Expansion." *The Journal of Military History.* Vol. 53, No. 2 (1989), pp. 145-178.

Perrie, Maureen. *Pretenders and Popular Monarchism in Early Modern Russia: The False Tsars of the Time of Troubles.* Cambridge University Press, 1995.

Polynina, Irina and Rakhmanov, Nicolai. *The Regalia of the Russian Empire.* Mosow: Red Square, 1994.

Riasanovsky, Nicholas V. *Russian Identites. A Historical Survey.* Oxford University Press, 2005.

Rowell, Stephen C. "Moscow and the Polish-Lithuanian Commonwealth in the Seventeenth Century: Warfare and Diplomacy." *Slavic Review.* Vol. 59, No. 3 (2000), pp. 420-435.

Sarotte, Mary Elise. *Not One Inch: America, Russia, and the Making of Post-Cold War Stalemate.* New Haven: Yale University Press, 2021.

Schimmelpenninck, David van der Oye, *Russian Orientalism: Asia in the Russian Mind from Peter the Great to the Emigration.* New Haven: Yale Univ. Press., 2010.

Shaw, Tony. *Hollywood's Cold War.* Edinburgh: Edinburgh University Press, 2007.

Stent, Angela. *The Limits of Partnership: U.S.-Russian Relations in the Twenty-First Century.* Princeton: Princeton University Press, 2014.

.... *Putin's World: Russia Against the West and with the Rest.* New York: Twelve, 2019.

Stevens, Carol B. "Russia's Wars of Emergence, 1460–1730." *The Journal of Military History.* Vol. 63, No. 2 (1999), pp. 305-331.

Strange, Susan. *States and Markets.* London: Pinter, 1988.

Suny, Ronald Grigor. *The Revenge of the Past: Nationalism, Revolution, and the Collapse of the Soviet Union.* Stanford: Stanford University Press, 1993.

Talbott, Strobe. *The Russia Hand: A Memoir of Presidential Diplomacy.* New York: Random House, 2002.

Trenin, Dmitri. *Post-Imperium: A Eurasian Story.* Washington D.C.: Carnegie Endowment for International Peace, 2011.

.... *Russia and Europe: The End of the Post-Cold War Era.* Moscow: Carnegie Moscow Center, 2019.

.... *What Is Russia Up To in the Middle East?.* Cambridge: Polity, 2018.

.... *Should We Fear Russia?.* Cambridge: Polity Press, 2017.

Tsygankov, Andrei P. *Russia and the West from Alexander to Putin: Honor in International Relations.* Cambridge: Cambridge University Press, 2012.

Tyutchev, Fyodor. "Lettre à Anna Tyutcheva," 26 septembre 1867. Quoted in Geoffrey Hosking, *Russia: People and Empire, 1552–1917.* Cambridge, MA: Harvard University Press, 1997.

Utechin, S. V. *Russian Political Thought: A Concise History.* NY: Frederick A. Praeger Inc., 1963.

Waltz, Kenneth N. *Theory of International Politics.* Reading, MA: Addison-Wesley, 1979.

Wieczynski, Joseph L. *The Russian Frontier: The Impact of Borderlands upon the Course of Early Russian History.* Charlottesville: Univ. Press of Virginia, 1976.

Wilson, Andrew. *Ukraine's Orange Revolution*. New Haven: Yale University Press, 2005.

Woolley, Samuel. *Manufacturing Consensus: Understanding Propaganda in the Digital Age*. New Haven: Yale University Press, 2021.

〈러시아어 자료〉

Анисимов, Евгений. Петр Первый благо или зло для россии? Москва: Новое литературное обозрение, 2017.

Бердников, И. С. Церковь и империя. История православной симфонии отношений. Москва: ФИВ, 2013.

Бобровницкая, И. А. "Венчание на царство в Московской Руси в XVI – XVII века", В. А. Дмитриев, Венчания на царство и коронация в Московском Кремле. Часть 1 XVI – XVII века, Москва : Музей Московского Кремля, 2013.

Боханов, А. Н. Российская Империя. Образ и смысл. Изд. М. Б. Смолина, 2020.

Данилов А. А., Косулина Л. Г. *История государства и народов России* 『러시아 역사』. 문명식 편역, 신아사, 2009.

Забелын, И. Черты московской самобытности. Москва: ТОНЧУ, 2007.

Зимин, И. В. Царские деньги. Доходы и расходы Дома Романовых. Москва и Санкт-Петербург: Издательство Центрполиграф, 2011.

Корх, А. С. *Пётр I Северная Война, 1700-1721*. Государственный Ордена Ленина Исторический Музей, 2001.

Костин, Евгений. Путеводитель колеблющися по книге. Запад и Россия. Феноменология и смысл вражды. Санкт-Петербург: Алетейя, 2021.

Муров, Е. А. руковод. Двор российских императоров. Энциклопелия жизни и быта в 2-х т. Москва: Кучково поле, 2014.

Огаркова, Н. А. Церемонии, празднества, музыка русского двора XVIII - начало XIX века. Санкт-Петербург: Дмитрий Буланин, 2020.

Орлов, А. С., Георгиев В. А. и др. *История России*. Москва: ПРОСПЕКТ, 2004.

Платонов, С. Ф. *Полный Курс Лекций по Русской Истории*. Петрозаводск: АО Фолиум, 1996.

Сахаров, А. Н. *История России: с древнейших времен до конца XVIII века* Москва: АСТ, АСТРЕЛЬ, ЕРМАК, 2003.

Селезнева, Е. Н. и Каменец, А. В. Культурология русского мира: духовные основы национального менталитета. Москва: РИТМ, 2013.

Токмаков, И. Ф. Русские коронации. Москва: БИНОМ, 2020.

Чернышева, М. И., Дубовицкий, А. Б. "Историко-филологические заметки о символах власти: держава-яблоко и скипетр-жезл." Пространство и Время. 2015. № 3 (21).

Яковенко, И. Г. Познание россии. Цивилизационный анализ. Москва: Знание, 2017.

〈인터넷자료〉

『조선왕조실록』. 〈효종실록〉. 효종 5년 1654년 2월 2일. 출처: http://sillok.history.go.kr/id/kqa_10502002_001 (검색일: 2024.10.30)

Kofman, Michael. "Putin's Wager in Russia's Standoff with the West," War on the Rocks, December 2021, https://warontherocks.com/2021/12/putins-wager-in-russias-standoff-with-the-west/. (검색일: 2025.4.30.)

NATO, "Defender-Europe 21: Factsheet," April 2021, https://www.nato.int/cps/en/natolive/news_183788.htm. (검색일: 2025.4.30.)

Putin, Vladimir. Speech at the 43rd Munich Conference on Security Policy, February 10, 2007,

http://en.kremlin.ru/events/president/transcripts/24034.
(검색일: 2025년 3월 30일).

United Nations Security Council, "Security Council Fails to
Adopt Draft Resolution on Crimea Referendum, Owing
to Russian Federation Veto," March 15, 2014,
https://press.un.org/en/2014/sc11319.doc.htm. (검색일:
2025.4.30.)

North Atlantic Treaty Organization, "Bucharest Summit
Declaration," April 3, 2008,
https://www.nato.int/cps/en/natolive/official_texts_8443.
htm. (검색일: 2025.4.30.)

The Kremlin, "Meeting of the Security Council," February 21,
2022, http://en.kremlin.ru/events/president/news/67828.
(검색일: 2025.4.30.)

Ukraine's parliament backs changes to Constitution
confirming Ukraine's path toward EU, NATO
https://www.unian.info/politics/10437570-ukraine-s-parli
ament-backs-changes-to-constitution-confirming-ukrain
e-s-path-toward-eu-nato.html (검색일: 2025.3.30.)

Vladimir Putin, "Speech and the Following Discussion at the
Munich Conference on Security Policy," President of
Russia, February 10, 2007,
http://en.kremlin.ru/events/president/transcripts/24034.

(검색일: 2025.4.30.)

Vladimir Putin, "Remarks at the Valdai International Discussion Club," October 2014, http://en.kremlin.ru/events/president/news/46860. (검색일: 2025.4.30.)

Vladimir Putin, "On the Historical Unity of Russians and Ukrainians," President of Russia, July 12, 2021, http://en.kremlin.ru/events/president/news/66181. (검색일: 2025.4.30.)

Vladimir Putin's meeting table https://en.wikipedia.org/wiki/Vladimir_Putin%27s_meeting_table?utm_source=chatgpt.com (검색일: 2025.4.30.)

Zelensky, Volodymyr. "Speech at the Munich Security Conference," February 19, 2022, Office of the President of Ukraine, https://www.president.gov.ua/en/news/promova-prezidenta-ukrayini-volodimira-zelenskogo-na-myunhensk-72997. (검색일: 2025.4.30.)

АВПРИ,ф.150,оп.493,д.214,лл.6-14об. (동북아 역사넷)